人文大讲堂

彭 林 著

礼乐文明与中国文化精神

彭林教授东南大学讲演录

中国人民大学出版社
·北京·

目　录

礼乐文明与中国文化精神

第一讲　礼者理也　德之则也
——中华礼乐文明的缘起

各位老师、各位同学，今天我到东南大学来做讲座，把我在清华大学开设的一门课程"中国古代礼仪文明"来和大家做个交流。

东南大学悠久的历史、美丽的校园、好学而又热情的同学，都给我留下了难以忘怀的印象。我强烈地感受到了东南大学师生对我的厚爱，所以我首先向你们表示衷心的谢意！

十多年前，也就是 20 世纪的最后几年，世界各国的政要、学者都在热议一个问题，即未来的世纪将是一个怎样的世纪？人类社会的走向如何？在这个全球性的讨论当中，有一种相对一致的看法：未来的世纪，也就是我们现在所在的 21 世纪，东西方文化的碰撞、交流、博弈、会通，将会借助无处不在的媒体，在前所未有的广度和深度上展开。在我看来，东西方文化博弈的实质，说到底是中华民族能不能向人类社会提供一种不同于西方文化的社会发展模式。在这场博弈当中，我们要想立于不败之地，要想为人类做出更大的贡献，最基本的一点就是要了解我们的文化。我这门课就是基于这样一种认识来尝试开设的。中华文明的核心就是"礼"，这个观点的发明权并不属于我，有很多非常杰出的学者在很早以前就提出来了，但是很遗憾，他们的观点没有被大家所了解和熟知。

接下来，我将为大家做十四场系列讲座，阐明作为中华文明核心的"礼"的文化内涵和现实意义。主要分三大部分，第一部分"学理"，是礼学理论的基本构架；第二部分"要则"，是贯穿所有礼仪的主要原则；第三部分"常礼"，主要讲冠礼、婚礼、乡射礼、释奠礼以及书信等方面的礼仪。

"礼者理也，德之则也"，这两句话是从古代礼书里摘出来的。"礼"，是根据道德理性的要求制定出来的一系列的典章制度与行为规范。这一讲，我想给大家谈谈，为什么说中华文明是礼乐文明，为什么中华民族会走上这样一条道路。在我看来，这是历史的选择。

一、从周公"制礼作乐"说起

中国人讲历史，言必称三代：夏、商、周。顾颉刚先生曾经说过，中国文化的基本格局，在春秋战国时候就已经基本奠定，在以后漫长的社会发展过程中，它只有量变，没有质变。

中国文化以"礼"为灵魂，这是从殷周之际开始的。两三千年的古代中国历史，有过许许多多次的改朝换代，但是大多数的改朝换代不是质变而是量变。最值得我们重视的一次朝代更迭，是殷周革命，因为武王克商之后采取了一系列重大的举措，使得中国历史发生了一次最深刻的变化。我们清华的前辈学者、清华国学院四大导师之首王静安——王国维先生，在他的代表作《殷周制度论》中有句名言："中国政治与文化之变革，莫剧于殷周之际。"他说殷周之际出现的变革，是中国历史上最重大的变革。为什么殷和周的政权更替会导致一个空前的大变革？下面我们来了解一下这两个朝代。

儒家经典之一《礼记》，共有四十九篇，其中有一篇叫《表记》，比较殷、周的不同，说殷朝最大的一个特点是尊神，"殷人尊神，率民以事神，先鬼而后礼"。殷是一个敬鬼神的时代，人们生活在鬼神的阴影之下，被它所笼罩。殷人深信，只要恭敬地崇拜鬼神，就一定会得到保佑。

对此，我们结合一些图片，作些感性的认识。

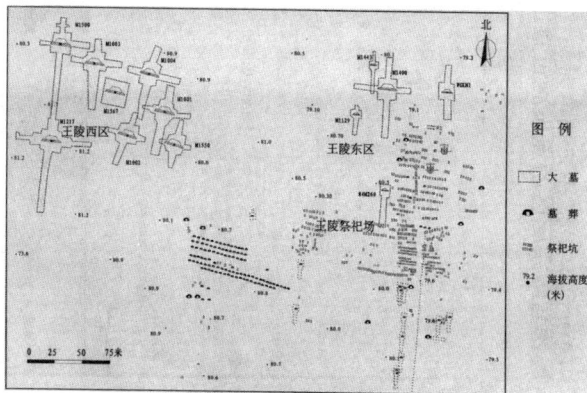

殷墟王陵区文物遗址分布图

这张图，反映的是河南安阳殷墟——商朝的都城。考古工作者在这里进行了七十多年的发掘，收获颇丰。这是其中的一个王陵区。在这个王陵区发现了十二座墓。图上"十"字形或者"申"字形的都是商王的墓，中间最大的区块是墓圹，棺及主要的殉葬品都摆在里面。由于墓圹非常深，有两三层楼的深度，为了把棺、殉葬品放进去就设置了墓道。墓道是斜坡的，从四个方向修，棺、殉葬品便通过墓道被慢慢运到墓底，然后再把它们封起来。我们称墓"中"字形或者"申"字形主要就因它的墓道。四条墓道的，一般是天子的规格，王陵区里非常多。也有两条墓道、呈"中"字形的。只一条墓道的是"甲"字形。至今出土文物中最大的一件青铜器——司母戊大方鼎，就出自"甲"字形大墓中。由于中国自古以来盗墓技术非常高，这些墓在考古学家发掘的时候基本已被盗空，只残留很少一点东西，也不清楚是什么年代被盗的。但是考古发掘对于研究当时的葬制还是非常有价值的。当时，天子或者贵族去世后，照例要用很多人殉葬，把人活埋到墓穴里。墓里有成排的祭祀坑，殉葬者的头被砍掉之后，尸骨便在这里集中存放。现在，殷墟已被列为世界文化遗产。

殷墟王陵

上图是一座"中"字形的大墓。是新中国成立以前中央研究院历史语言研究所发掘的。从照片可以看到，这个墓葬的规模非常之惊人，参照下面站的很多参与发掘的人就可看出。

殷墟王陵区墓内的人头骨

上图是一个商王的大墓局部。可以看到有很多被砍下来的人头骨。通常埋葬一个商王，需要在墓道上一排排地摆人头，墓圹中间要夯土，夯完之后，再把人头摆在上面，再夯，然后再摆……据考古工作者统计，有一座大墓所见的杀殉人数多达 200 余人。

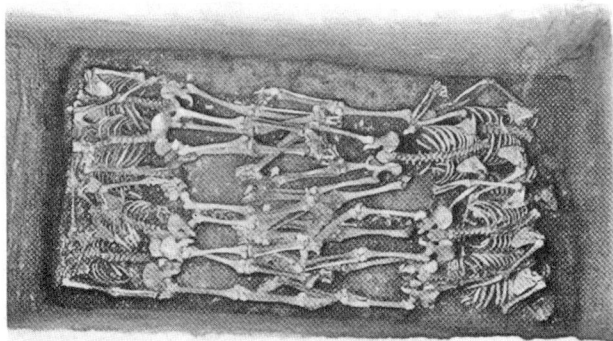

殷墟王陵区祭祀坑

上图就是刚才说到的祭祀坑。里面堆了很多尸骨，都是身首异处的。考古工作者为了让大家了解商代社会，发掘了一部分祭祀坑。每一个坑差不多埋十个人，每一个人都没有头颅。像这样的坑在殷墟有上千个。

殷墟妇好墓墓圹复原

上图所示是 1974 年在河南安阳发现的一座著名的贵族墓——殷墟妇好墓。据研究，墓主人是商王武丁的妃子，名叫"妇好"。不少随葬的青铜器上都刻着"妇好"两个字，而"妇好"这两个字在甲骨文里也屡见不鲜。根据甲骨文记载，武丁的这位妃子十分了得，经常带兵打仗，所以人称"女将军"。这个墓是迄今为止非常罕见的没有被盗过的墓，发现青铜器将近五百件。商代的青铜文明在当时的世界上堪称首屈一指，青铜文化之发达让我们瞠目结舌。

妇好三联甗

这件器皿叫"三联甗［yǎn］"，是国家特级文物。"甗"一般都是单体的，下半部分可盛水烧火，中间有一个箅子，上面再放一个锅，类似于我们现在做米饭、蒸馒头的锅。这个"三联甗"很特别，它把三个"甗"连在一起，长方形部分里面是盛水的，器物下方用于烧火，中间都有箅子，上面的锅可以拿下来，里面可以放食物。

妇好中型圆鼎

上图是一件青铜鼎。类似的鼎，妇好墓中出土许多。鼎上花纹的细部非常繁缛。

妇好鸮尊

上图器皿叫"鸮［xiāo］尊"。做成猫头鹰的样式。其尾翼像一折叠起来的屏风，落在地上与两条腿一起做支撑，形成三足鼎立，非常漂亮。很多介绍商代青铜器的书都用它做封面图。

妇好寝鱼爵

上图是一件酒器，叫"寝鱼爵"。这件酒器有盖子，有一点像爵，但爵一般是没盖的。盖子做成动物形状，可以拿取，盖子两侧有两根柱子，下面是三条腿。据研究，这个爵盛上酒之后可以放在火上加温。可见古人的生活已很讲究，知道吃凉东西会伤脾胃。怎么知道的呢？因为这个爵出土的时候，它的底部还能看到烟熏的痕迹。用火加温后再把盖子盖上就不会凉，需要喝的时候可以再把盖子拿开。这件青铜器真是令人钦佩不已。

妇好大型钺

上图是大型钺，类似斧子，也是出土于妇好墓。斧子上的花纹很精美，两只老虎站起来，张着血盆大口朝向中间这个人，似乎想把人吃掉。这个花纹作为一个主题花纹，在司母戊大方鼎的鼎耳上以及其他青铜器上均出现过。

中国夏、商、周三代，约而言之，夏朝四百年，商朝六百年，周朝八百年，周朝是中国历史上历时最久的一个朝代。儒家"六经"——《诗》、《书》、《礼》、《乐》、《易》、《春秋》之一的《尚书》里，有《无逸》一篇，讲到周公告诫大家，不要好逸恶劳，否则是要亡国的。关于殷商亡国，他说："昔在殷王中宗，严恭寅畏天命，自度，治民祗惧，不敢荒宁。肆中宗之享国，七十有五年。其在高宗，时旧劳于外，爰暨小人。……肆高宗之享国，五十有九年。其在祖甲……爰知小人之依，能保惠于庶民，不敢侮鳏寡。肆祖甲之享国，三十有三年。自时厥后立王，生则逸。生则逸，不知稼穑之艰难，不闻小人之劳，惟耽乐之从。自时厥后，亦罔或克寿。或十年，或七八年，或五六年，或四三年。"

　　"昔在殷王中宗，严恭寅畏天命，自度"，"严"和"寅"是一种行为，"恭"和"畏"都是一种恭敬、畏惧、戒惧之心，畏天命，守法度。"治民祇惧，不敢荒宁"，即非常小心，如履如临。马英九当选台湾地区领导人之后，记者问他就职时心情，结果他说："戒慎戒惧，临深履薄。"正如《老子》所说的"如履薄冰"。"治民祇惧"，是指有恭敬之心、畏惧之心，生怕做不好，不敢荒淫。因为很谨慎，所以中宗才能享国七十五年。"其在高宗"，高宗是盘庚迁殷以后一个很重要的天子，叫武丁，现存出土的十几万片甲骨文，记载了从盘庚迁殷到殷灭亡八世十二王两百多年的历史，其中有二分之一都是武丁时代的。"时旧劳于外"，这里"旧"与长久的"久"相通，武丁年轻时长期在民间生活。"爰暨小人"，他每天和小民在一起，所以他知道民间的疾苦，他享国"五十有九年"，超过历史上许多皇帝。武丁之后有一名商王叫祖甲，他也知道"小人之依，能保惠于庶民，不敢侮鳏寡"，"鳏"是老而无妻，"寡"是老而无夫，年纪大了无依无靠，他连这样的人都不敢欺负，所以他也享国"三十有三年"。祖甲以后，商朝就开始走下坡路，"自时厥后立王，生则逸"，他之后的那些王即位后，只图享受玩乐，不干正事。"生则逸，不知稼穑之艰难"，他们不知道庄稼是怎么艰辛种出来的；"不闻小人之劳，惟耽乐之从"，沉迷于享乐，这种腐败带来严重恶果。"自时厥后，亦罔或克寿"，都是一些短命的君王。"或十年，或七八年，或五六年，或四三年"，在位时间极短，有的只有三四年，甚至有暴毙的。历史往往就是这样。

商朝最后一个王是纣王。《史记·殷本纪》有很长的篇幅描述他，其中写道："帝纣资辨捷疾，闻见甚敏；材力过人，手格猛兽；知足以距谏，言足以饰非；矜人臣以能，高天下以声，以为皆出己之下。好酒淫乐……厚赋税以实鹿台之钱，而盈巨桥之粟。益收狗马奇物，充仞宫室。益广沙丘苑台，多取野兽蜚鸟置其中。慢于鬼神。大冣乐戏于沙丘，以酒为池，县肉为林，使男女倮相逐其间，为长夜之饮。百姓怨望而诸侯有畔者，于是纣乃重刑辟，有炮格之法。"

如果以今天部分人的观点来看商纣王，可称是个人才。第一，他才思敏捷，"资辨捷疾"。第二，知识丰富，"闻见甚敏"，所闻所见都极敏锐。第三，体质强健，"材力过人，手格猛兽"，此非一般人所能做到。第四，口才也非常好，"知足以距谏"，如果有人去劝他，一句话就能堵回去；"言足以饰非"，明明错了也能为自己辩驳。第五，声望很高，"矜人臣以能，高天下以声"，人臣面前觉得没人能比得上他，使其在天下的名声非常大；"以为皆出己之下"，自认是最杰出的人才。

为什么我们要讲素质教育？这就是个例子。一个人光有才能是不行的，如果没有德性，那么越有本事，就越麻烦，做坏事的能力会比任何人都强，因为没有德能够控制。《殷本纪》这些话，只说他怎么能言善辩，怎么反应快，见多识广，材力过人，唯独缺了最重要的德。而且，除了所谓的才能之外，他"好酒淫乐"，如今的酒文化很发达，也有很多人好酒淫乐——我们要以此为鉴。纣建了一个大金库叫鹿台，为了让这个金库充盈，就提高赋税，要把天下的财富聚敛到自己一个人名下。不仅如此，还收集各种宠物，天上飞的、地上爬的都要。对于鬼神——主要是指祖先——都不敬。制作了一个很大的场地用以歌舞娱乐，"以酒为池，县肉为林，使男女倮相逐其间"，"倮"是古代"裸"字的写法，一帮红男绿女在里面追逐嬉戏，渴了喝酒，饿了吃肉，通宵达旦饮酒。有人不满他的腐败，诸侯也有叛离他的。面对这种状况，纣王不仅没有改过，而是加重刑罚。其中最有名的刑罚，《史记》记作"炮格之法"，有的称作"炮烙之刑"，后人的解释不尽相同，有说是用铜做成一个格子，下面烧木炭，把铜格子烧烫之后，让所谓的罪犯在上面来回走，直至被烫死；也有说是用一个铜的空心柱子，里面用炭把它烧烫，把人绑在上面烫死。总之是一种酷刑。正是这些昏庸无度的行为，商纣王把自己逼到了生命的尽头。

《尚书》还有一篇叫《西伯戡黎》的，讲殷人迷信天命。西伯就是周文王，他看到天下万民都不满意纣王，就想要推翻他，为天下的老百姓除害。西周是个小国。他先试探着把殷王朝的一个叫黎的附庸小国给灭了，看殷朝有怎样的反应。殷有个贤臣祖伊为此非常担忧，就奔告于纣王，说"天既讫我殷命"，天已经要停止我们的天命了，"惟王淫戏用自绝"，因为你的自绝行为，天要把我们抛弃了，"今我民罔弗欲丧"，今天的民众没有不希望把我们推翻的，说"天曷不降威？"老天爷啊，你的威力为什么还不降下来？不料纣王却说："呜呼！我生不有命在天？"我这个命是天给的，任何人都奈何不得。他以为能永远统治下去。

商的中心区域在黄河流域的腹地，就是今天的河南。在商的西北有一个古老的民族，称作周。从《诗经》、《史记》、《尚书》可以追溯到周人最早的祖先"后稷"。后稷小时候就喜欢种庄稼。相传大禹治水之后，老百姓没食物吃，当时他担任农师，教老百姓种庄稼。他懂得种植的知识，知道哪里能种水稻，哪里能种麦子，很了不起。到了夏朝，后稷已不在，他的儿子不窋〔kū〕因太康之乱丢官，到戎狄谋生，一生很潦倒，乏善可陈；不窋的孙子公刘继位之后就重抓农业这一强项，通过经营农业，使得这个民族丰衣足食。周边那些戎狄，看到周人不用天天逐水草而生，种庄稼可以获得好收成，所以都来归附。公刘过世后，他的儿子庆节把都城迁到了豳［bīn］，在今天陕西的彬县、旬邑一带。《诗经》有十五国风，其中就有豳风。这个民族就这样慢慢地强盛起来。

后稷的第十二世孙古公亶父，在周人历史上是个上承后稷、公刘之伟业，下启文王、武王之盛世的非常关键的人物。《诗经》的《破斧》篇就是歌颂他的。他在豳一边发展农业，一边施德行礼。周这个民族在司马迁笔下是一个非常厚道、非常有道德传统的民族。司马迁曾举过例子，说当时周人越来越多，土地越来越广，经济实力越来越强，周围的戎狄便经常前来掠夺。在世界历史上，游牧民族攻打农耕民族，野蛮民族进攻文明民族，是一个普遍现象，打了就跑，来了就抢夺财物。古公亶父非常宽厚，只要有就给他们，同时告诫他们要知道报恩。但这些戎狄得寸进尺，最后居然索要土地和民众。周民急了，都要跟他们打。古公亶父想到，只要有战争就会有无谓的牺牲，于是把土地留给了戎狄，自己带着家眷渡过漆水、沮水，翻越梁山，迁到岐山去了。豳的老百姓看到古公亶父有如此高的德行，也跟着去了。以后，周围的许多诸侯小国也都追随而去。这就是得人心者得天下。古公亶父觉得文明民族要有规制，便开始建城郭，造宫室，制订礼仪，设立官制，定国号为"周"。

古公亶父有三个儿子，长子太伯，次子仲雍，幼子季历，季历的儿子姬昌就是后来大名鼎鼎的文王。古公在位时非常喜欢姬昌这个孙子，看他聪明，最有天赋，且人品也好，有圣人之相，说："我的后代当有成大事者，大概就是姬昌吧！"但是周人的传统是长子继承，所以要传给小孙子的概率非常低。古公亶父很是着急，成天唉声叹气。太伯、仲雍明白父亲的心思，为了不让老人家失望，便商量好逃跑到了荆蛮，就是长江下游这一带，这在历史上叫"太伯奔吴"。两人到吴地以后，"文身断发"，以此来让避季历。按照周人的传统，身体发肤，受之父母，毁之有罪。如今他们已经"文身断发"，周人即使找到他们，也无法立为君王。吴地百姓要下水捕鱼，头发太长会把眼睛遮住，水里有蛟龙，会吃人，他们便与当地老百姓一样把头发剪短，并在身上刺画花纹。由于太伯、仲雍的谦让，王位最后传给了文王，也就是当时的姬昌。

姬昌一手抓经济，注重农业，一手抓道德，尊道守法，"笃仁"，很切实很努力地去行仁，并且"敬老"、"慈少"。这不是每个民族都能做到的。根据民族学资料，有些民族会把年纪大的、没有生活能力的人背到山里扔掉，特别是对于濒死的老人，认为死在家里很晦气，要扔出去。中华民族尊老的传统最早可以追溯到周。人人都会老，老了以后应该得到社会的关怀和尊重，这是仁爱之心的表现。文王把这种仁爱推及万民，对于有能力的人做到礼贤下士，因而吸引了很多人才。当时一些有名的知识精英，如太颠、闳夭、散宜生、鬻子等全都跟随他。这叫良禽择木而栖。即使远在孤竹国（在今河北卢龙东南）的伯夷、叔齐，也都追随他，可见文王的名气之大，影响之广。这时有人告诉纣王，周要崛起了，对我们威胁很大。纣王一听很不安，就下令把文王抓起来，没有什么罪名的，把他关在一个叫"羑里"的地方。羑里就在今天河南汤阴附近，至今这个地名还在。周人一看文王被抓，便通过纣王的下臣送去美女、宝马、珍奇，以交换文王。纣王很高兴，不仅把文王放了，而且还任命文王为西伯。"伯"就是长，东、南、西、北的诸侯之长称"伯"，西伯就是西方的诸侯之长。西伯想到如果纣王再这么凶残，老百姓将不堪忍受，尤其是那"炮格之刑"，就跟纣王说，我愿意把洛西之地送你，唯一的条件就是把这个酷刑取消掉。纣王觉着占了便宜，爽快地答应了。消息传开之后，俩人形成了鲜明的对比，一个昏庸，专门用刑罚对待百姓；一个仁爱、宽厚，总是为天下百姓考虑。周从古公亶父开始倡导道德传统，颇得人心。人同此心，人人都喜欢有德行、德行高尚的人。

北京市在成功取得 2008 年奥运会举办权之后，提出一个口号叫"人文奥运"。"人文"这个词最早出现在《周易》的《贲》卦，其中有句非常经典的话："观乎天文，以察时变。观乎人文，以化成天下。"在古代，农业社会靠天吃饭，要上观天文。《尚书》第一篇是《尧典》，《尧典》就讲到在东、南、西、北四个方向，羲和四子观察春分、夏至、秋分、冬至的情形，掌握四时的变化。然后依据时节进行预报，使老百姓能够按照农时，及时播种、培育和收获。唯有如此，才有年成的丰稔，社会的稳定。

但是，仅仅抓经济是不够的，因为人不同于动物，人有精神家园，人的行为受思想支配。如果精神问题解决不好，即使人富足了、吃饱了，也会有隐忧。目前，社会上有不少腰缠万贯的人，经济上很富有，但精神上很空虚，这钱一多，吃不掉，花不完，怎么办？就去澳门赌博，包二奶。如果富了之后人都失去了人文的方向，社会便会出现新的问题，这个问题可能比发展经济更难解决，所以还要观乎人文。除了观天，还要观人，要看我们每一个人的精神状态如何，追求什么，考虑什么，关心什么，儒家意识到要对老百姓进行教育。孔子有个思想叫作"富而教之"。《论语》说，孔子和他的学生驾车到卫国去，一进城门看到人头攒动，人口很多，经济很发达，孔子就说"庶矣哉"，人真多啊！学生就问："老师，人口发展到这么多，应该做什么呢？"孔子就说："富之。"如果人连温饱都解决不了，他的精神状态也肯定好不起来。"富之"，就是要让人过上有尊严体面的生活。学生又问，如果富起来了怎么办？孔子说"教之"。这就是"富而教之"。"观乎人文，以化成天下"，就是要不断地提高人的精神风貌。

如今我们常说的一个词叫"观光"。这个词出自《周易》的《观》卦爻辞，原文是"观国之光"。下面我说一个典故。殷末周初，有两个小国，一个叫虞，一个叫芮（前年我们在陕西韩城发现一处周代的遗址，墓地出土的青铜器上有"芮"这个字，有人推测，芮国当时就在这里）。这两个国家随着经济的发展要开疆拓土，但是遇到了一个难题，就是这两个国家中间有一块归属未定的土地，双方都想要，各不相让，争了好几年。他们想到文王很有德行，最没有私心，最公正，就想着让文王来评理。两国的国君相约来到了周，一路上看到了很多在自己的国家看不到的景象："耕者让畔"，种田的人开荒到了中间的地方，就互相谦让；"行者让路"，在路上大家彼此礼让；到了朝廷，卿大夫不争私利，相互让贤。能够有这些精神风范，一定是这个民族的人们经过了很长时间的道德浸润，而文王正是表率。在文王的带领下，国内的人民都崇尚道德，在这里，道德便体现为一种礼，体现为一种恭敬。这两个国君看了非常惭愧，就说：我们所争夺的，正是周人所耻辱的；像我们这样的小人，哪配登君子之庭？俩人匆忙返回自己的国家，互谅互让地解决了彼此的土地纷争。这件事史书上称为"文王决虞芮之讼"。我们在古代地图上还能找到这块中间地，名叫"间原"。

文王并没有出面，却解决了虞芮之讼，这事震动了天下。事后，有四十多个诸侯表示要归顺他，让他出来当王。文王推辞，说还没有取得天下。大家就说天命已经在你身上，你的影响力已经大到不用出来说话，大家都知道该怎么做了。所以，研究西周历史有个非常奇特的问题，就是西周的历史究竟是从什么时候开始的？一般地说是从武王克商开始，武王把商纣王推翻，建立了西周。可是，从这些年出土的青铜器上的铭文看，这些铭文追溯周朝的历史则是从文王开始的。那时，周人坚信，尽管文王还没有取得天下，可是三分天下有其二，大多数的人心都已归向他，称他为王了。从中可以看出，周人不是突发奇想"制礼作乐"，而是固守着自己的道德传统；同时也看到，上天是不会帮助腐败、失德之人的。商朝的人重视祭祀，觉得对鬼神要谄媚，把最好的东西献出来，一次几百头牛、几百头羊，还砍掉很多活人的头去祭祀，以为鬼神一定会高兴，可是上天看得明白，如果你太坏，就会终止你。所以我们要讲人文。程颢曾说："今人不会读书。如读《论语》，未读时是此等人，读了后又只是此等人，便是不曾读。"读书可以让我成长为德性高尚的人。

得人心者得天下。武王克商，师渡孟津，他没有去号召，结果八百诸侯不期而会，他得到了人心。纣王听到后就开始陈兵牧野（牧野在今河南新乡西南，现在还有一个村子叫牧野）。据史书记载，他动员的军队有七十万，而武王虽然号称有八百诸侯，但实际人很少，不足十万，是不对称的战争。可是决定战争胜负的关键是人心。商纣王的七十万士兵不肯打仗，他们不愿意为商纣王卖命，结果商军阵前倒戈，引领周军攻入殷都。纣王自焚身亡。

克商之后没几年武王就去世了（据现在的研究大约是四年，书上没有很确切的记载），而当时他的儿子成王尚在襁褓之中，没有能力去治理天下。这时被灭国的商朝贵族蠢蠢欲动，或想叛乱，或已采取行动。武王的弟弟、成王的叔叔周公毅然决然地站出来，辅助成王摄政，自己却不当王。其实，按照资历他完全可以当王，但周公至公无私，受命于危难之际，制礼作乐，他"一年救乱"，即平管叔、蔡叔之乱；"二年伐商"，讨伐作乱的商朝贵族及殷遗民；"三年践奄"，奄在今山东曲阜那里，那里有人要做王，于是加以平息；"四年建侯卫"，建立封建诸侯一整套制度；"五年营成周"，周的都城在镐京，离东部殷遗民太远，鞭长莫及，便在今天的洛阳附近营建成周，便于对东部地区的控制；第六年他"制礼作乐"，开始从制度上巩固对于全国的统治；七年之后成王长大了，就把政权交还给成王，自己继续当臣子。

周公庙"经天纬地"牌坊

周公庙"制礼作乐"牌坊

周公在中国历史上是一位极其伟大的人物，他的"制礼作乐"在中国历史上的意义非常重大，可以说是奠定了中国文化的走向。以道德治国，以礼和乐来治理国家，这在中国历史上的影响甚为深远。周之制度、典礼，实皆为道德而设，所以王国维先生说："其旨则在纳上下于道德。"用道德而不是靠宗教把上上下下维系起来，"而合天子、诸侯、卿大夫、士、庶民以成一道德之团体，周公制作之本意，实在于此"。

清华上课时有同学问我："老师，你看古希腊的神话那么灿烂、那么丰富，再看看我们中国的神话，都是什么呀！"我说这恰恰是咱们值得自豪的地方。因为商朝处在神话时代，同时期的古希腊也处在神话时代。古希腊直到我们战国时才开始走出神话时代，从西周到战国，有八个多世纪，古希腊的神话发展了八百多年，而我们中国在西周就走出了神的阴影，脱离了神话时代，进入了民本主义的历史时代。中国的民本主义思想在全世界是最早成熟的，这是很了不起的。

大家不妨读读《尚书》，读了之后，会觉得眼睛一亮。《尚书》有一篇叫《酒诰》，周人把殷遗民的叛乱镇压下去后，要派最得力的人去那当诸侯，周公就派了他的弟弟康叔去镇守。行前，周公对他作了三次训诫，其中的一次训诫就被完整地收录在了《尚书》里，就是这篇《酒诰》。商朝的人酒池肉林，喝酒是有名的。周公告诫康叔，商朝怎么会变成废墟的？就在于失德、酗酒，喝酒的腥臭都冲到天上，上天都闻到了，怎么会不惩罚它？你到了那里不许酗酒，平时不祭祀的时候不能喝酒，即使在祭祀的时候也只能象征性地少喝。殷人祭祀的时候，上百坛的酒摆在那儿，祭祀完了全部喝掉，喝到大醉为止。周人规定祭祀时喝酒，大多数情况下都是用嘴唇在酒器口沿上沾一下，不喝，这样从早祭到晚也不会醉。这是有历史教训的。在《酒诰》里，周公还说："人无于水监，当于民监。"以铜为鉴可以正衣冠，我们要以人为鉴、以史为鉴，不要把水当镜子，当以民鉴，要把老百姓当镜子，要把老百姓的感受当作检验得失的一面镜子。这话说得何等好啊！

从《尚书》、《左传》我们可以看到，类似的把老百姓放在第一位的思想，已是当时中国思想界的一个主流。《诗经·文王》说"天命靡常"，天命不会总是固定在你头上，你若不行，天的意志就会转移。周公说"天视自我民视"，天通过老百姓看昏官、贪官，老百姓看到的，天也会看到；"天听自我民听"，老百姓听到什么，天就听到什么；而且"民之所欲，天必从之"，天会听从百姓的意志。老百姓心里有杆秤。对此，我深信不疑。林彪、"四人帮"横行那时，谁会想得到？一位是写进党章的毛主席的接班人，另一位还是第一夫人，老百姓虽说恨得咬牙切齿，可是动不得他们。然而世事难料，历史就通过某种方式，把老百姓想要说的话说出来了，想要做的事做出来了。这就叫作"多行不义必自毙"。

二、周公"制礼作乐"奠定了中国文化的底蕴

王静安先生说，"殷周之兴亡，乃有德与无德之兴亡"，中国文化成为一个道德理性的文化是从周开始的，乃是"旧制度废而新制度兴"，周公治理周的谋虑"乃出于万世治安之大计，其心术与规摹，迥非后世帝王所能梦见也"。这是一个革命性的变革。王静安先生的看法我非常赞同。

西周后期礼崩乐坏，是由于各种各样的原因，天子已经名不副实，没有威望，而诸侯并立，随后诸侯也开始没落，陪臣兴起，把诸侯架空，社会非常混乱。但周公的那套思想，在社会的

知识精英层里依然在传承。我们来看《左传》的几则记载。

《左传》在叙事时常常提到周公的思想。《左传》是注释《春秋》的。《春秋》记载了鲁国的十二个公、两百多年的历史，其中第一个叫鲁隐公。鲁隐公有一天到棠这个地方，看到有人在捕鱼，想上前去看，下边马上就有人站出来大声劝他，你是一国的诸侯，你怎么能去看这个东西，诸侯有诸侯应该做的事情，你不能做那些不该是你做的事情。鲁隐公坚持去看。于是《春秋》把它记下来，说"五年，春，公矢鱼于棠"。这在史书里成为千古笑料。大家由此就知道他执政平庸，不听劝。

《左传》僖公四年："秋，伐陈，讨不忠也。许穆公卒于师，葬之以侯，礼也。"秋天，齐国等国攻打陈国，这是因为陈国对齐国三心二意。许穆公死在军中，用侯爵的规格安葬他，这是合于礼的。当时凡诸侯在朝会时死去，葬礼加一等；为周天子作战而死，加二等。许穆公"死王事"，所以"加二等"，加二等的葬礼可用公服入殓，"于是有以衮敛"。

文公六年传："闰月不告朔，非礼也。闰以正时，时以作事，事以厚生，生民之道，于是乎在矣。不告闰朔，弃时政也，何以为民？"闰月不举行太庙告朔的仪式，这不合乎礼制。闰用来调整岁时的差数，依据四时来安排农事，使之不失时，可使百姓丰衣足食，百姓赖以生存的方法就在于此。不举行闰月的告朔仪式，这就是丢弃了政事的时令，怎么能治理百姓呢？

像这样，《左传》在叙事后都有君子的评论。对一件历史事件的评论通常是"礼也"，"非礼也"。"非礼也"，就是没有道德，不符合道德理性。

"礼也者，理也"，礼就是合于道德理性的规定。《乐记》更是强调："礼也者，理之不可易者也。"礼是不能替代的法则。《左传》文公十八年记载："先君周公制周礼曰：'则以观德，德以处事，事以度功，功以食民。'"'则"是指法则、规范，指的就是礼。人若没有德，也就没有礼。德是抽象的，要使这个抽象的东西进入你的本体之中，那就需要把这种道德的东西细分成很多的"则"，比方说要孝敬，要诚信，要有义，要懂礼，要谦虚，要恭敬等等。"德以处事"，是说我们处理每件事情一定要用德。而且，"事以度功"，既然开始做事，就要务求成功。"功以食民"，事情成功之后我们才能养活老百姓。

春秋时期有一位非常有名的思想家叫叔向，他说："忠信，礼之器也。卑让，礼之宗也。"（《左传》昭公二年）忠信是礼的器物，忠和信都是要表达礼这个主题。礼让就是谦让，礼，归根到底是说人要低调，要谦虚，对别人要尊重。叔向还说："礼，政之舆也。"（《左传》襄公二十一年）"舆"是车子，如果一个好的理念要在国家推行，靠什么？靠礼，礼好比是车子，把治国理念送到每一个地方去，让每一个人都懂礼，这个国家才能够治理。此外，叔向还说："礼，王之大经也。"（《左传》昭公十五年）王者要想治理天下，最大的事情是要懂得礼。孟献子、孟僖子、子大叔都是杰出的思想家。孟献子说："礼，身之干也；敬，身之基也。"（《左传》成公十三年）不学礼无以立，就像一棵树的树干一样，不懂得礼，怎么立得起来呢？一个人不懂得尊敬，在家不懂得孝敬父母，在学校不懂得尊敬老师，将来在社会上也不会尊敬别人。你不懂得尊敬人，人家也不会尊敬你。孟僖子说："礼，人之干也。无礼，无以立。"（《左传》昭公七年）子大叔说："夫礼，天之经也，地之义也，民之行也。"（《左传》昭公二十五年）都是说，礼是天经地义的，人要懂礼。西方人靠宗教来管理人心、管理社会，靠上帝来管理灵魂，我们中国人就靠道德。两千多年来，道德、公理成为我们社会的灵魂。如果没有宗教，也没有道德，人就跟禽兽差不多，这是最可怕的。我引用大量的古文就是要说明，即使是在混乱的春秋社会，大家对于周公"制礼作乐"所确定的道德礼制原则仍然是念念不忘的。

三、东周进入礼乐的时代

商朝是一个礼神的时代，一切活动都是为了礼敬鬼神。到了西周，周公"制礼作乐"，开始进入了礼制的时代，靠制度来管理社会。到了春秋，尤其到了孔子所处那个时代，礼崩乐坏，社会大乱。《史记》最后一篇叫《太史公自序》，司马迁讲他为什么写《史记》，写到他的父亲司马谈，写到他自己对历史的看法，里面说了一句非常有名的话，说春秋在两百多年之中"弑君三十六，亡国五十二，诸侯奔走不得保其社稷者，不可胜数"。弑是当时特创的词，指不是一般的杀，而是儿子杀父亲、弟弟杀哥哥、大臣杀自己的君主，为了夺取政权，做出这么不仁不义的事。春秋是乱世，发生过无数次的战争，但没有一次是为了正义而进行的，所以孟子说"春秋无义战"。那么，社会的出路何在？礼乐制度崩溃了怎么办？那个时候，社会上出现了许许多多让我们今天的人无法理解的事情，道德沦丧到了极点。我们看《春秋》、《左传》能够知道，有儿子和母亲通奸的，还有公公与媳妇私通的等等，属于禽兽不如、寡廉鲜耻的行径。所以孔子、孟子都有一种非常深的文化焦虑。孔子说，"人不可以与鸟兽同群"，这样下去，还不跟禽兽一样啊！人好不容易从动物界走出来，现在又走回去了。孟子也讲"人之所以异于禽兽者几希"，就那么一点懂礼还是不懂礼的差别，但有的人还是有意或者无意地要把这点差别抹掉。

历史不会倒退。孔子一再说，夏、商、周三代文明中最灿烂、最美好的时代是周公那个时代，所以他经常梦到周公，他说周公很了不起，大公无私，建立了一整套礼乐制度。但是现实生活中的这些人争权夺利，把这个社会闹得很混乱。所以孔子在生前周游列国，希望各地诸侯能够推行仁政，但是没人采纳他的观点。直到晚年，四处碰壁之后，慨叹礼乐废弛，文献缺失，便专心整理文献，用来教育学生。

我认为，孔子去世之后，儒学不仅没有停止不前，或是倒退，相反还出现了一个热潮。这里需要提到两个人。一个是孔子的孙子子思。他有很多信众，后人称子思学派。他创立了心性之学，开始从人的内心寻找礼的存在的合理性。其标志性成果是《中庸》、《性自命出》等。20世纪90年代初，湖北荆门发现一座古墓，已被盗挖，只剩下一些竹简。这些竹简在水里泡了两千多年，经过脱水处理后，发现上面写有大量失传的文献，其中就有《性自命出》这篇。研究发现，这是子思学派的一个作品，里面提到了天、命、道、情、性、志等一系列概念，这些概念到宋代便发展成为宋明理学体系。从子思开始，礼开始从制度层面推到了学术层面。另位是孔子的高徒子夏，他创立了音乐理论。《礼记》里面有一篇《乐记》，就是他的标志性著作，代表了当时儒家音乐理论最高水平。这两者结合起来，就标志着在孔子身后产生了一个严格意义上的、能够登上学术殿堂的学术，即礼乐文化，或者简单地说叫作"礼"。所以在孔子身后，"礼"成为一个新的潮流。

四、"礼"标志着中国文化的特殊性

我们经常讲东方文化、西方文化，其实很少有人考虑，东、西方文化的根本不同点在哪里。前面我已经讲到，西方文化源于宗教文化，而东方文化不是宗教文化，它以人文精神为主干，这是一个根本区别。

西方文化认为人性是恶的。亚当和夏娃不听上帝的话，偷吃禁果，上帝把他们两个赶走，然而还不解气，为了表示更严厉的惩罚，就给他们订了一个契约，说你们的孩子生下来以后，不管生到哪一代，他的灵魂里面都会有一个与生俱来的魔鬼——撒旦，这个撒旦在你体内会怂恿你去做坏事。所以需要向上帝祷告。否则，就会无恶不作，成为恶魔，最后被打入地狱接受惩罚。所以西方人要靠宗教来救赎，寻求自我的解脱。

中国没有救世主，中国文化一般倾向认为人性是善的。人一生下来便注定是可以教育的。人的灵魂可以不断升华，因为人的生命里有仁、义、礼、智四个善端。人的这些善端是与生俱来的，动物则不具备，所以动物是永远不能教育的。而人之所以为人，是因为我们有一个善良的本性。只是在社会上待久了，这个本性可能会被灰尘遮住，所以需要慢慢地把灰尘除掉，要培养它，让它茁壮成长。这是一种说法。另一种说法，是史学界的泰斗钱宾四——钱穆先生——所说的。钱先生1949年去了香港，当时港英政府只允许办一所大学，就是香港大学，不允许办第二所，所以他只能办书院，创办了新亚书院，一办就是十七年，后来由于种种原因办不下去了。他就来到台北。不久，有位美国学者拜访他，请他谈谈什么是中国文化。钱先生高屋建瓴，非常扼要、非常精到地给他上了一堂课。这个美国人就把这段谈话整理成了文字，取名《一堂中国文化课》，出版后影响很大。

钱先生说："中国文化的核心是礼。在西方语言中没有'礼'的同义词。""礼"在西方语言里没有对等的词可以翻译，西方文化里的那套礼，诸如打领带、涂口红，这是16—18世纪，在凡尔赛宫为了显示贵族的高雅身份而弄出来的，在这之前没有这一套。我曾在巴黎待过一个多月，当时有一位非常有名的汉学家，八十多岁，送我几篇文章，其中有篇文章一开头就说："西方是靠宗教和法律来管理社会，而中国人不然，中国人是靠礼来管理社会的。"我当时想，原来西方学者也同意钱先生的这个说法，后来一查，其实唐君毅、徐复观等20世纪三四十年代的许多学者也持这个观点。

钱先生接着讲："礼是整个中国人世界里一切习俗、行为的准则，标志着中国的特殊性。正因为西语中没有'礼'这个概念，西方只是用风俗之差异来区分文化，似乎文化只是影响其所及地区各种风俗习惯的总和。"他说得非常正确。我们到欧洲去，几天之内就可以八国游，而在中国，同样的时间游八个省都很困难。因为他们的国家太小了，像梵蒂冈、摩纳哥。在西方人看来，只要方言和风俗不同，就是不同的国家。而中国就不能这样分。你看江苏，苏南、苏北的方言、风俗就差别很大。广东就有客家话、潮州话、广州话几大语系。福建那里的语言也很复杂。而黑龙江跟海南的方言、风俗更是不能比。可是，中国几千年来却都是统一的，因为中国文化在方言和风俗之上，有一个更高的东西，那就是共同的道德理性的具现，就是"礼"。"礼"，维系着大江南北、黄河上下所有的中国人，并在"礼"这个层面上得到一致的认同。所以西方是小国寡民，而中国这么大，却牢不可分，一旦分离了，马上又会积极地合起来，形成分久必合、合久必分的局面。因为我们始终都是一个整体，一个文化认同的整体，这是西方人无法理解的。

钱先生还说："无论在（中国的）哪儿，'礼'是一样的，'礼'是一个家庭的准则，管理着生死婚嫁等一切家务和外事。同样，'礼'也是一个政府的准则，统辖着一切内务和外交，比如政府与人民之间的关系，征兵、签订和约和继承权位等等。要理解中国文化非如此不可，因为中国文化不同于风俗习惯。"现在有很多人在讲礼俗，其实礼是礼，俗是俗，是不同的。俗是一种生活习俗，比如，过年吃汤圆还是吃饺子，放鞭炮还是贴门神，这都是风俗。汤圆可以吃也可以不吃，门神可以贴也可以不贴，鞭炮可以放也可以不放。风俗是约定俗成的习惯，"礼"不一样。"礼"是大家要遵守的，是体现道德的。北京人骂人很厉害的那句就是"缺德"，或者骂得更狠点，"缺八辈子德"！言外之意是，缺了德就不是人！所以钱先生说："要了解中国文化，必须站到更高来看到中国之心。中国文化的核心思想就是'礼'。"

在我看来，"礼"至少贯穿于中国文化四个层面：

第一，人与自然的关系。人要依赖大自然。春秋战国时候的人口要比现在少得多，自然资源却比现在丰富得多。那时候，人们就已经意识到人跟自然万物要共存共荣，破坏了自然，就等于毁灭了自己。那么，人要怎样跟自然和谐相处呢？《礼记》有一篇叫《月令》，相当于后来的黄历。里面逐月记载了日月星辰的运行规律、气象与物候的变迁周期、动物与植物的成长规律，以及社会生活的各种规范，如某个月份什么花开了，什么鸟过来了，哪类虫子开始叫，天上的星星是什么，哪个时候鸟开始繁殖，这时不要去掏鸟窝，不要去抓怀孕的动物，这些都用一种礼的形式规定下来。每一个月，它都想到在生态维护上，告诉人类应该怎么做。前些年，考古学家在甘肃发掘一个遗址，发现一面扑倒在地的墙，把它翻过来后，发现就是《礼记·月令》的内容，当中有段文字便是告诉大家现在是三月份，鸟都在发育、交配，大家不要抓它们、吃它们；这个时候树木长到什么程度了，把山封起来让它好好长，谁都不能去砍。所以，若说人与自然的协调，我们的老祖宗早就意识到了，而且用制度、法则的形式告诉了天下的老百姓。

第二，政府与民众的关系。我的博士论文是研究儒家经典《周礼》的。《周礼》是讲官制的，就是说一个政府的官制怎么设立，每一个官管什么事；每个部门也好，每一位官员也好，该怎样采取符合道德理性的政策。台湾一个很有名的哲学家方东美曾经说，《周礼》是我们中国古代最好的一部宪法。老百姓怎么管理，里面都有记载。老百姓犯了错误，不要随随便便像商纣王那样用酷刑恐吓。如果是初犯，就要教育，教育不行，就找块石头让他站那儿，而不是把他送到监狱里去。这叫作"耻刑"，就是荣誉刑。大家都知道犯了错是要站石头上去的，所以人们走过、路过看到他，就会自警、自省，有错的就会自觉惭愧，然后悔过认错，重新做人。《周礼》有许多这样的内容，它就考虑怎样使政策人性化。西周以来很注重民本思想，孟子说"民为贵，社稷次之，君为轻"，民是最重要的。

第三，人与人之间的关系。我们要建设和谐社会，那么人跟人之间应该怎么和谐？我曾经有一个韩国留学生，非常向往来中国学习，以为韩国的礼仪都是从中国传过去的，到中国来可以学到更多的礼（在韩国、日本这样的国家，越懂礼就表示越有教养），结果大失所望，不仅见不到礼，就连同学见面打招呼都难看到。尽管他坚持着"早晨好"、"老师好"，但他发现自己是个另类。时间久了，他也同化了。但有一条他仍坚持着，就是看到老师，一定行礼。两年后，他的师兄们到中国来，见到他，说他变了，他很伤感。人与人之间，如果见面能够互相问个好，彼此之间就像有了润滑剂，大家会感到互相尊重。人与人之间有礼和没礼很不一样。要建设和谐社会，"礼"是最基本的，否则就谈不上和谐！

第四，人自身的身与心的关系。社会和谐首先是人自身的身与心和谐，这是社会和谐的基础。身与心怎么和谐？就要以"礼"来修身。《论语》、《大学》、《中庸》、《孟子》，其主要内容就是讲修身的。如何修身？说得很清楚，"修身以礼"，"礼"就是帮我们修身的。

"礼"是人区别于动物的根本标志。人跟动物的根本区别是什么？换句话说，人怎样定义自己？用哲学家的话说，全部哲学可以归结为一个问题，就是人是什么？对这个问题，不同的学科有不同的说法。当代有一个学科叫"人类学"。"人类学"又有很多分支，其中有一个叫"体质人类学"。体质人类学家认为，人与动物的根本区别在于，人是一种能够直立行走的动物。考古学家认为，人仅能直立行走还不够，要仰赖大自然生存，就要会制造工具，通过使用工具，可以改造大自然，这才可以称作人。我认为，人跟动物的区别在于有没有"礼"，你是按照"礼"的要求来生活，还是按照动物的野性在生活，就看你自己。所以说："人而无礼，虽能言，不亦禽兽之心乎？"

人类是从动物界进化发展过来的。一边是进化前的动物性，一边是进化后的完善的、道德高尚的君子，作为一个人，处在这两者之间，你的行为是在向前走，还是在向后走呢？当你在食堂里无序插队，在公共汽车上乱挤，当你经常暴露贪婪欲望，总想跟人争斗，这说明动物性还在你身上。对人性不加合理约束，看起来是尊重人性，实际上是把人性降低到动物性水平。怎么克服这种野性？那就需要理性的引导。如果只会穿衣服，心还是跟禽兽一样，那是衣冠禽兽，仍是野性的人。如果每天我们经常想想如何克服这种野性，就会文明得多。

"夫唯禽兽无礼，故父子聚麀［yōu］。"（《礼记•曲礼》）麀是雌鹿。什么叫父子聚麀呢？古人观察很仔细，鹿是不讲辈分的，鹿父亲和鹿儿子共用同一个性配偶，聚麀就是聚在一个性配偶上。我们很多人家里养猫，一只公猫和一只母猫交配生产了一窝小猫，用人的眼光看，这是爸爸妈妈与子女，但是猫没有这个概念，不仅小猫之间成年了会互相交配，而且它们还跟爸爸妈妈交配，交配之后又生一窝小猫。这就叫"乱伦"，会产生恶果的。所以有些猫一生下来就眼睛瞎，或耳朵聋，心脏不好的，活不了几天就死了。人类最早也是这样，知其母不知其父，以后逐渐发现近亲结婚容易得恶疾，而且寿命很短。不讲伦理，不懂辈分，不懂得婚姻嫁娶要有礼法，便是人与动物无异。所以人类很有智慧，有圣人就提出："为礼以教人，使人以有礼，知自别于禽兽。"（《礼记·曲礼》）现在全国有很多大学，学校周围的房子总有学生租下来，没有任何手续、任何程序就同居在一起，怀孕了就打掉，再换个性伴侣，不以为然，父母也不知道。所以我希望同学们能够自省，自己是不是有别于禽兽？婚姻要有礼，要有程序，要有合法性。人跟动物不就这个差别吗？性解放最后是会带来恶果的。

"礼"还是中国与夷狄相区别的标志。当时的中原地区农业文明特别发达。河北省武安磁山遗址距今已有七千余年的历史，考古工作者在这里挖出了几百个地窖，地窖里面堆满了小米，但都已变成灰。科技考古研究中有一种叫"灰像法"的技术，能够根据这些灰来进行复原，结果复原出是小米。这些小米都是吃不了存在里面的，有十几万斤。浙江河姆渡遗址也是约七千年前的，若干吨吃不了的稻谷也是这样储藏的。农业民族最大的优势就是丰衣足食。周边的夷狄，那些游牧民族、野蛮民族便会经常前来掠夺，在掠夺的过程中就出现一个现象，那就是：两种不同文化的碰撞、交流、博弈、融会出现了。

中原地区的人最早进入文明时代，那个时代的人生活很讲究。早晨起来要梳头，梳得整整齐齐，梳完以后用一块丝绸或布包好，把它挽成一个髻，再用簪子固定住。男子还要戴上帽子。帽子的缨带上要有玉，缨带打个结垂下来。每天都要这样严格地穿戴后才能出门，这是对自己的尊重，也是对社会的尊重。见到人要问候、要谦让，遇事都要为别人着想。这是一个文明之邦。

夷狄之邦则完全不同。他们进来就抢，后来干脆不走了。那时候土地很多，最初他们就生活其间，于是就有了文化上的交流。夷狄之邦的人看到中原的人不仅吃得好，生活得也特别有质量，心生向慕，也学着用梳子来梳头，洗头，挽发结；看到穿衣服用右手比较顺，他们也改过来，也学着见人行礼，处处仿效。久而久之，夷狄之邦的人就被汉化了。孔子为什么作《春秋》？韩愈在他的一篇很著名的文章《原道》中讲，孔子作《春秋》，是代表了孔子的文化观，他要告诉后人，历史发展应该是先进文化带动落后文化，而不是相反；如果说先进文化被落后文化拖下去，那就是历史的倒退。他说："诸侯用夷礼则夷之，进于中国则中国之。"如果当时诸侯用夷狄之礼，都不懂我们的文化了，中原的盟会就不会让他们参加。相反，有些原来是夷狄之邦的，跟我们学，"进于中国"，能够做到在文化认同上基本一致，就认为是中原大家庭中的一员了。我们没有民族歧视，只有文化达标。

一部《春秋》是要展示当时的礼与非礼、文明进步与倒退的交错互动的过程。说得非常有道理。这些观点传到古代朝鲜半岛以后，朝鲜半岛的知识分子上上下下非常震撼，提倡要进于中国，不能让中国人把我们当成夷狄之邦看待，我们要努力地学习他们的礼仪，争取成为中华的一员。所以，举国上下都学"礼"，一直到今天都在坚持。相反，我们现在反而丢掉了"礼"。几年以前，我在凤凰卫视"世纪大讲堂"做节目，主持人问我："我有一个美国朋友在中国生活了很多年，有很长时间没见到他了，最近我见到他就问他，'你觉得中国怎么样？'结果他说：'韩国人比中国人更像中国人。'彭教授，对此你有何评价？"谁都认为中国是礼仪之邦，但现在我们的生活里这个"礼"已经被丢弃了，而我们古代的东西被韩国学去以后，到现在还完好地保存着，这是很不正常的现象。

"礼"对于每个个体来说特别重要，它是一个渐入圣域的途径。自古以来，中国士人（知识分子）的人生轨迹，可以用三个词——"本体"、"工夫"、"境界"来表述。我们每个人生来就是一个渴望认知的"本体"，这个"本体"最终要达到一个"境界"，这里借用了佛教的名词，我们可以问问自己有"境界"没有，除了想自己那点升官发财的事情，是不是有想民族的事？有没有人文关怀？一个牙牙学语的"本体"，要进步为一个有"境界"的"本体"，这连接的途径就是"工夫"。这里的"工夫"不是指练武，其内在意义就是学习。韩国人把我们中国的许多汉字学去，包括这个词的古意，他们至今还在使用，还固守着，而我们现在已不用这个意思了。所以，有时候碰到韩国人问他在哪个学校读书，他会告诉你在某某大学"工夫"，用的就是我们的古语。

人要学习什么呢？学习"礼"。"礼"，是知行一体的，学了以后是要付诸实践的。在家、学校、宿舍、图书馆、社会，懂得道理之后要去做的。所以朱熹讲，一个人一生有两件事情，一个是知，一个是守，懂得一个道理，就要守住它。这中间环节就是"礼"。不断地学习"礼"和践行"礼"，我们才能不断进步。

也许有人会说这套东西都是两千多年前的，离我们太遥远。其实，中国文化有很多精华可以超越时空，历久而弥新，比如说，人要诚信，要孝顺，要谦虚，等等，这些观点在两千多年前就提出来了，不管社会怎么发展，这些永远都是人类的美德。今天中华民族要腾飞，应该要借助五千年传统文化深厚的积淀。

最后，我想用庄子的一段话来结束今天的讲演。"且夫水之积也不厚，则其负大舟也无力。覆杯水于坳堂之上，则芥为之舟，置杯则胶，水浅而舟大也。"（《庄子·逍遥游》）一艘大船要在水里行，水一定要深，如果水只有一点点，船是浮不起来的，因为浮力不够。庄子打了一个比方，说拿一杯水，倒在坳堂之上的低洼之处，把这杯水倒在这个小坑里，它能浮起多大的东西呢？几根芥草浮在上面还凑合，如果把杯子放在里面就会搁浅。

中华民族这艘巨轮正在扬帆远航，这中间需要许许多多的条件，一个不可或缺的条件，就是要借助于五千年文明的智慧，借助于五千年文明的丰富营养。如果我们能吸收其中许许多多的有效成分，社会的发展才会更好，也就是我开头所讲的，我们能够给世界提供一个完全不同于西方文化的社会发展模式，这不是靠宗教，而是靠社会的公理，靠人类的自律，靠人自身的修养，就能达到自身的和谐，就能够把中国建设成世界一流强国！

第二讲　处世以诚　待人以敬

——君子以诚敬存于心

各位老师、各位同学，今天我要讲的题目是：处世以诚，待人以敬。

"礼"是中国传统文化的核心。"礼"与中国传统的道德是浑然一体的，它并不纯粹是一个形式，而是要通过形式表达出思想和内涵的。所以，谈到中国的礼，一定要讲到两个字："诚"和"敬"。为了迎接北京奥运会，当时社会上开办了许多礼仪培训班，讲的几乎都是西方礼仪，都是一些动作、形式。西方礼仪是不讲"诚"和"敬"的。西方的礼仪没有"灵魂"，只是教人怎样表演或者"作秀"，比如说，怎样涂眼影、涂口红、打领带，怎样拿刀叉、吃沙拉、喝汤、吃牛排等等，它非常强调外在的东西；再比如，穿西装时，衬衣袖子要露出多少，身上衣服颜色不能超过几种；还有，握手时大臂和小臂的夹角多少度，大臂和身体的夹角多少度，握住后要三秒钟才松开来，等等。使人的兴奋点都集中在了这些外在的东西上，让人感觉"作秀"的成分非常高。而中国礼仪才是一种从根本上改变人的教育。

这一讲主要讲两个字：一个是"诚"，一个是"敬"。非常遗憾的是，这两个字，是当前社会最为缺失的，它们又恰恰是五千年来中华文化最为强调的内核。

一、"礼"是为了表达真诚的情感

第一个字"诚",与中国人经常提到的"诚信"、"真诚"意思相同。谈礼仪,之所以首先要谈"诚",是因为"礼"不是虚礼,而是要表达内心真诚的情感。《礼记》有句话叫"礼闻取于人,不闻取人"。礼缘情而作,各种形式都是用来表达人的情感的。如果人们内心有了一种真实的情感,比如很欢迎、很崇拜或者很可怜一个人,那么这种情感就一定会流露出来,因此,就需要制定规范,规定在对一个人表达敬意的时候,要有哪些形体动作、哪些语言等。也就是说,先从内心有感而发,然后再辅之以各种礼节。

中国儒家的经典之一《中庸》非常强调的一个基本理念,就是做人要"诚"。认为这个世界上,除了真实的存在以外,没有其他的东西,比如说,天和天上的太阳是真实的存在,不是虚幻的;大地和大地上的万物也是真实的存在,而不是幻影。如果是幻影,就不是真实的存在。中国人研究治国之道、修身之道,都是从自然以及自然规律中体会出来的。老子有句话:"人法地,地法天,天法道,道法自然。"古人最崇拜天地,认为天、天上的太阳很了不得,就在于它们的真实、不欺骗。如太阳在运行时,碰到日食,它不会遮掩,不给你看,仍表露出真实,万民仰望都能看到。太阳每天到时就会升起,永远是那么朝气蓬勃、自强不息。古人感念天的伟大,它不仅能照生万物,而且大公无私,无国界之分,是那样的坦荡。大地也是无私的,能普生万物,无私地奉献给人们使用,无论什么都能包容。天、地因和而化生为万物,它们是和谐的。另外,宇宙本身有秩序,春夏秋冬有规律，不会是夏天之后突然跳过秋天而到冬天，如果那样，农业就没有收成，所以，它是那样诚实有信。春后是夏，夏后是秋，秋后是冬，是那样有秩序。

《大学》讲"诚意"、"正心"。古人从天地自然规律，思考一个人怎样可以成为真诚的人。古人研究万物之道，发现一定要有一个物才有一个名。如果起了一个名字，但没有实际内容，那就是虚名。所以，古人说要老老实实，实至则名归。比如，跑110米栏，用了10秒，你把这件事实实在在地做到了，名也就来了。如果不去跑，硬说是"世界冠军"又有何意义？这是有其名而无其实。懂得这个道理后，就要老老实实去努力、去奋斗，脚踏实地去做，这就是一种诚实的态度。现在有的知识分子剽窃别人研究成果，伪造实验数据，这样就不诚实。另外，从这个字面意思看，"诚"同于"真"，同于"实"，同于"信"。如果培养不出这种根性，那就是个虚假的、不真实的人。

"不诚则无物"，这是宋明理学特别强调的观点。"物"应该是诚实的、真实的存在，所以"礼"也一定要有真实的情感，然后表达出来才有意义。假如内心不恭敬，你的鞠躬就没有意义。我在清华上礼仪课，第一堂课就讲，听这课，要有礼仪的要求：第一，《礼记》上规定，听老师讲课不能坐得远远的。现在中国人有个不好的习惯，一进教室或会场，先占据后面或者靠走廊的位置，离老师近的位置反而空着。其实，只要讲过一堂课，就可知道这个单位的风气好不好。如果所到单位的人都东一个西一个地坐，就可知道这个单位是一盘散沙，这个团队是不行的。这不是坐得远不远、能不能听到麦克风的问题，反映的是内心有没有恭敬之心的问题。所以同学们应该往前坐，还因为教室比较大，可以为后来旁听的同学留一些方便的位置。第二，课堂中间有问题要提，我非常欢迎，但要站起来，不能坐在位置上，甚至还跷着二郎腿，那样就非常失礼。第三，礼仪课要落实在行为举止上。古人说："礼者，履也。""礼"是要履行的。如果说一套、做一套，就等于没学。另外，在课堂开始和结束时，我要给大家行礼，"来而不往非礼也"，同学们是不是也应该礼尚往来还个礼？

"礼"是表达内心情感的外在形式。一个老师对自己的教育对象没有敬意，是不应该的，我必须尊重我的教育对象，所以给你们深深地鞠躬。而你们假如觉得这个老师不值得你行礼，也可以，"君子反求诸己"，我会反思自己，没能让你尊重我，那肯定是我做得太差，我得再严格要求自己。老师是传道受业解惑者，中国文化五千年之所以能生生不息，是由于一代一代的老师在不断地传道。对老师表达敬意，就是对中国文化之道、学问之道表达敬意，这是对国家的希望和民族的未来表达的一种诚挚的期许。

《中庸》有一段非常经典的话："诚者，天之道也。诚之者，人之道也。诚者不勉而中，不思而得，从容中道，圣人也。诚之者，择善而固执之者也。""诚者，天之道也"，真诚无欺，这是天向我们昭示的一个道，它是永恒的实体，要懂得这个道，然后学习它。"诚之者，人之道也"，我们学习"诚"、做到"诚"，诚之者，就需按照"诚"的要求去做，这就是人之道。人学习天道，天道是"诚"，把"诚"贯穿到生活中去，这是人应该做的。圣人所秉承的天道是非常完整的。"诚者不勉而中"，不用刻意努力就可以做到"中"，做到"诚"，事实上，一个人如果是真诚的，他的目光自然而然是柔和的、亲切的。"不思而得"，不要刻意去想，比如，见到老年人、见到尊长要让路，这需要想吗？需要思想斗争吗？如果需要刻意去想，境界就没有了。"从容中道，圣人也"，在什么地方都很从容，不用太紧张，处处合于道，这种人就是圣人。孔子温、良、恭、俭、让，他非常从容，看上去也非常温和、非常善良、非常恭敬、非常节制、非常谦让，这些品质都是从他的内心自然流露出来的。

人，除了圣人，还有一种是"诚之者"，也就是普通人。普通人按照"诚"的要求来做，而且力求从点滴小事学起、做起。如何做到"诚之"？就是要择善。群处在一起，看到某个人很有书卷气，很有教养，而另一个人没有，那就择善而从之，而且固执之，既要知德，又要守德。《中庸》、《大学》反复讲到上天把仁、义、礼、智、信这些品德赋予人，可是人的觉醒有早有晚，"以先觉觉后觉"，以自己的先学、先懂，教育后学之人。"学者效也"，学就是效，仿效学得好的人，先学的人先做好，让后学之人能够仿效。总之，要巩固懂得的道理，并且始终抓住不放，这样就会有进步。

"自诚明，谓之性。自明诚，谓之教。诚则明矣，明则诚矣。"这段话也是出于《中庸》，非常有名。"自"就是自从的意思。这有两种情况，一种是"自诚明"，由于"诚"，所以明白很多事情，只需要照着真诚的道理去做。一个人只要真诚，就没有事情弄不明白，这叫"由诚而明"。"谓之性"，即我们的人性。孟子说"人性本善"，说仁、义、礼、智不是外铄的，不是外力强加的，而是人性固有的。他说当你看到小孩落井，听见小孩在井底的哭声，就会产生恻隐之心，会关心小孩怎么了，会忍不住跑过去看看，这就是真诚的、真实的人性流露。这是做得很对、很好、很明的，这样做不是出于巴结小孩父母，或是想让邻居知道自己的善心，而是情不自禁的本能，是人的良知的表现。

汶川地震期间，我们看到那么多遭受地震的灾民，或许没一个叫得出名字，或者是有亲戚、血缘关系的，但为什么那么多的人都说那些天的电视不忍看，看了会流眼泪？而且，大家都会想着尽自己所能去帮助他们。大地震发生后，很多人连夜从北京坐火车去灾区救援，根本不考虑报酬。所以，人要真诚，真诚以后做出来的事情才够本真。

每个人身上仁、义、礼、智的禀性是参差不齐的，有的多一些，有的少一些。举个不恰当的例子，假如我有一团泥，想在泥里掺一种颜色进去，假定这个颜色就是仁、义、礼、智，掺了、糅了之后再把它做成一个人，大家知道我不可能糅得非常均匀，有的泥颜色多些，有的泥颜色会少些。人的禀赋和这个道理是一样的，有的禀性多一点，有的少一点，有的人生来就很善良，有的从小就比较喜欢捣蛋，说明他的禀性要弱一些。但是这没关系，通过学习培育后，同样可以成长起来。我们是普通人，不是圣人，无法做到所有的事情都和天一样，达到天的那种境界。所以，这另一种情况叫作"自明诚"，一个人通过学习，把道理弄明白后变得真诚。宋代文人李清照的丈夫叫赵明诚，这个名字就很有文化，就取自《中庸》。普通人要接受教育，通过教育，读书明理，就能从"明"走向"诚"。"诚则明矣，明则诚矣"。人诚了，就会明，成为一个明白人，事情也就做得清楚。

现实生活中，受社会上不良因素的影响，不真诚的人太多。孔子在《论语》中多次提到一句话："巧言令色，鲜矣仁。""巧言"，把话说得太漂亮，太会说话，见人说人话，见鬼说鬼话，让人听着特别舒服。"令"就是美，"令色"即做出来的神色让人看着特别舒服。但这种"巧言令色"是表面上的文章，不是由"诚"而外发出来的；"鲜矣仁"，就说"巧言令色"的人是很少有仁爱之心的。有仁爱之心的人会很真实，何须"拍马屁"或者通过打扮来讨好人呢？想不努力就做官，或者投机取巧得到提拔，那是不诚的。哪怕做不了官，也不能做这种丢份的事情。读书人要有书生本色。一个真正的仁者，不会在外在的东西上下功夫。

《论语·学而》还有一句话："巧言、令色、足恭，左丘明耻之，丘亦耻之。匿怨而友其人，左丘明耻之，丘亦耻之。""足恭"，即十足的恭，恭敬过了头。一个人如果能够"仰不愧于天，俯不怍于地"，堂堂正正，就是很愉悦的。"匿怨而友其人，左丘明耻之，丘亦耻之。"有的人，明明讨厌对方，却把怨恨藏起来，表面上仍把他当作很好的朋友相处，左丘明以这样不真诚的人为耻，孔子也是。我们应该做本真之人，而不是虚伪之人。英国有一所大学的章程，就说学校要培养人格完善的科学人才。但现在中国的大学教育却很少讲这些，如果把这种教育丢了，恰恰是会造成许多社会问题的。

黄帝陵有个诚信亭，祭祀前一般先到亭里站一会，审视自己是否真诚。"诚"是中国文化不可或缺的部分，离开它，就不成其为文化了。

我们看一下中华老字号"同仁堂"。"仁"就是爱，"同仁"就是同修仁德，一个医生不能没有爱心、没有医德。"同仁堂"的堂训是："同修仁德，亲和敬业；共献仁术，济世养生。"另外，它还有一副非常有名的对联："求珍品，品味虽贵必不敢减物力；讲堂誉，炮制虽繁必不敢省人力。"讲的就是以诚信为本。为何很多老字号经历几百年仍然存在，也在于它们的诚信。日本有一次因遭地震，物资匮乏，很多食品店涨价，趁机捞利，只有一家店分文不涨，这家店很快被所有人知道了，从此生意出奇地好，因为它即便是在最困难的时候也是真诚的。所以，要记住，真诚的人，谁都会喜欢你，哪怕你一时吃点亏，终究是能站得住的。如果虚伪耍滑头，最终会栽跟头。

二、礼主敬

第二个字是"敬"。《礼记·礼器》说"经礼三百，曲礼三千"，经礼是大礼，有三百，曲礼是小礼，有三千。礼无处不在。在这么多礼中，是否能提炼出一个字，让大家记住？那就是："敬"。《孝经》有说"礼者，敬而已矣"，懂得尊敬，就懂得了"礼"。《礼记》开篇第一句是"毋不敬"，无论是对自己、对他人、对事业，都不能有不敬之心。东汉有位经学大师叫郑玄，注经很简练，简练到一个字也不能减，有时他的注比正文还少，他在中国学术史上的地位非常重要。他注的《礼记》是最有名的，他对于"毋不敬"的注解是"礼主于敬"，礼以敬为主。"经"是先秦的，汉代的人看不懂，就需要做注。到唐代，连注也看不懂了，就给注做解释，这叫"疏"。唐代孔颖达作的疏说："行五礼（吉、凶、军、宾、嘉），皆须敬也。""礼"是用来表达敬意的。比如，外国国家元首来访，要在人民大会堂铺上红地毯，这是为了表达对这个国家元首的敬意；邓小平逝世后在人民大会堂举行追悼大会，是对邓小平同志表达最后的敬意；天安门前升国旗仪式非常严格，需要有国旗护卫队，并有众多解放军战士持枪护送，是为表达对国家的象征——国旗的敬意；见到大家鞠个躬是对大家表达敬意；有些地方过年时给父母磕头，或者多年在外，返乡后见到父母要下跪，这些都表达了对父母的敬意。离开"敬"就无所谓"礼"。

"敬"是"礼"的核心。古代考察一个人就是看他敬不敬。《左传》僖公三十三年记载："初，臼季使，过冀，见冀缺耨，其妻馌之，敬，相待如宾。与之归，言诸文公曰：'敬，德之聚也。能敬必有德，德以治民，君请用之！'"当初，有一位叫臼季的人出使，经过一个叫冀的地方，看见有个叫冀缺的人在耕田，冀缺的妻子给他送饭，两人都表现出一套互相尊敬的礼节，"相待如宾"。臼季很感慨，叫冀缺跟他回去，并向鲁文公推荐。因为与冀缺的父亲有些恩仇，鲁文公没同意。臼季觉得要为国家选好人才，就把他所看到的告诉鲁文公，并说仁爱之德的体现，都聚焦在一个"敬"字上，懂得尊重他人的人，一定是有德行的人，治国用有道德的人，一定会受到老百姓的爱戴，请君用他，不要计较私仇。

"敬"的内涵非常丰富。"敬"是有仁爱之心的一种表现。孔子说："君子敬而无失，与人恭而有礼，四海之内，皆兄弟也。"（《论语·颜渊》）教导学生要恭敬。中国人还把这种理念渗透灌输到孩子身上。现在，很多教育机构在学习《弟子规》。《弟子规》是清朝时山西一秀才编的，因为没有功名，便在私塾教书。他把《论语》中的一些话编成顺口溜，就像《三字经》，同时，把中国传统文化的一些核心理念表述进去，非常精彩。"凡是人，皆须爱。天同覆，地同载。"

现在提到"博爱"，很多人就自然而然地反应为法国大革命时期提倡的"自由、平等、博爱"，难道中国人没有爱心吗？中国在战国时代的《孝经》里就已经提出"博爱"这个词了。南京中山陵有个牌坊叫"博爱坊"，此"博爱"非法国之"博爱"，而是中国人提出的"博爱"。在博爱坊前面的那条大路，对面靠近音乐台的位置有一个青铜鼎叫"孝经鼎"，鼎内的铜牌上刻着《孝经》的全文。中国的"博爱"一词源于《孝经》，比法国早了两千多年。"凡是人，皆须爱"，这句话表达了《孝经》的博爱、仁义思想。只要是人，就应该去爱，因为"天同覆，地同载"，大家生活在同一片阳光之下，依存在同一片大地之上。

人和动物不一样，人是社会性动物，谁要离群索居就会难以生存。社会越来越进步，分工越来越细密，人一旦离开社会将无法存活。比如说我们的衣、食、用，都得依赖社会分工而取得。既然人和人之间必须互相依存才能存在下去，就没有理由彼此不爱。中国人最有资格讲爱，中国人爱的传统最悠久，而不是只有天主教才讲爱。《弟子规》在历史上非常流行，差一点把《三字经》给替代，连小孩子也读。所以中国的博爱思想是深入人心的。

台湾的马英九先生，这名字起得很雅，也很有内涵，因为《论语》、《大学》都讲到"九"，他父亲一定是希望他在九个方面都能做得很好。《论语·季氏》："君子有九思，视思明，听思聪，色思温，貌思恭，言思忠，事思敬，疑思问，忿思难，见得思义。"君子立身行事要考虑九个方面，看东西要清楚，听的时候要真切，脸色要温和，态度要恭敬，说话要忠诚不欺骗，办事要考虑谨慎严肃，遇到疑问要思考是否向人询问，愤怒时要思考是否有后患，获取财利时要想想是否合乎义的准则，这"九思"都是讲的诚与敬，做人要恭敬内敛，不要像社会上一些人表现出骄泰之状。韩国人挖苦人时经常称"两班"，开始听不明白，后来才了解到，古代在朝廷做官的有文班和武班，有的人成了"两班"成员，即贵族后，便神气活现了。这是它的讽刺意义。

《论语·宪问》："子路问君子。子曰：'修己以敬。'"孔子教学生是因材施教的，对不同的学生有不同的教育方法。据说子路原是个街头小混混，常穿奇装异服，好勇斗狠，孔子就针对他回答说"修己以敬"，做人要恭敬，要内敛，要用"敬"来修身。

《论语·宪问》："子张问行。子曰：'言忠信，行笃敬，虽蛮貊之邦行矣。言不忠信，行不笃敬，虽州里行乎哉？立，则见其参于前也；在舆，则见其倚于衡也。夫然后行！'子张书诸绅。"子张问孔子，人的行为应该怎样？孔子说，说话要忠信，行为要非常恭敬，这样的人，即使到了落后部落里，人们也会喜欢；反之，到了发达地方也没人喜欢你。子张听了觉得有道理，就"书诸绅"，古人是用宽布带子束腰，打结后带子余下的部分垂在腰下以为饰，有这种大带子的人就叫"绅士"，子张一时没地方记，就把孔子的话写在这带子上。

《论语·子路》："樊迟问仁。子曰：'居处恭，执事敬，与人忠；虽之夷狄，不可弃也。'"樊迟问仁，孔子说如果能够做到"恭"、"敬"、"忠"，而不是"巧言令色"，即使到了夷狄也不会把你抛弃，所以做人要恭敬和忠心，这就是"仁"。"仁"不是虚的，它表现为诚、敬、忠。忠就是一种真诚。《论语》讲"君使臣以礼，臣事君以忠"，领导对下属要尊重，以礼相待，那么下属就会忠心对待领导，全心全意去做事。现在很多单位的员工缺少忠诚度，不厚道，这会影响社会的发展。

古人很有胸怀，爱心，并不只是爱自己的父母。《孟子·梁惠王上》："老吾老以及人之老，幼吾幼以及人之幼，天下可运于掌。《诗》云：'刑于寡妻，至于兄弟，以御于家邦。'言举斯心加诸彼而已。故推恩足以保四海，不推恩无以保妻子。""老吾老以及人之老"，第一个"老"是动词，把孝敬推及其他家的老人，"幼吾幼以及人之幼"，把天下人的孩子都当作自己的孩子，同样，天下人的父母也都是自己的父母，如果能这样做，"天下可运于掌"，治理天下就容易了，如果人人都有这样的爱心，社会也就和谐了。若是做不到这一点，甚至连自己的父母都不愿意奉养，那么社会就很容易出问题。"《诗》云：'刑于寡妻，至于兄弟，以御于家邦。'言举斯心加诸彼而已。故推恩足以保四海，不推恩无以保妻子。""刑"通"型"，模范、范式、范型的意思，如果能做到"老吾老以及人之老，幼吾幼以及人之幼"，并且能够作为自己妻子的榜样，这里"寡妻"是谦辞，古代诸侯称自己为寡人，谦称自己为寡德之人，做出榜样再推广到兄弟，进而管理好"家"和"邦"。古代大夫管辖范围为"家"，诸侯管辖的叫"邦"，后由于避讳刘邦就称"国"。把这颗爱自己父母孩子的心加诸他人身上，如此而已。所以，把对自己父母的恩情，推广到天下人身上，就能保住天下，若一个人太过自私而不推恩，那么最终将连自己的妻儿也保不住。

《孟子·离娄下》有段话也非常经典，值得终身谨记："君子所以异于人者，以其存心也。君子以仁存心，以礼存心。仁者爱人，有礼者敬人。爱人者，人恒爱之；敬人者，人恒敬之。"《论语》中，也经常可以看到君子和小人的对比。荀子《劝学》讲到读书人"始乎为士"，一开始都是"士"。什么是"士"？"志于道者之为士"，就是有志于追求道、追求真理的人叫作"士"。这种说法一直沿用到今天。如：本科毕业生叫学士，研究生毕业生叫硕士，叫博士，一生最高能到院士。"始乎为士，终乎为圣人"，开始为士，继而为君子，最终要成为圣人。何谓君子？孟子说"君子所以异于人者，以其存心也"，君子之所以不同于一般人，就在于内心存在的禀性。我们说存心不良、存心捣乱，这个"存心"，就源于此。"君子以仁存心，以礼存心"，君子把仁、礼存在心中，这样就能爱人。懂得礼，就懂得尊重。"爱人者，人恒爱之；敬人者，人恒敬之"，你爱别人，别人也会爱你；你尊敬别人，别人也会尊敬你。"人敬我一尺，我敬人一丈。"一个人有礼，别人也会对你有礼，如果你有礼，而对方无礼，那是因为对方的教养不够。做人要实在，德没有虚德，德必有实，德一定是实在的，一定能够表达出来，你对他人的尊敬，必是能够让人感受到的。比如，天安门前升旗时，你仍睡在地上，那是尊敬吗？人们看到的只是无礼。如果你想表示尊敬，你会站正，把帽子摘掉。汶川地震后举国哀悼汽笛鸣响时，大家自觉地站在电视机前，汽车司机及车里的人也都停车站出来默哀，这就是尊敬的表现。

三、表达敬意的原则与方式

表达敬意要有原则和方式。中国人表达敬意的原则是尊老、敬长、尊师、自谦，"在朝序爵，在野序齿"。其中最基本的，是要讲辈分，尊老敬长。对于年纪比我们大的、为社会做贡献多的、身体不如我们的，要尊敬他、关爱他、帮助他，无论什么事情要以他为先；另外，要尊敬老师。尊敬别人，就是不要把自己和别人放在同等位置上，而是要自谦。"在朝序爵，在野序齿"，私人场合，或在正式场合怎么进出，怎么坐，要序爵或序齿。序爵，即按爵位高低分清主次，谁是领导，领导在前，领导坐主桌、主位。人民大会堂开会一定是有序排位的，不能乱坐，因为各人职位不同，每人肩负的责任不同，这并非是说儒家思想强调等级，如今把这一点给理解歪了。

诵读《孝经》可以知道，孝要从天子开始，然后是诸侯、卿大夫、士、庶人，都有尽孝之职。《大学》讲"修齐治平"，人人要修身，修身是本，修身也要从天子开始，"自天子以至于庶人，壹是皆以修身为本"，如果天子连身都修不好，何以领导天下？把天子摆在很重要的位置，是因为其责任重大，如果做得不好可以被推翻，比如武王克商，武王把纣王推翻了。孟子说纣王只是个匹夫、民贼，人人皆可得而诛之。所以，不要片面地理解为等级制。一个社会的管理要分层级，如分成省、市、县、乡，这是社会文明进步的表现。但是不要把这种层级变成一种特权，层级划分是必要的，关键是不要和特权挂钩，儒家思想是反对特权的。

"在野序齿"，如果只是同学之间、朋友之间在一起吃饭，就与爵位没有关系了。"序齿"就是看年龄大小，年长者、老人坐上座。

表达敬意的方式有很多，包括敬语、容貌、服饰、进退、揖让、先后等。

第一，说话要用敬语。前几年开放大陆游客台湾行，《环球时报》登过一则报道，说了很多大陆人在台的花絮，说台湾人讲话很新鲜，很有意思，比如："张先生，您今年高寿啊？""李先生，您府上哪里？""李先生，您今年贵庚啊？"文绉绉的。事实上这些都是中国传统用语。对客人，尤其是远道而来的客人，说话时要用敬语。反观现在，很多年轻人讲话缺乏礼貌，甚而对那些低俗的、没有品位的"田畈话"极为感兴趣。

古代对称谓是非常讲究、非常严格的。这其实反映了不同的文化层次。举个例子，夫妻一起出门，见到熟人，丈夫怎么介绍妻子？有人回答是"贱内"、"爱人"、"内子"、"妻子"、"太太"、"夫人"，这些称谓中，有的是书面语言，有的不适合正式场合用，如"贱内"。最荒唐的是自称"夫人"。《礼记》提到，古代天子的配偶为后——皇后、太后、母后，这些称谓普通人是不能用的，诸侯一级的配偶才叫"夫人"。当然，随着语言的发展，到现在，用"夫人"这词，是在给对方抬爱，把它抬高一个层次。但是像"夫人"、"贵庚"、"阁下"、"殿下"这样的尊称，只能由对方来说，不能自己用于自己，假如自己说"这是我夫人"，实是一种自大、不自谦的表现，自己说"贵庚三十六"之类的话也是很荒唐的。如今用得比较多的还有"爱人"这个词，中国四大小说中没一部提及它的，而在日本、韩国、中国台湾和中国香港这些汉字文化圈中，"爱人"是指情人。改革开放初期，这些汉字文化圈的朋友来大陆，有些老师请他们吃饭，介绍自己的妻子时说，"这是我爱人"，那些朋友听着非常惊讶，说中国改革开放的步子迈得真快，你们竟敢这样在公众场合带着情人。那么，应该怎么称呼呢？一般可以称呼为"妻"，雅一些的可以叫"内子"、"内人"；当然，妻子不能叫自己的丈夫为"外人"，可以称"外子"。这些称谓是不能乱用的。

看中国古典小说，像《三国演义》，每每到了精彩之处，会说："各位看官，欲知后事如何，且听下回分解。"其实听书的、看书的人不一定是官，这里只是表示尊敬。在描写 20 世纪三四十年代故事的电视节目中，也可以看到，在老字号店里，见有客人进门，店小二会说："这位爷，里面请。"称呼"爷"，就是把你摆在一个很尊重的位置。在南方一些饭店里，因为那里比较讲究做生意，所以见到客人会说："这位老板，需要点什么？"他们喊你"老板"也是表示尊重。有次我在香港，到一家小店去吃早餐，店里人看我们是内地客，就说："三位领导，要吃点什么？"这里的"领导"也是尊称。还有较为通用的称呼"师傅"，特别是在"文革"时期，工人师傅领导一切，"师傅"是个至高无上的称呼，相比，现在喊得就比较少了。学会对别人用尊称，用敬语，这是非常重要的。

第二，容貌要端庄。西汉时，史书记载各级政府都有礼官，这些礼官要专门到鲁国去学"容仪"。"容仪"是为表达情感的，而情感是一定要流露在脸上的，所以要懂得参加丧礼时怎么悲切，参加婚礼应该怎样做，参加国家大典又该怎样做等等。如为孙中山先生治丧，当时专门成立奉安委员会，制订了一套仪式要求。一个人的容貌要恭敬、端庄，不能嬉皮笑脸，尤其是在正式、公众的场合。常常看电视上国家领导人接见日本代表团，那些日本人都是毕恭毕敬端坐的。日本的礼仪，规定在正式场合必须事先做面部清洁，坐着要稍微侧身，腿脚并拢，不能跷二郎腿。容貌的礼仪是很重要的，需要表现恭敬之心。

第三，服饰要"称其情"。比如，参加丧礼千万不能穿红衣服、花衣服，而且涂口红、抹指甲、打花领带也是不合适的。在正式场合，女同志要穿着端庄得体。西安市前几年出台一个政策，规定在出租车运营时，女司机不可以穿吊带衣服和短裙，否则客人对你的职业会有误解的。在公众场合穿着不得体，是对他人的不尊重。曾有报纸报道，说外国人前些年到中国来，看到电视节目女主持人都穿得比较暴露，很吃惊，有人甚至说了挖苦话，说这些主持人的心态不对。这是很不自重的表现。这些并不是我们的传统。

第四，要知进退。有回我到香港大学开会，会议是由金庸先生资助的，闭幕时金庸先生来到会场，大家呼声很高，希望他能讲讲话，或者跟他合影留念。金庸先生站在那，似乎有点木讷，说话也非常谦卑、低调，但能看出来他恭而有礼。香港大学考虑给来宾送书，但因为与会人员太多，只能每个学校派代表领取，由金庸先生送书，然后与代表合影。这时，领书的代表应该怎样上台呢？应该是"趋"，步子稍微快一点。古人表示走路有几个词，很有意思。其中一个"步"，闲庭信步，一步步走过来，但有些场合是不能一步步走的。《论语》提到孔子在院子里闲站，儿子伯鱼从他面前过去，这时，是不能大摇大摆、晃晃悠悠过去的，否则会碍眼。应该要"趋"，从面前赶快过去，表示很在意，不打搅长辈。两个长辈互相说话时，小孩从中间穿过去也是不应该的。金庸先生站在台上时，代表上去领书的表现各异，大部分是大摇大摆慢慢走上台的，也有些是小跑上去到金庸先生面前，然后赶快行个礼的。从中可以看出有教养和没教养的区别。

再举一个例子。有一次我到镇江，在市委宣传部及公路局做讲座。讲完以后公路局送我一本杂志，打开杂志首先看到一张照片，是公路局的一名女工人和温家宝总理在全国人民代表大会上的合影。这名女工人是劳模、全国人大代表，文化水平不见得很高，但我一看这张照片就觉得这名女工人很有教养，因为她是侧身站在温总理右边，脸部朝向镜头，而不是与温总理平行站立。细节决定品质，从细节可以看出一个人是否有修养。

第五，要揖让、谦让。生活中很多时候人们会争先恐后，不顾秩序。有次在清华园和一位朋友乘电梯。这位朋友办了所私塾，教孩子学《三字经》、《弟子规》之类。那天他带了两个学生。电梯门一开，两个孩子"嗖"地冲进去了，随后我们进去。电梯门关上后，我问这两位学生有没有学过《弟子规》，他们说学过，也会背，然后我告诉他们，刚才进电梯的行为已经违背了《弟子规》的教导。《弟子规》讲"长者先，幼者后"。要懂得谦让，哪怕是平辈之间也要谦让，懂得"在野序齿"，这对以后的生活都是有帮助的。

现在讲讲应该怎样送客。有些人送客时似乎表现得很热情，但客人刚离开，还没到电梯，身后的门便"砰"的一声关上了，这是很不礼貌的。曾经在香港，有位法师请我吃饭，下楼时，他亲自送我们。那个楼是建在山上的，要沿着坡下去。我们坐上车，和他助手挥手说再见，当车窗玻璃关上、车子拐到下面时，看见他的助手仍然很恭敬地站在原来的位置，这就是《弟子规》上讲的"过犹待，百步余"。《三国演义》中，刘备送徐庶，送了一程又一程，直到不能再送了，还一直目送很远，直到一片树林把视线遮住了。当然，这是文学作品中的夸张描写手法，但这种情谊是很真挚的。生活中，在送客时，至少要等客人进了电梯，电梯开行后，才回房关门；关系深一些的，送到楼下门口；再深厚一些的，送到院子门口，甚至上了汽车，等到"百步余，客不顾"。就怕客人回头说再见，送客的人已转身不见了，那样就不敬，不礼貌了。

表达敬意有个很重要的原则：自谦而敬人。《礼记·曲礼上》

说："夫礼者，自卑而尊人。虽负贩者，必有尊也，而况富贵乎?"这里的"自卑"，不是卑躬屈膝的卑，而是谦卑、自谦的意思，就是把自己放在谦卑的位置，去尊重对方。曾有一位文化名流在电视里批判中国传统文化，说中国为什么搞不好，就是因为有礼，而且中国人的礼都是对长辈的、上级的，不如西方讲求人人平等那样好。乍一听好像有道理。然而他的落脚点，却是建立在西方有多好上。如果他读过《礼记》，就应该不会这样说了。

"礼"是自卑而尊人。尊重父母、尊重长辈是天经地义的。现在很多独生子女，像小皇帝，家长非常溺爱，年老的照顾年少的，身体虚弱的照顾身体健壮的，这是有违秩序的。晚辈应该尊重长辈，这其中没有什么不公平。说西方人讲求公平，那是因为他们的文化是宗教文化，每个人都是上帝的儿子，父亲和儿子在上帝面前都是平辈、平等的；父亲只是儿子的监护人，如果父亲打儿子，儿子就可以上法庭告他，父母老了就应该去养老院。而中国人不是上帝的儿子，是父母的儿子，父母养育子女很辛苦，子女孝敬父母是理所应当的。而且这也不代表不公平，因为人不是一辈子只做子女，年长之后同样要为人父、为人母，自然会有下一代来孝敬你，多年以后，等你做了爷爷、奶奶，满堂儿孙同样也会孝敬你，这种机会是均等的。

另外，中国的礼不仅是下辈对上辈，"自卑而尊人"，该尊重到什么程度？"虽负贩者，必有尊也，而况富贵乎?"负贩者，就是挑着担子、背着篓子沿街叫卖的小贩，作为弱势群体，他们有做人的尊严。商店里的营业员，上班时对顾客很尊敬，下班后到其他店里消费，也会得到同样的尊敬。你对别人用敬语，别人也会对你用敬语，你把自己放在很谦卑的位置去尊重别人，同样，别人也会这样尊重你，这不是一种更高层次上的平等吗？在学校里，我经常告诫学生，即使是楼道的清洁工人，同样有自己的尊严，不可以轻视他们，他们不偷不抢，做一般人不愿做的事情，而且拿到的只是极其微薄的薪水，他们其实很高尚。

要领会"礼"的精神是"博爱"。"凡是人，皆须爱。"不要以为自己是东南大学的，天之骄子，自视甚高，视他人是芸芸众生。不要像电视上有些主持人，很高傲，坐在台前，根本想不到要低个头向大家行礼。有一次，和《光明日报》"国学版"的主编谈话，他就提到那些在日本、中国台湾很出名的主持人，都很有礼貌，让人很感慨。向大家行个礼，很简单，而且让人一看就觉得你很有教养。这有什么不好？或许有人会说，为什么要谦虚？并且见到谁都要谦虚，都要行礼，这多难受啊？其实，他还理解不到这是一种修养。

目前，社会上有些人把《周易》讲得五花八门，很多地方，名义上是办国学班，其实就为赚钱，教你怎样看风水、炒股、算命。再比如说，单位要提拔一批干部，看看《周易》，算算自己是否轮得上。"国学热"若是这样下去，会误入歧途的。其实，《周易》是一部非常好的书，一定要全面去看。清华大学校训"自强不息，厚德载物"，就出自《周易》的坤卦，还有"观乎人文，以化成天下"等等。它是一部很重人文的书。

《周易》六十四卦中有一卦叫"谦"，这个卦最吉。周公对其子伯禽说："《易》有一道，大足以守天下，中足以守其国家，小足以守其身：谦之谓也。"（《韩诗外传》卷三引）一个人要懂得谦虚，就是懂得尊重人，懂得知道自己的不足，懂得内敛，有这样一个品德，大可以守天下，中可以守国家，小可以守自身。

六十四卦中其他的卦，包括"乾卦"和"坤卦"，六个爻总有一个爻会告诉你里面会有些什么问题，唯有这个"谦卦"，"六爻皆吉"。胡一桂《周易本义附录纂疏》中讲："谦一卦六爻，下三爻皆吉而无凶，上三爻皆利而无害。《易》中吉利，罕有若是纯全者，谦之效故此也。"六个爻全好，这在《周易》中是其他卦没有的。"谦：亨。君子有终。"说谦卦，亨通。君子谦让将会有好结果。这个卦要好好学习，并且学《周易》的话，要理解这种谦卦的精神。梁章钜《楹联丛话》有联："谦卦六爻皆吉，恕字终身可行。"这样学国学，才能学出一点档次来。

四、"诚"、"敬"从鞠躬做起

"诚"和"敬"怎样培养？我这里提个建议，从鞠躬做起。"诚"、"敬"之心若立于内，则必然会通过一定的形体动作表现出来。表达"诚"和"敬"的形体动作很多，其中鞠躬是中国人表达敬意最常用的方式。我有一个朋友在北京开公司，在读了有关礼的书之后，他明白了一个人要改变自己、改变社会，就必须落在行动上。"让文明成为习惯"，如果只是贴个标语，只是街头口号，谁都不去做，怎能成为习惯呢？现在最应该做的是鞠躬。那位开公司的朋友提出，公司的同事互相见面要鞠躬，结果有位员工说，那是日本人的做法，然后愤然辞职。难道真的只是日本人才这样吗？"鞠躬"，在中国古代有很多记载。《论语》提到孔子"入公门，鞠躬如也"。诸葛亮在《后出师表》中表白"鞠躬尽瘁，死而后已"，试想一个人如果连躬也不肯鞠，能做到对国家很忠诚吗？鲁迅在《自嘲》中说："横眉冷对千夫指，俯首甘为孺子牛。""俯首"就是把头低下来，做人民大众的牛。鞠个躬，怎么会成日本人？不学之过也。

2005年启功先生去世后，我在报纸上看到一篇回忆他的文章。说"文革"期间，启功先生落难，有位朋友常去他家看望，与他闲坐聊天，那时启功先生很潦倒，住在一个破房子里。每次谈到快要吃饭时，那个朋友就告辞。每次告辞时，启先生总是抢先一步走到门口，向他鞠躬，并且目送他远去，非常真诚。这位朋友永远忘不了这一幕。

有次看中央电视台主持人朱军的谈话节目，谈话嘉宾是来自东北的民歌演唱家郭颂。郭颂是自学出身，后来有机会在北京唱歌，被著名歌唱家王昆看中。他跟王昆说："王老师，上海有一个歌唱演员学习班，我想去但不够资格，因为没有学历，不知老师是否可以帮忙？"王昆积极帮忙联系，使他如愿以偿。郭颂非常感激，认为王昆在各方面都是他的老师，直到现在，见到王昆老师都要鞠躬，而且是九十度鞠躬，说他特别感谢王昆老师，永远不能忘记她，见到她一定要用这种方式来表达内心的敬意。现在有些同学看见老师时平起平坐，甚至有时还拍拍老师的肩膀，这是一种不敬的行为。

2004年全国人民代表大会会议上，温家宝总理作政府工作报告，他走到报告席时，首先向台下人大代表两鞠躬，然后转过身朝着主席台上的人鞠躬。报告作完之后，他又是这样三个有礼貌的鞠躬。等他回到座位坐下来，代表们掌声依旧，他再次起立两次鞠躬表示答谢，不料代表们热情的掌声依然响彻全场，他再一次向台下鞠躬。一共九次鞠躬，令在场人大代表、与会人士为之动容。这种真情让大家感动。

我们再看胡锦涛主席。2005年胡主席访美，纽约侨团组织五千余人前往欢迎，侨胞的热情令胡主席深受感动，他以深深地一鞠躬致谢。胡主席平易近人、诚恳待人的表现，令所有华侨华人感动万分，他们感受到了祖国对海外儿女的关心和尊重。在更早些时候胡主席访美时，华侨们凌晨冒雨等候数小时，他曾两次近乎九十度深鞠躬，他的亲民作风早已深入侨胞人心。

2008年3月6日，胡锦涛在会见港澳全国人大代表和政协委员时，先行鞠躬礼。《星岛日报》评论说，身为国家元首的他向平民鞠躬，并非首次，说2003年"非典"肆虐期间，他在广东省疾病预防控制中心向医护人员鞠躬；2005年8月和9月，在抗战胜利60周年纪念活动中，他先后在山西和北京，向抗日老战士鞠躬；2007年8月，在中南海接见优秀教师代表，深深一鞠躬。在他未成为国家最高领导人之前，1997年去江苏徐州探望被中央宣传部评为"全国精神文明重要典范"的渠务工人，向他们鞠躬。

2007年胡锦涛同志再次当选国家主席和中央军委主席时，全场响起经久不息的掌声。胡锦涛同志起立，正身，垂手，目视代表，先向右前方鞠躬，再向左前方鞠躬，又转身向主席台，鞠躬，全场掌声雷动。同时，温家宝同志再次当选国务院总理时，全场同样响起经久的掌声。温家宝同志起立，正身，垂手，目视代表，先向右前方鞠躬，再向左前方鞠躬，又转身向主席台，鞠躬，全场再次掌声雷动。十分经典，十分自然，十分真诚，十分亲切！两位领导人以完全相同的方式，以中华民族最传统、最经典、最真情的礼节向代表致意，让人感慨万分、感动不已。这些行为告诉我们，中央领导人都十分注重礼，难道在场诸位的身份比主席和总理还要高，放不下这个架子？所以，我们不仅要学礼仪，而且要做一个实践者、传播者。

再举一个反面的例子，有一则报道让我们极为伤感。2007年7月4日晚，巴蜀小学举行毕业典礼，天气闷热，校长廖文胜站在台上，始终面带微笑。486名学生在《感恩的心》乐曲伴随下鱼贯上台，校长先是右手做出"请"的姿势，再双手捧上毕业证书，然后鞠躬祝福同学。面对校长如此礼遇，绝大多数孩子神情淡漠，接过毕业证书转身就走，连一句"谢谢"都听不到。毕业了，给校长行礼这种起码的尊重都做不到，这样的孩子还有希望吗？应该怎么办？从自身做起，从现在做起。希望大家能够敢为天下先。先知先觉者是引领时代向上的，先觉觉后觉，如果连知识精英都耻于做出行动，那我们的社会就会很可悲。

北京奥运会来临之际，我在《环球时报》上发表一篇文章，呼吁大家行动起来，每人每天行礼至少三次：早上上班时，看见邻居行礼一次；中午去食堂吃饭，看见同事行礼一次；下班回去时行礼一次。每天礼让三次：开车时、乘电梯时、吃饭时，不和他人争；每天说敬语三次。希望借这个机会逐步养成好的习惯，进而逐渐形成好的风气。一个学校这样做了，这个学校就会被改造；一个城市这样做了，这个城市就会得以提升；全国人民这样做了，风气就形成了。

然而，响应我的呼吁者寥寥无几，仅一位东莞朋友，说他已出钱在东莞的民间，号召大家都来礼让，并且印了很多张贴纸，发起万人签名，"开车不要抢，要礼让"，做过此承诺的人到他那里签名，签名后贴在汽车上。他说一直想写一篇文章，叫《一位孤独的火炬传递手》，说奥运火炬在全世界传递得热火朝天，而彭老师高举着的这个人文中国、人文奥运的火炬，却是如此孤独，我们能否加入这个行列，一起来传递这个"文化"的火炬？

我现在是在奔走呼号。作为一介书生，一名学者，我只能把中国的文化告诉大家，让大家意识到，文化一定要体现在人的身上，那才是鲜活的。文化要传承，就要让它成为我们生命体的一部分。明白道理之后，要把它内化成人生的一个信念。这样，中国文化的传承才是有希望的。否则，我们这一代对不起历史。现在，不再是穷得只能考虑吃饭问题的时候，现在的社会已经发展到一定的程度，"仓廪实则知礼节，衣食足则知荣辱"（《管子·

牧民》），物质文明发达起来后，精神文明要和它配套，并驾齐驱。说到根本上，关系到我们的文化能不能站住，能不能向全世界证明：它是一种不比其他任何文化差，甚至更为优秀的文化，人类社会按这种模式走，可能前景更美！

第三讲　礼乐皆得　谓之有德

——古代中国的乐教

今天这一讲的题目是"礼乐皆得，谓之有德"。对于没有机会接触古代经典的同学来讲，此话比较费解。首先来解题。古人在解释一个字或者一个词的时候，有个习惯，即用一个同音字来注解，其中最经典的证明，就是汉代学者刘熙的书《释名》。书里的名物语词都是用声训来解释，即用一个声音相同或相近的字来解释词义，比如说"春者，蠢也"，什么是春天？万物苏醒了，蠢蠢欲动了，那就叫"春"；再比如"土者，吐也"，什么是土呢？能够吐出稻子、麦子、蔬菜等的，就叫"土"，吐生万物。同样，"德者，得也"，什么是道德？能够得到人生与社会真谛的人，就是有德之人，亦即得道之人，因为把真理弄明白，追求到了。《礼记》有一篇叫《乐记》，其中讲到"礼乐皆得"，"礼"和"乐"的真谛都得到了，那么就是一个有德之人，"谓之有德"。礼乐和人生须臾不可离。

前几年，我在中华书局出版了一本讲演集，起名《礼乐人生》，意思是人的一生都应该用"礼乐"来规范、指导。中国文化的核心就是"礼"，中国文化是礼文化，这"礼"就包含着"乐"。若是讲得周备一点，就叫"礼乐"；讲得简略一点，就叫

"礼"。为什么"礼"包含"乐"？《礼记》有一篇《乐记》，读完你就清楚了。很多人，包括一些学者，对于这个问题的认识，也即对于礼乐文化的认识，往往是不到位的。比如说，有人认为举行"礼"的时候要伴奏，伴奏的就是"乐"，所以才叫礼乐文化；也有人认为，"礼"是约束人的，约束之后会感到紧张，而人不能总是很紧张，所以要用"乐"来舒缓、放松一下。我由此意识到，一个身处礼乐之邦的民族，对于自己文化的认识亟待提升。这个基本的问题弄不清楚，去说捍卫、弘扬传统文化，实际是句空话。所以，要弄清楚自己的文化，这是个首要的问题。

今天主要讲古代的乐教。全世界不管哪个民族，文明发展到一定水平，都会认识音乐。大到非洲、拉丁美洲、欧洲、亚洲，小到西藏、新疆、云南，或是中原地区，但凡每个民族到了一定阶段，都会跟音乐结缘。但特别需要指出的是，全世界没有一个民族，像中华民族这样，把音乐作为一种教化的工具。《礼记》有一篇解释六经的《经解》，提到孔子有六经之教，包括《诗》教、《书》教、《礼》教、《乐》教等，其中，以《礼》为教称《礼》教，以《乐》为教称《乐》教。中国人不仅把"乐"作为娱乐的方式，而且更重视它对于教化民众的作用。某种程度上讲，儒家把乐教放在比礼教还要高的位置。下面展开来介绍。

一、中国上古的音乐成就

一般地，但凡提到音乐，人们往往会联想到交响乐队、铜管乐器，而一旦提到中国的乐器，就会感觉很土、很落后，这是不对的。中国是一个音乐发端非常早的国度。根据文献记载，中国音乐的起源可以上溯至黄帝。相传黄帝之时出现了许多发明创造，其中之一就是发明了十二律。史书记载，黄帝曾任命一位叫伶伦的乐官创作十二律。十二律是音乐中可谓最重要的基本元素。另外，音乐中还有由 1（哆）、2（来）、3（咪）、4（发）、5（嗦）、6（拉）、7（西）组成的七声音阶，它们之间是有音高差别的，而且这些音高不是平均的，1（哆）、2（来）、3（咪）三个是一样的，到了 4（发）的时候，比较小，是个半音，到 7（西）的时候，又是半个，七个音是不等的，像钢琴上有黑键、白键，就因为它们的音高不均等。在一个非常复杂的演奏当中，比方说编钟，需要把这个七声音阶平均起来，然后就可以旋宫转调，比如 1（哆）这个键可以按在任何一个地方，它的基础就是把七声音阶分割成十二律。当时伶伦是用竹管做的吹奏乐器，其中模仿了凤（雄的）和凰（雌的），根据凤和凰的叫声，把它分成"六律"、"六吕"，即六个阳律、六个阴律，合起来就是十二律。根据这个说法，早在五千年前，中国人就已经懂得十二律。

《尚书·舜典》有这样一段对话："帝曰：'夔〔kuí〕，命汝典乐，教胄〔zhòu〕子，直而温，宽而栗，刚而无虐，简而无傲。诗言志，歌永言，声依咏，律和声。八音克谐，无相夺伦，神人以和。'夔曰：'於！予击石拊石，百兽率舞。'"当时舜帝任命了一批官员，其中有一位叫夔的官员，他的职责是"典乐"，就是专门掌管音乐教化。夔掌管音乐，主要是教育"胄子"，就是教育贵族的子弟，古书中贵族叫贵胄。"教胄子，直而温，宽而栗，刚而无虐，简而无傲"，通过学习音乐，正直而温和，宽厚而懂得敬畏，刚毅而不暴虐，行事简而无傲。同时，"诗言志，歌永言，声依咏，律和声。八音克谐，无相夺伦，神人以和"。因为当时的诗可以唱，而音乐离不开诗，诗可以抒发人的心志，歌是把人想说的话拉长。"八音克谐"的"八音"，即用金、石、土、革、丝、木、匏、竹等八种材料制作的乐器，比如，用土做的就有陶埙，以及其他各式各样的乐器；金，实际上是指铜，铜被用来做编钟；石头被用来做编磬等等。"克"是能够的意思，有的人起名"克文"、"克武"，就是希望他们能文能武。"八音克谐"就是"八音"在一起奏响的时候能够和谐。

中国人懂得和谐的道理是从音乐开始的。"笙"的管子有高低、粗细、长短，这很正常，假如只有一根管子怎么吹？整个社会是由不同的人组成的。不同特长的人、不同思想的人，大家在一起，和而不同，和谐相处，就好比"笙"的管子，高低、粗细、长短不同，但是围绕着一个主旋律奏出来的曲子是和谐的。这就是中国人的思想，不要求统一，但是都能围绕一个主旋律，力求和谐，而不是放任，既能保留个性，又能找到结合点，找到共性。夔说："於！予击石拊石，百兽率舞。"啊！我很高兴，我重重地或者轻轻地敲击编磬，一奏起乐，凤凰来仪，鸟兽率舞，社会一片和谐景象。这些记载，长期以来被人们所怀疑。然而，疑者自疑，信者自信，考古学提供了大量可以证明的材料，事实比文献记载的还要惊人得多。

前些年，为了迎接北京奥运会，首都博物馆举办了文物展，把全国各省的文物精品几乎都借展到了北京，机会极其难得，所以，许多外地人专程坐火车赶到北京看展览。其中展出的一件精品，是在河南舞阳一个名不见经传的小村子——贾湖出土的。贾湖的古文化比仰韶文化还要早，大约距今九千年到七千年，而仰韶文化距今约六千年。当地有位小学老师，爱好考古，经常在地里捡陶片，并搜集起来，后来向文保护部门报告，文物保护部门据此进行了发掘，发现面积非常大，至今都未挖完。在众多的发掘中有一项最轰动的成果，就是发现了16支用鹤类的肢骨制作的笛子，就是将鹤的腿骨两端截掉，中间钻孔。刚出土的时候，这些笛子灌满了泥巴，它们或放置在死者右手边，或放置在死者两腿中间，具体位置不一。凭直觉，大家认为应该是笛子，可又不同于日常所见的笛子，它没有吹孔，没有贴膜的孔，只有七个挨得很近的孔。有人坚信这是笛子，就把它拿到北京中央音乐学院，请一些音乐史专家和民乐演奏家来鉴定。专家们一看，断定这是笛子，说这种乐器在中国新疆一带、中亚细亚一带民族中还有使用，只不过它不是横吹的，是直着吹的，吹的时候需要形成一个角度，把气吹到内壁上，从而使笛子内部产生一种震荡。乐器是因震荡发声的。震荡有几种形式，一种叫管震荡，就像笛子；一种叫弦震荡，就像琴瑟；还有一种叫板震荡，就像钟、磬、鼓。后来，这些笛子经过反复试吹，并经过仪器测音，发现完全可以吹，而且吹出的曲子非常准，就确认了是乐器。据说这样的笛子前两年又有发现，合计已有近二十支了。这些笛子做得如此精致，说明那时的手工制作水平之高了。

以前由于缺乏考古依据，所以写中国科技史非常小心，比如《中国大百科全书》讲到仰韶文化，说那时"可能"已经会数一、二、三、四、五，对于是否会数六，则不敢想，因为人只有五个手指。这些笛子不但已经有七个孔了，而且孔与孔之间距离不等，说明已经懂得数理关系了，知道距离和音高是有联系的，且对每个孔都做有记号，经验相当丰富。可以试着想象分析，是否先在上面钻个小孔，吹一吹，如果不对再调整？那些小孔只比针眼大一点，是用什么东西钻的？很难想象，九千年前就已做得如此精致，而一万年前的山顶洞人做的还都是粗针大线的东西。

通过测音，发现其中有支最好的笛子，每个音孔之间音程的误差都小于五个音分。其中有两个孔，据说测出误差几乎是零。这么小的误差，估计今人也少有能做出来的。一个交响乐团演出，第一小提琴手站出来，其他乐手都要跟他对音，一般乐手的误差约在十个音分以上，好一点的钢琴调音师大概能达到五六个音分。而那个时候没有任何仪器。这就是九千年前的人！不要按现在的标准想象他们的生活有多凄惨，没吃的、穿的，实际上，那时人们不仅有精神生活，有文化生活，而且生活质量很高，很讲究。比如说其中有一支笛子，出土的时候已经断了，因为断的地方，钻有好几个小孔，然后用线连起来，可以想象这支笛子的主人生前特别喜欢这支笛子，笛子都磨得发亮了，去世以后，家人想着这是他的心爱之物，尽管已经断了，还是把它给弄好，放在他身边。这些骨笛，是世界上最早的吹奏乐器之一，是国宝级的文物。

"埙"是中国特有的乐器，在甘肃、山西、四川、陕西等很多地方都有出土。甘肃玉门有一个地方叫火烧沟，出土的"埙"外形像一条鱼，身上几处都有吹孔，特别漂亮。在甘肃、青海地区有一种古文化叫马家窑文化，马家窑文化出土的彩陶埙非常精致，即使拿到全世界去比亦不逊色。我曾经在法国卢浮宫，特地看了世界上其他地区的彩陶，看后非常放心，比这个好的不敢说没有，但是不多。这个彩陶埙做得像一个扁球，非常漂亮。它具有马家窑文化典型的特征"四大圆"：中间一个圆心，四个吹孔，吹孔的周围分布着"四大圆"，旁边还有水纹的旋涡，作为一个陶埙，其价值非常珍贵。

四川成都有一个金沙遗址，那里原是一个汽车站，在施工时发现了一个面积极大的、从商代直到春秋战国的遗址，出土的物品极其丰富，现在建了一个博物馆。那里出土了两块原始状态的石磬。石磬是如此制作的：加工成一个石板，然后做一个孔把它吊起来，这样大小、厚薄、长短不一的若干块，敲起来就有七声音阶了。遗址中有一个商代大墓都被盗空了，只剩些不要的，就是这些磬。此外，河南安阳殷墟武官村墓里面出土了一枚用青石雕的磬，形状非常规整，中间用浮雕形式雕出一只老虎的线条，故叫作虎纹大磬，是国宝级的文物。石磬在我国很多地方都有出土。

　　让人目瞪口呆的是湖北出土的曾侯乙编钟。曾，是古代的一个小国，曾国的侯叫曾侯，这个曾侯，名字叫乙，所以叫曾侯乙。虽然人们在书上找不到这个叫曾的国家，名不见经传，但是出土的这套编钟，却让所有的人大跌眼镜。试想，这么小的诸侯国做出的编钟都这么厉害，那楚王的钟会是什么样？周天子的钟又该是什么样的？实在不敢想象。这套编钟是现存世界音乐史上的瑰宝。它有三层钟架，中间是桐木结构，共64个编钟。在它旁边还出土了36个编钟，加起来共有100个。这些青铜编钟的重量，经测算达4 400公斤，每一个钟都堪称一绝。北京大钟寺有个古钟博物馆，所展示的西洋人的钟是圆的，敲任何一个部分，发出的声音都是一样的。而这些编钟不是圆的，是合瓦型的，像两片瓦片合起来，如果把它举起来，可看到断面是合瓦型的，正面是桥型的；并且敲钟的中间和两边会有两个不同的音。这不是巧合，这些青铜的钟上都有铭文，写明这个是钟，或是宫、商、角［jué］、徵［zhǐ］、羽，敲哪个部位是什么音，它可以旋宫转调。按照武汉音乐学院测音的结果，编钟中心部分的音域宽到五个八度，而钢琴是七个八度，但是钢琴比它晚了上千年，比照钢琴，它只少了一个最低音和一个最高音，中间五个八度都是一样的。曾侯乙编钟曾被送到北京人民大会堂演奏，那次我非常有幸听到了。编钟下面大的钟是用杠杆撞击的，上面小的钟就用木榔头敲，当时的演奏，听得让人荡气回肠，感觉作为一个中国人很自豪。两千多年前中国人的乐器就已发达到这种程度，可见中国人的音乐成就非常之高。

　　古代群众性的歌唱活动也是非常普及，曾出现很多歌手。《列子·汤问》提到，一位叫薛谭的人，到秦青门下学习唱歌，学了一段以后自我很满足，觉得水平跟老师差不多了，所以就跟老师讲，不想再学下去，想离开了。老师听了非常伤感，但又不好挽留，就在郊外为他饯行。书上记载，秦青"抚节悲歌，声振林木，响遏行云"，云都被止住了。见此情景，薛谭非常惭愧，向老师认错，说自己的水平差得太远，真不该这么浅薄，就留下来继续跟老师学习。

《列子·汤问》还提到一位民间女歌手叫作韩娥，她游历到齐国，最后断粮了，就在临淄城下唱歌求食，她的美妙婉转的歌声把很多民众吸引来了，人们纷纷赠以食粮，然后她就继续上路。她离开之后，人们惊讶地发现，已经过去三天了，家里梁上还回荡着她的歌声，这就是"余音绕梁，三日不绝"的典故。

汉代有一本书叫《新序》，其中"宋玉对楚王问"一节说："客有歌于郢中者，其始曰《下里巴人》，国中属而和者数千人。其为《阳陵采薇》，国中属而和者数百人。其为《阳春白雪》，国中属而和者数十人而已。"宋玉是与屈原同时代齐名的一位学者。有一位来客在楚国的都城——郢中唱歌，一开始他唱的曲子叫《下里巴人》，他在城上唱，下面数千人就跟着唱；后来又唱《阳陵采薇》，这个歌比较难唱，所以只剩十分之一的人能附和唱；最后唱《阳春白雪》，音调非常高，结果，只有数十人能附和唱出来。从中可以看出，当时的群众性歌咏活动是很热烈的。

二、儒家的音乐理论

刚才讲了中国古代乐器及其演奏的技巧，以及史籍所载歌唱活动。到了春秋战国之际，在器乐、声乐都发展到一个相当高的水平以后，儒家开始研究音乐理论。音乐的本质是什么？它怎么起源的？功用是什么？音乐和民风以及国家的兴衰关系如何？以此为基础，儒家提出了乐教理论，这是中国古代文化的重要特色之一。全世界都懂音乐，但是没有像中国的音乐理论这样有个性。

关于音乐的作用，学术界有许多不同的说法。有一种说法认为：远古时候气候比较潮湿，人的关节容易出问题，血脉不通，所以要运动，舒展筋骨。《吕氏春秋》有许多篇章谈到音乐，其中一篇提到，古代有个部落葛天氏，是这样唱歌跳舞，"三人操牛尾，投足以歌八阕"。甲骨文中的"舞"字，像人双手拿着牛尾巴，作为跳舞的道具，这里是"三人操牛尾"。"投足"就是拿脚去踏节拍。贵州有一首歌叫《阿佤人民唱新歌》，两排男女穿着佤族的衣服，也是投足而歌，就像葛天氏唱歌跳舞那样。"八阕"有人认为是八段，很复杂。《史记·乐书》讲："故音乐者，所以动荡血脉，通流精神而和正心者也。"认为音乐的作用，既可以让人的血脉流通，又可以调理人的精神和心性。

礼乐的本质不在于形式。《礼记·乐记》讲："乐者，非谓黄钟、大吕、弦歌、干扬也，乐之末节也，故童者舞之。铺筵席，陈尊俎，列笾豆，以升降为礼者，礼之末节也，故有司掌之。"

人们想到音乐，会很快联想到"黄钟、大吕、弦歌、干扬"，这里"干"指盾牌，是防御性兵器，如日常人们常说的"大动干戈"，"戈"是进攻性兵器。那时的舞蹈，经常要表现一些战争场面，所以手上要举盾牌持戈。然而，《乐记》又讲，这些只是音乐的一个外在形式而已，是"乐之末节"，它不是一棵大树的树干部分，而是末梢，并不重要，音乐的本质也不在此，所以，只是让一帮小孩跳跳，"童者舞之"。行礼时铺上席子，就像今天日本、韩国的习俗，跪坐在席子上，因为那时没有椅子，但是席地而坐，地上又脏又潮的，所以要铺席，后来引申为入席、即席讲话、主席等用法。"铺筵席，陈尊俎，列笾豆，以升降为礼者"，像吃饭铺席、陈列酒器和俎、排列笾豆，以及安排谁先谁后，这些也都是礼的末节，只需要让工作人员"有司"去管。"礼"的最重要的灵魂——"乐"，它的灵魂不在这，那在哪里？

儒家音乐理论的一个基本的观点是"声音乐三分"，就是分为三个由低到高的层次，依次为声、音、乐。

音乐的起源是与人的心理活动、人的情感分不开的。《礼记·乐记》说："凡音者，生人心者也。情动于中，故形于声。声成文，谓之音。"乐为心生，它是从心里发出的，平常人们说"唱出了我国各族人民的心声"，这种说法最早就来自《乐记》。"情动于中"，看一件事物，把人的心打动了，情感在心里动起来，于是就要"形于声"，高兴的时候就容易发声。

《诗经》曾有《毛诗》、《齐诗》、《鲁诗》等几种版本，现存为毛氏所传，所以又称《毛诗》。《毛诗》有一段序。诗在古代是能唱的，所以这篇谈论古代诗歌乐舞的《毛诗序》非常有名，它说："情动于中而形于言，言之不足，故嗟叹之；嗟叹之不足，故永歌之；永歌之不足，不知手之舞之、足之蹈之也。"一个人的心被打动，情萌动而形于言。可是，仅仅"形于言"，尚不能把内心的情感充分地表达出来，就"嗟叹之"；如果还不足，就"永歌之"，"永"就是长，唱歌就是要把声音拉长；如果"永歌之"仍不足，就"手之舞之、足之蹈之"，就要投足而歌。这是人的情感的系列升华，慢慢高涨，形成了各种表达情感的方式。

这里说到了音乐的两个层次。第一个是"情动于中"而"形于声"，用"声"表达出来。"声"是音乐的最低层次，就是没有文化的人，也要动于中、发于声的，要吼一嗓子，喊出来，这种"声"，动物都能感知，非常单调，没有层次，它所表达的内容也非常直白。以后，人们觉得自己的感情是那么丰富，一会儿喜，一会儿怒，一会儿哀，一会儿乐，只是"声"的层次并不满足。于是就开始观察大自然，发现了管震荡、弦震荡、板震荡。这在

《管子》一书有记载。先是研究通过拨丝发声，这根丝有 81 寸，发现在长短不同的地方，可以拨出宫、商、角、徵、羽不同的音。用一组大小、厚薄不同的石板，不停地调整，可以调出七声音阶，可以升降、高低错落。七声音阶的运用，不仅给了作曲家任意创作的空间，让所有歌没有重复。而且，通过七声音阶创作歌曲，赋予不同的调门和旋律，可以表达丰富而复杂的心声和情感。这样，它就有了审美价值，有了美感，用心把它奏出来，还能打动别人的心。所以第二个层次，"声成文，谓之音"，就产生了"音"，"声"成了"文"。"文"是文采，是一种规律，是一种崭新的表达方式。

"音"，即今天所说的音乐。音乐的种类很多。不同的音乐，会给人不同的感受，有的让人悲伤，忍不住想流泪，长期听了，会振作不起来；也有的非常狂热，像迪斯科、摇滚乐，加上旋转的霓虹灯，人会跟着躁动；也有的音乐非常庄严；还有像江南的民歌，比如苏州的曲子，很是柔和，这又是一种风格。不同的音乐其作用是不一样的，好的音乐能够催人向上，能够让人的心智、理想沿着正确的方向走；也有的音乐就让人软绵绵的，比如，抗日战争时，前线将士们在浴血奋战，可是在大上海，不少人还在灯红酒绿，唱那些亡国之音。音乐对人的影响很大，一个人喜欢听什么样的音乐，他的气质也会随之改变，那些经常听古典音乐的人，就会有书卷气，与那些经常听摇滚乐的，肯定是不一样的。

由于不同的音可以带来不同的感受，有人就开始思考，音乐怎么那么容易就把人给调动起来呢？它悲伤，也使你很悲伤；它狂躁，会使你比它更狂躁；而有的则让人很沉稳。有人就研究，对于"音"不能放任，否则人心会杂乱、不整齐。儒家当时就这样考虑、研究，认为除了"音"，还应该再分出一个层次来，那就是"乐"。

什么是"乐"？那种能够体现道德教化的"音"，才有资格被叫作"乐"。《礼记·乐记》讲"德音之谓乐"，或者说"德音雅乐"。这种乐曲在思想上是健康的、纯正的，在风格上是舒缓的、典雅的。这种乐曲对于个人的身心和谐、对于社会的安定会产生积极作用。这样的乐曲才是需要追求的。

虽然"音"和"乐"很相近，都是七声音阶，根据一定的旋律、一定的调门、一定的规律创作出来的，但是它们并不相同。这正是《礼记·乐记》中孔子的高徒子夏说的"夫乐者，与音相近而不同"所体现的意思。

《礼记·乐记》还讲："君子乐得其道，小人乐得其欲。以道制欲，则乐而不乱；以欲忘道，则惑而不乐。"人不能没有快乐，人一快乐就想跳舞或者唱歌这些娱乐活动。"君子乐得其道"，君子最感兴趣的，是要在这种文娱活动中把握住它的道；"小人乐得其欲"，小人只是追求一种感官的发泄，没有道德，没有思想。虽然感官的刺激和欲望有其合理性，但如果能用道来制约，就是乐而不乱。如果"以欲忘道，则惑而不乐"，如果只想着感官刺激，而忘记了人的一言一行、一举一动都应受到理性的指导，就会迷惑、迷失方向，就不会有真正的快乐。如果爱唱什么就唱什么，不知道用道去制约，社会风气就会受影响，古人都知道这个理念，所以，要懂得"以道制欲"，倡导健康、高雅的歌曲，那么，社会风气才会端正。

"德者，性之端也"，人心显露在外的，是德。人心的仁、义、理、智四端都是德的体现。"乐"是"德之华"。这里"华"和"花"相通，陕西有座华山，它有五座山峰，像一朵莲花，故名。"金石丝竹，乐之器也。诗言其志也，歌咏其声也，舞动其容也。三者本于心，然后乐气从之。是故情深而文明，气盛而化神，和顺积中而英华发外。"（《礼记·乐记》）这是一种健康的、表达道德的音乐。金、石、丝、竹，是表达这种情感的器具。

下面这段话，是这一讲题目的出处，"凡音者，生于人心者也。乐者，通伦理者也。是故，知声而不知音者，禽兽是也；知音而不知乐者，众庶是也。唯君子为能知乐。……是故，不知声者不可与言音，不知音者不可与言乐。知乐，则几于礼矣。礼乐皆得，谓之有德。德者，得也。"（《礼记·乐记》）"音"，它是人的心声。"乐者，通伦理者也"，从"音"分出来的"乐"，是通伦理的，人有伦理，而动物没有伦理。"知声而不知音者，禽兽是也"，禽兽只懂得"声"，只听到各种声音。"知音而不知乐者，众庶是也"，只懂"音"而达不到"乐"的层次，是众庶，因为众庶没有机会接受这种教育，没法选择，所以只能在"音"的层次上，而不知还有更高层次的"乐"。"唯君子为能知乐"，君子是有学问、有品位的精英分子，他们懂乐。"不知声者不可与言音"，如果连"声"都不懂，那讨论什么"音"？"不知音者不可与言乐"，如果连"音"都不懂，那怎么讨论"乐"呢？"知乐，则几于礼矣。"懂得"乐"，就一定懂得"礼"。"礼乐皆得，谓之有德。德者，得也。"所以，看一个人的层次，只要聊上几句话就能看得很清楚，就可知道热衷什么，喜欢什么。古代有道的君子是按照礼乐来生活的。

三、音乐通乎政

古代君子特别注重音乐以及流行什么样的音乐。音乐与一个政权、一个政府的为政得失紧密相关，而且也与社会风气紧密相关。流行什么样的音乐，就可以知道这个社会处在什么状态。如"文革"时流行造反有理的歌曲，把整个社会风气、整个人性都给扭曲了。那时，有人造反，看父母出身不好，就用皮带抽他们的脸，或用脚踩在他们身上，很多人现在回想起来都非常后悔。再说苏州人的说话，吴侬软语，跟唱歌一样，音乐性非常强，他们的评弹都是软绵绵的，如果是女同志讲，就格外好听，所以这个地方出才子佳人。这里的民风也特别温文尔雅，看《红楼梦》就可知道。江苏两个大府，一个江宁府，一个苏州府，"温柔富贵乡，风流繁华地"，就出了贾宝玉、林黛玉这样的才子佳人。再去西安看看，西安人的秦腔激越高亢，人们在田里吼着嗓子唱，所以那里的民风比较刚烈。民风的形成和很多因素有关，其中很重要的就是音乐。因为音乐每人都会唱，一个人经常唱什么，这个人的情绪就是什么。音乐与领导的提倡也很有关系，陈云同志喜欢听评弹，评弹就热了；李瑞环同志在任时喜欢听京剧，那时京剧就很热。再者，音乐跟政治也有关系，《吕氏春秋》就提到"音乐通乎政"。

《吕氏春秋·音初》说："闻其声而知其风，察其风而知其志，观其志而知其德，盛衰、贤不肖、君子小人，皆形于乐，不可隐匿。故曰：乐之为观也深矣。"如果张嘴唱出的是秦腔，就可知道是西北的民风；如果是吴侬软语，就可以知道是苏州一带的。通过这些风气，可以知道人们的志向，他们崇尚什么，根据志向又可以知道德。所以一个社会的盛衰，一个人是贤还是不肖，是君子还是小人，只要听听音乐就能发现，那是隐藏不了的，而且可以了解得非常深。

据《礼记·王制》记载，上古君王要定期到四方巡狩，十二年一周天，因为天上的岁星十二年走一天。天子是天的儿子，所以，他分别要用三年的时间，到东西南北四方视察，十二年巡狩完。巡狩时，必须要到民间了解民风、民情。

巡狩所到之处，地方官员要述职。"述职"这词在《礼记·

王制》最早出现。述职时要说的内容很多，其中就要展示当地流行的民歌。天子点名要听，要把老百姓叫来，唱最近流行的歌。如果听到的全是哀怨声，或是讽刺的，或是声色犬马的，会责备当地的官员。因为"上有所好下必甚之"。楚王好细腰，宫女多饿死。当官的一天到晚声色犬马，下面的老百姓也就唱声色犬马的歌，那样民风就会变坏，那还怎么治理？如果听到的民歌不仅典雅，而且内容也非常好，随行的采风官就会记下来，带回去推广。

当时的民歌叫"风"。《诗经》有风、雅、颂三类，"风"是十五个国的民歌，是乐官下去采集的特别好的民歌。采来后的民歌在宫廷等正式场合演奏，并在全国推广，这样，风气就比较纯正。比如《诗经》第一篇叫《关雎》，它恰到好处地表达了爱情，讲的是一个男孩子听到河里的鸟在叫，想到心上的女孩子，辗转反侧，"寤寐思服"，哪一天能够敲着锣打着鼓把她娶回家呢？这样就把男孩子那种渴望美好爱情的心情表达得恰如其分。现实中有些流行歌曲很不健康，有些事情能唱不能做，有些能做不能唱，但如果太过了，连幼儿园的孩子都很早知道成人间的事，那是很不妥当的，时间久了是会深受其害的。

历史上，每逢盛世，必定有个时代颂歌，有史诗般的歌曲流传下来。黄帝时流传下来的乐叫《咸池》，颛顼的歌叫《承云》，帝喾的歌叫《唐歌》，尧的乐叫《大章》，且发明了很多种乐器，舜发明了二十三弦琴。所以说每个时代都有其代表性的乐曲。像毛泽东时代的代表性乐曲《东方红》，一听到《东方红》就会让人联想起那个时代。

古人认为，有一种标志性的乐章，叫圣乐。此外，除了尧、舜这些传说中的圣贤，还有一些虽没达到那样的水准，但有功于天下百姓的，也会留下一些著名的乐章。如大禹治水，留下一个歌《夏迭》；汤商伐桀，有歌舞叫《大护》、《晨露》；武王克商以后，周公作曲子叫《大武》，王静安先生（王国维）曾有论文专门考证《大武》这个乐章。据说殷遗民叛乱时，曾经用大象冲锋陷阵，并作了歌《三象》。

《吕氏春秋·适音》也讲："故有道之世，观其音而知其俗矣，观其政而知其主矣。"世界上有哪个国家是把音乐与政治、与为政的得失联系在一起的？只有中国。

这里，得提一提亡国之音，比如"商女不知亡国恨，隔江犹唱《后庭花》"。《吕氏春秋》多次提到，一个政权快结束的时候，在音乐上会有所体现。"夏桀、殷纣作为侈乐大鼓、钟磬管箫之音，以钜为美，以众为观，俶诡殊瑰，耳所未尝闻，目所未尝见，务以相过，不用度量。宋之衰也，作为千钟。齐之衰也，作为大吕。楚之衰也，作为巫音。"（《吕氏春秋·侈乐》）夏桀是夏朝最后一个王，殷纣是殷的最后一个王，因为要追求享乐，追求感官的刺激，所以，他们在音乐上做"侈乐大鼓、钟磬管箫之音，以钜为美"，就是以大为美，乐都是侈乐。"以众为观"，数量多，排场大。钟若做得很大，那种声音就很难带来美感和享受，所以"为木革之声则若雷，为金石之声则若霆，为丝竹歌舞之声则若噪"。声音如雷霆，让人听了特别难受，"骇心气，动耳目"，超出人们心理的正常承受能力，那就不是享受，是受罪了，"以此为乐则不乐"。

音乐还能够反映民情。《礼记·乐记》中讲："治世之音安以乐，其政和。乱世之音怨以怒，其政乖。亡国之音哀以思，其民困。"一个社会若治理得好，那一定和谐，那流行的音乐都会非常悦耳，非常美妙，非常享受。"乱世之音怨以怒，其政乖"，"以"当"而"讲，世道一乱，人心怨起、怒起，其施政一定是乱的。"亡国之音哀以思，其民困"，国家亡了，人唱出来的歌也是哀伤的，因为百姓的生活非常不好。

儒家在分辨这些音乐的时候，有一个背景，就是流行音乐的产生。直到今天，雅乐和流行音乐的较量都没停止过。孔子所处的年代，曾经出现过一次流行音乐高潮，但那时的社会风气非常坏，比如儿子杀父亲，弟弟杀哥哥，母亲与儿子通奸……风气之乱，表现在音乐上也是乱的，其中郑国的郑声，尤其糜烂。因为有些人爱听这种音乐，孔子对此非常生气。他非常讨厌这种格调低下、时髦的音乐，他说："恶紫之夺朱也，恶郑声之乱雅乐也，恶利口之覆邦家者。"（《论语·阳货》）"恶"是厌恶，"朱"是正色，紫色不是一个正色，但是它很艳，正色被紫色掩盖了，紫色把朱色的地位、影响都夺去了，甚至使人都不喜欢正色，反而喜欢不正的颜色了，所以孔子非常厌恶这个不正的紫色，也厌恶郑声把雅乐给搞乱了，另外还厌恶"利口"，一些能言善辩、巧言令色的人把国家给颠覆了。儒家非常反对那时流行的很多不健康的音乐。

说到这里，还得再说说曾侯乙墓的发掘，它一方面震动了学术界，另一方面有人要以此做翻案文章，说以往讲春秋之时，礼崩乐坏，现在从发掘情况看，哪里坏了？礼没有崩，乐没有坏。这个说法有些肤浅。"礼崩乐坏"不是说那个时候没有音乐，没有乐器，问题在于音乐的格调，乐器奏的还是音，还是乐，但奏的是雅乐，还是郑声呢？

孔子对郑国的音乐深恶痛绝。他有个学生叫颜渊，也就是颜回，他"问为邦"。子曰："行夏之时，乘殷之辂，服周之冕，乐则《韶》舞。放郑声，远佞人。郑声淫，佞人殆。"（《论语·卫灵公》）颜渊问孔子怎么治国。孔子就说，用夏朝的历法，夏朝的历法最符合农时，所以一直用到今天（今天的农历即是夏历）；要乘殷朝的车子，殷朝的车子做得最为俭朴；穿周人的冕服，周人的冕服华而不靡，贵而不奢；如果要奏音乐，一定要奏《韶》乐，《韶》相传是舜那个时候的音乐，其可谓尽善尽美。《论语》说，孔子在齐国听《韶》，"三月不知肉味"。"放郑声"，"放"是扔掉。《孟子》有"求放心"，"放心"就是心跑掉了，心不在焉了，所以孟子说要将放肆之心找回来，把它安顿好。"放郑声"，就是要抛弃这种淫词滥调，而且要"远佞人"，佞人就是那种巧言令色之徒，是小人。"郑声淫，佞人殆"，郑声是淫乱的，佞人是最危险的。

四、移风易俗莫善于乐

儒家认为，在纷繁的音乐现象面前，作为一个社会精英，有责任从各种音乐中挑选、分辨出德音雅乐来，然后，以之教化民众。由此，社会风俗就可以敦厚。这种教化，不是生硬地强迫人们去认同，而是通过音乐传播这种老百姓都喜闻乐见的方式进行的。

音乐本身就是教育。我还在读研究生时，中央乐团（现在叫中国国家交响乐团）的首席指挥李德伦痛感交响乐在大学里面没有听众，于是在北京的高校里，挨个地跑，亲自讲解，告诉大家交响乐队分哪几个部分，介绍每一个部分、每一种乐器的名称，比如巴松管，它演奏的特点是什么，它奏的最经典的曲子是什么，什么叫双簧管，什么叫单簧管，什么乐器是乐队里面的王子，什么乐器被称为乐队里面的国王，他讲完以后，再演奏西方的古典音乐。在西方国家，古典音乐教育是文化的根基教育，所有的孩子从小都学古典音乐，而中国现在的中小学教育恰恰缺少了这种基础的教育。

记得那天李德伦指挥的交响乐奏完以后，全场鸦雀无声，过了半分钟，大家才开始鼓掌。当时坐我旁边的一位同学说太棒了，听完以后，觉得整个心灵都宁静了。我去后台跟李先生聊，说："李先生，音乐真是非常好，对人的心灵的影响这么直接，作用这么快，一下子就把人的状态改变了。"结果李德伦引用了《孝经》里的两句话，"移风易俗莫善于乐，安上治民莫善于礼"，前一句讲"乐"，后一句讲"礼"。儒家认为，教化百姓是很容易的，让他听好音乐，这个人的气质就变化了，这个乡村听好音乐，整个乡村风气就会改变。《诗经》有一句话，"诱民孔易"，"诱"是诱导、教育，"孔"是非常，诸葛亮叫孔明，就是非常明，这话是说诱导是非常容易的，成本最低、见效最快的方式就是音乐。

音乐从根本上讲，是解决人心的问题，而礼是要解决人外在的行为规范。往往有的人在行为上做得很好，但那颗心并没有与行为一致。湖北荆门出土的郭店楚简记载："凡学者，求其心为难。"要改变人的心是最难的，人跟人相交要得到彼此的心也是最难的。又记载："虽能其事，不能其心，不贵。"一个人虽然能把一件事情做好，或者做好事，但如果动机不正确，没有把心放在一个很正的位置去做，也是不行的。所以，要真正发自内心地去做。每个人都有一颗心，这颗心是很活跃的，总是不停地动，郭店楚简讲"凡人虽有性，心无定志"，人心总是不停地在观察，不停地在听，而且人心还经常躁动，那么如何解决它？如何让心变得和谐？最好的方式就是音乐。

郭店楚简《性自命出》有两句话是讲人心与音乐的。前句是："凡声，其出于情也信，然后其入拨人之心也（厚）。""信"是真实的意思，声是从很真实的感情、从心里流出来的，音乐是最能打动人的，它拨动的心弦是最有用的。后句："乐之动心也，浚深郁陶。"乐是直接打动人心的，而且能深深地打动人心，这是音乐的功用、特点。音乐能打动圣贤，让孔子"三月不知肉味"，而且孔子还感慨地说："不图为乐之至于斯也！"没想到听此种音乐，能达到如此境界。此外，普通百姓也一样会被打动。

有个典故非常有名，讲魏文侯知音而不知乐。魏文侯这人好附庸风雅。有一天，他和孔子的学生子夏在一起讨论。他问子夏，"吾端冕而听古乐"，我戴好帽子，穿正衣服来听古乐，"则唯恐卧"，唯恐听着就睡着了，而一睡着就很失态。然而"听郑卫之音，则不知倦"，就是听淫词滥调反而不知疲倦，通宵达旦也无困意。"敢问古乐之如彼何也？"听古乐怎么会这样呢？"新乐之如此何也？"听新乐怎么又是那样一种情况呢？子夏就说了一段话，他说古乐"进旅退旅"，旅就是军队，比如，武王克商留下来的《大武》，这个《大武》讲武王怎样率领军队把商灭掉，所以手上拿着戈这些武器。"和正以广"，表达的是和正。"弦匏笙簧，会守拊鼓"，这些都是一些非常正的乐器。"始奏以文，复乱以武，治乱以相，讯疾以雅。"讲文王、武王的事情。"君子于是语，于是道古"，君子一看这个《大武》，就想到了历史，想到了文、武之道。"修身及家，平均天下，此古乐之发也。"古乐会唤起你修、齐、治、平的理念。"今夫新乐，进俯退俯"，现在的新乐不一样了，都是弯着腰进去，弯着腰出来。"奸声以滥，溺而不止"，声音都不正，淫词滥调，而且不知终止。"及优侏儒，獶杂子女，不知父子。"就像一群猴子，活蹦乱跳，不知道主题是什么。"乐终不可以语，不以道古。""语"是交谈，讨论，一个人说叫"言"，音乐结束了不可以语，不可以道，也无法谈论历史。"此新乐之发也。"新乐看上去非常肤浅。最后他就挖苦魏文侯，"今君所问者乐也，所好者音也"，你不懂什么叫乐，所以听了会睡觉，因为你没达到这个层次，欣赏不了。其实，听交响乐很多人也达不到那个境界，听了想睡觉，说明你还不具备这方面的教养。千万不要"所问者乐也，所好者音也"。"音"和

"乐"区别很大。

古人是怎么推广乐教的？古代一乡之民在一起喝酒，比如秋收以后。喝酒也是一种教育。孔子看过一场乡饮酒，它有一个堂，前面有个庭院。什么人上堂去坐呢？一定是乡里年龄最大的，而不是乡长，坐他两边的也是六十岁以上的老人，五十岁以下的人坐在下面，为堂上的老人服务，他们自己只能坐在下面喝。乡里的人看到老人那么受尊敬，就懂得以后也要给他们让座，给他们让路。孔子看了以后说："吾观于乡，而知王道之易易也。"从看这个乡饮酒，而知推行王道很容易，让大家尊老，老有所安。一乡之人一边喝酒，一边还要音乐助兴，音乐是经过精心选择的。乐工歌唱《诗经》中的《鹿鸣》、《四牡》、《皇皇者华》，这些讲的都是君臣之间的平和忠信之道。吹笙的人奏《南陔》、《白华》、《华黍》，是讲孝子奉养父母的。然后，堂上、堂下轮奏，堂上鼓瑟唱《鱼丽》之歌，堂下笙奏《由庚》之曲；堂上鼓瑟唱《南有嘉鱼》之歌，堂下笙奏《崇丘》之曲；堂上鼓瑟唱《南山有台》之歌，堂下笙奏《由仪》之曲。最后器乐与声乐合起，奏唱《周南》的《关雎》、《葛覃》、《卷耳》，《召南》的《鹊巢》、《采蘩》、《采蘋》，这些说的都是人伦之道。一乡之人在揖让升降、笙瑟歌咏的愉快气氛中，觥筹交错，听的全是雅乐，润物细无声，受到德音雅乐的教化。

古代的那些郑卫之音，是不可以在庙堂演奏的。能在庙堂演奏的，一定是德音雅乐。"乐"在宗庙之中演奏，因为它的内容非常好，"是故乐在宗庙之中，君臣上下同听之则莫不和敬"，这不是强迫的，是发自内心的因"和"而生的敬；"在族长乡里之中，长幼同听之则莫不和顺"，长幼之顺也是发自内心之和；"在闺门之内，父子兄弟同听之则莫不和亲"。社会怎么和谐？这几个"和"都是通过音乐来完成的。

自古以来，有道君主喜欢音乐不是为了发泄，不是为了表演，而是要化自己的"心"和"性"，陶冶心性。古人抚琴要沐浴焚香，心要静下来，入定。轻轻拨动琴弦，脑海里出现的是一片山林，曲径通幽，有松涛，有瀑布，人在这样幽静的环境里能感到安宁，灵魂宁静，涵泳于其中，这是一种真正的享受。所以，现在琴界有很多老先生不对外演出，因为弹琴不是商业性的，是要奏给自己听的。这样，就是让心性与琴声交流，由此来化自己的心。因此，要做一个和谐的人，做一个有品位的人，就要懂得利用"音"来化自己，否则心性就不会成长。

《礼记·乐记》讲："乐者所以象德也，礼者所以缀淫也"，礼和乐总是不可分的。

时至今日，"音乐疗法"又被人们关注了。我在凤凰卫视看过一个节目，介绍台湾东海大学一位女老师开设的"音乐疗法"课。据介绍，这位女老师外形很漂亮，这门课限选100多人，大部分都是男同学在选。课堂上女老师并不多讲，就是让大家听雅乐。一开始，男同学总坐不住，或者趴着、仰着，或者托着、倚着，不能专心听。老师就让大家听，她略微讲讲乐曲所表达的是怎样的意境，然后让大家再听，再体会。两堂课过后，这些男孩子全都安静了下来，坐得住了。一个学期下来，这些男同学神情变了，气质也变了。现在据说这门课火得不得了。这门课的用意很深，手法非常巧妙。"诱民孔易"，如果是多动症的话，吃再多的药片未必有效，训斥也未必解决问题，而这种"音乐疗法"却能很好地达到目的。

我有一位非常尊敬的老师，八十多岁。一二十年之前，那时大家收入很少，老先生家里也是除了书没什么别的。但让我非常意外的是，他家里有一套非常棒的音响，值一万块钱，那时候一万块钱可是个大数目。我就奇怪，老师是研究国学、研究老古董的，怎么会有这样一套很现代的设施。老先生说，看书的时候，放一些节奏很缓慢、很舒服的古典音乐作背景音乐，把声音调得很轻很低，若有若无，会感觉比没有任何声音更要来得安静，"此处无声胜有声"，在这样的背景音乐下看书，会特别舒服。

　　说到最后，我说说出自我的家乡无锡的音乐家，一位是音乐史界无人不知的音乐家杨荫浏，还有一位是拉二胡的阿炳。我在无锡上初中时，无锡人民广播电台有一个普及行为，家家户户都要装一个喇叭盒子，播无锡人民广播电台的节目，每天它的终了曲就是《二泉映月》，大街小巷都是《二泉映月》。它是一首什么曲子呢？阿炳做过道士，道士都讲阴阳，他这个曲子的阴阳二部很清楚，安排得非常好。低音部，表达一个盲人看不到光明，在黑暗中苦苦摸索，但不甘心沉沦，要追求光明，表达了他内心的那种彷徨、苦闷和抗争；而高音部，象征着对于光明的渴求和奋斗。中央乐团曾请世界著名的指挥家小泽征尔来指导，据说小泽征尔希望演奏一首民族曲子，有人就推荐了《二泉映月》，他要求先听一遍。小泽征尔特别喜欢这首曲子，听完后哭了。起初我不相信。前些年看凤凰卫视对小泽征尔的访谈，我看了两遍。他自己在访谈中讲：听完之后哭了。因为他听懂了，音乐大师一听就觉得这首曲子太棒了。有时候干活干得很累，我也会放一放《二泉映月》，然后闭上眼睛听，回想自己的人生路，常常会潸然泪下。但这中间更多的是激励，一个盲人都要追求光明，我们人生途中的困难还会比他大吗？曲子非常美，非常雅，能够给我们激励，提振我们的精神。

第四讲　文质彬彬　然后君子
——君子内外兼修

要了解古代礼仪文明，还必须了解一对范畴："文"和
"质"，如果不懂这一对范畴，读孔子的书，读《礼记》、《左传》，
很多地方就会读不懂。"文质彬彬，然后君子"，出自《论语》，
核心是说君子要内外兼修。西方礼仪中没有这些理念，只是告诉
你具体怎么操作。中华礼仪是在非常深厚的文化土壤中生长起来
的，所以，必须要了解与它相关的诸多背景，才能很透彻地认识
"礼"的特点。

一、从"俗"到"礼"

时常有人会说到"礼俗"这个词，实际上"礼"和"俗"并
不是一回事。依《说文解字》解释，"俗"是"土地所生习也"。
"土地"，是指人们生活的一个地理的、自然的地域环境，不同的
人生活在不同的地域环境里，就会形成不同的民族特性。

不同地区的人们，由于生活在不同的环境里，会形成不同的
生活习俗。中国的东南西北四个地方，地域环境相差非常大，从
而形成了不同的生活习俗。

习俗是人们约定俗成的。人类很早就有风俗，年代越早，风俗越带有原始性、野蛮性，甚至在今天的眼光看来，有的简直不近人情。

古人很早就注意到风俗的差别。《礼记·王制》讲："东方曰夷，被发文身，有不火食者矣。南方曰蛮，雕题交趾，有不火食者矣。西方曰戎，被发衣皮，有不粒食者矣。北方曰狄，衣羽毛穴居，有不粒食者矣。"在中原民族的四周有不同的民族，这些民族的风俗大相径庭。东南西北的四个边远地区的人分别用一个字来称，东方叫"夷"，南方叫"蛮"，西方叫"戎"，北方叫"狄"，东夷、南蛮、西戎、北狄。以后，"二十四史"把四面的少数民族都称作"夷"，有"四夷志"，介绍少数民族部落的生活情况。

东夷的风俗是"被发文身"，他们不同于中原的人，中原的人每天要梳头，早上起来不梳头，怎么能去面对社会，这是失礼的。这些地方的人不梳头，披发。民族学材料证明，全世界还有一些民族，像非洲、太平洋地区岛屿上的一些民族，至今盛行着文身的习惯。东夷"有不火食者矣"，就是食物不煮熟了吃，吃生的。国外有一些地方，鱼通常是生吃的，像日本、韩国。韩国将生鱼片叫"脍"，"食不厌精，脍不厌细"的"脍"，这个字的"月"字旁，其实是"肉"字旁，汉代以后给用混了。韩国凡是卖生鱼片的店，门口都会挂出一面旗，旗上书汉字"脍"，表示出售生鱼片。

"南方曰蛮，雕题交趾"，"题"是额头，"雕题"就是在额头雕刻刺青。"交趾"在南方很远的地方，古人常说这人到南方爪哇国去了，到交趾（阯）国去了，就是这个"交趾"。据说，这个地方的人睡觉时，其足趾相交，很奇特，这个地方也是不火食的。

西"戎"，指西北一带，他们"被发衣皮"，披头散发，用兽皮当作衣服。因为那个地方体量大的野兽多。另外，那里"有不粒食者矣"，"粒食"就是吃粒状的主食，如大米、小米，他们不会"粒食"，不会煮饭，或是地里不产粮食，或是产了也不知道怎么煮着吃。

"北方曰狄，衣羽毛穴居，有不粒食者矣。"北狄将鸟的羽毛做成衣服披在身上，住在洞穴里御寒，也不"粒食"。而中原的农业民族都是"粒食"的，知道粒粒皆辛苦。

再来看看大汶口文化的古风蛮俗。借助考古学资料，现在可以有所了解。山东泰安有一条大汶河，如今有一个火车站就叫大汶口，那里发现了考古学上著名的大汶口文化。大汶口遗址中挖出来的人的骸骨非常奇怪，他们流行拔除一对上颌侧门齿，而且颅后的枕骨都经过人工而成畸形，弄成一个比较怪的形状，不是自然长成的。凡是女性，嘴里都含一颗小石球。这颗石球不是死后塞进去的，因为口中的牙槽都凹下去，齿冠几乎全部磨掉，连里面的齿根都被腐蚀了，这肯定是由于常年含石球的缘故。由于长期咬石球，齿列都歪向旁边。这是远古时代大汶口文化的地区风俗。近来有学者说，某些边远地方的民族，人到了发育阶段，都要敲掉一颗牙齿。因为据说那里经常流行一种病，一旦得病，病人会牙齿紧闭，口腔里的血吐不出来，为了防止得病时无法抢救，就预先在牙齿上留一个口，供"泄洪"用。这就是一种风俗。

上古时很多民族有食人的习俗。最早的人类跟野兽差不多。考古发现：北京猿人遗址的洞穴里的头骨特别多，而且有些头骨是被钝器砸过的。砸碎了干什么？据分析，很可能那个时候人吃人，吃完了还敲骨吸髓，脑浆是可以吃的。这种食人习俗流传久远。商代的人祭与人殉，便是这种蛮风野俗的遗存。故宫博物院藏有一片甲骨，经过鉴定，是一个人的天灵盖，上面刻着三个字"盂方伯"，应是"盂"这个国家的首领，"方伯"就是首领。推测盂国被打败后，首领被砍头，再将其头盖骨取下，刻上字做纪念品。商代祭祀时，还将活人与牛、羊、猪放在一起祭祀。这是生前生活的再现。

西周以后，开始走向民本主义，重视人的价值了，一般来说不能杀人，随便杀人要受到谴责的。孔子说："始作俑者，其无后乎！"虽然不敢拿活人殉葬了，就拿木头、陶泥做成俑。即使就是这样，孔子也都不能接受，他说始作俑者，是要断子绝孙的，怎么能做成人的形状放坟墓里面？怎么能这样对待人？孔子提倡仁爱、爱人，他坚决反对这种野蛮的行径。

《礼记》记载了很多这样的事。有一则说：某贵族死了，他的夫人和大管家商量怎么处理丧事，决定用人殉葬。这贵族的弟弟坚决反对，理由是"非礼也"，不合于礼。礼是非常人性化的，怎么能用人去殉葬呢？那两位说不行，不将两个妾放到墓里陪，以后谁照顾他啊？贵族的弟弟说，如果他需要人照顾，我看你们两位去殉葬是最合适的。那两位就吓得不敢再说了。另有一个人临死前交代：给我做一个大棺材，我特别心爱的两个女人，一个在左边，一个在右边，得陪我走。等死了后，家里的人坚决不这样做，理由也是"非礼也"。这种风俗，实际上一直延续到明代。明代帝王去世后，也有宫女给他殉葬，并在里面放一缸油，点起长明灯。春秋之时，《史记》所见记载殉葬人数最多的，是秦穆公，春秋五霸之一。据记载，给他殉葬的达160多人。

《诗经》里有一篇非常有名的《黄鸟》，是秦国的民歌。有三章。其中一章是："交交黄鸟，止于棘。谁从穆公？子车奄息。惟此奄息，百夫之特。临其穴，惴惴其栗。彼苍者天，歼我良人。如可赎兮，人百其身。"从中看出，当时殉葬的不都是没有身份的人，有些还是贵族。其中，有子车氏兄弟三人中的子车奄息。"交交黄鸟，止于棘"，黄鸟飞到一棵棘树上停住了。"谁从穆公？""从"就是殉葬，谁去殉葬秦穆公呢？"子车奄息"，"惟此奄息，百夫之特"，奄息是个百里挑一、很出色的人。但考古发掘到今天都没找到秦穆公的墓，后来在陕西凤翔发现了秦景公的墓，墓里殉葬的人数有170多人，超过史书中的秦穆公。墓圹有七层楼那么深，规模宏大。挖墓的时间很长，谁去殉葬，名单早有公布，殉葬者每天要跑到墓圹边上看墓里的进展情况。"临其穴，惴惴其栗"，非常害怕。民众眼见如此好人就要殉葬，非常伤感。"彼苍者天，歼我良人。如可赎兮，人百其身。"如果能把他换下来，我们宁愿拿一百个人去替他。到秦朝，殉葬制度还这么严重。

太平洋一些岛国的女孩子，以脖子长为美，到了快要长身体的时候，她们就拿铁圈套住脖子，并且一圈一圈不停地加，直到脖子变得细长。这也是一种风俗。

时间长了，很多人开始意识到，不少风俗习惯其实非常不好，不利于人的身心健康。比如，嘴里含石球，到最后牙都烂了，吃东西很痛苦。再往后，物质生活条件慢慢改善，人们不再愁吃、愁穿，便意识到要活得有质量，生活要有讲究。《管子》说"仓廪实则知礼节，衣食足则知荣辱"，粮仓里面堆满粮食，不愁吃了，就应该要懂礼仪了。改革开放以后，很多人腰包满了，意识到要体面，于是买套西装，领带不会打也得买一条，还要皮鞋，觉得要有尊严。曾经有个企业家问我，他经常陪客人吃饭，老怕被别人笑话，进门时候该谁先进？怕弄错了被人瞧不起。这就自然而然地要求自己，在生活上体现出文化来。"衣食足则知荣辱"，什么事情能做，什么事情不能做。人知道耻辱是一种进步，动物就没有耻感。亚当、夏娃在伊甸园一开始光着身体不知道耻辱，吃了禁果以后，看到自己光着身体，就赶快用树叶遮起来，上帝一看就知道他们偷吃了禁果，因为有耻感了。人最怕的就是没有耻感，孟子讲："人不可以无耻。无耻之耻，无耻矣。"如果连耻都不懂，就是真正的耻辱了。

随着社会的进步，人们开始摆脱这些蛮风野俗，建立起文明的生活方式和审美情趣，步入了"礼"的时代。

二、虞、夏、商、周的"质"与"文"

夏、商、周三代之前，还有一个"虞"。"唐尧虞舜"，"尧"的国号叫"唐"，"舜"的国号叫"虞"。《尚书》第一部分就是《虞夏书》（《舜典》）。《礼记》也经常提到"虞"。中华文明是从虞、夏、商、周开始发源的，古人把它们分成两段，虞、夏是一段，其特点是"质"；从商、周开始，发生了很大的变化，逐渐崇尚"文"。历史上曾经有一个时期特别质朴，到后来又特别讲文采。古人认为能否正确处理"质"与"文"的关系，是影响个人和社会能否健康发展的重大问题。

从虞到周，文明在不断地变化。《礼记·檀弓上》记载："有虞氏瓦棺，夏后氏堲〔jí〕周，殷人棺椁，周人墙置翣〔shà〕。周人以殷人之棺椁葬长殇，以夏后氏之堲周葬中殇、下殇，以有虞氏之瓦棺葬无服之殇。""有虞氏瓦棺"，虞代时，人们生活非常简朴，不会做棺，死了就用瓦作棺，从仰韶文化遗址可以看到，实行瓮棺葬。"夏后氏堲周"，到了夏代，就用瓦片排成一圈，把尸体放置其中。到了殷代，开始有棺有椁。而到了周代，不仅有棺材，还要"置翣"，就是在出殡的时候，怕别人看到棺材害怕，就在棺材四周用羽毛等装饰起来。"周人以殷人之棺椁葬长殇"，古人成活率不高，经常没有成年就夭折了，这叫

"殇"，"殇"按照年龄分几种情况，十七八岁，快到二十岁成年时死的，叫"长殇"，还有"中殇"、"下殇"，另外一种情形叫"无服之殇"，就是小孩子不到三个月死掉的，家人不给他穿丧服。对于未成年人，周人都用以前正式的丧具，像棺椁、壁周来安置，而对于成年人，规格便更高。可见，那个时代的人生活已经很讲究，有一套相应的仪式、器具，非常复杂。

《礼记·表记》记载："子曰：'虞、夏之质，殷、周之文，至矣。虞、夏之文不胜其质，殷、周之质不胜其文。'"在孔子眼里，四代中前两代属于"质"，后两代属于"文"，这是主要特点。虞、夏的质朴在历史上达到一个顶点。殷、周时期的文采也达到一个顶点，这些时代都出现什么偏向呢？"虞、夏之文不胜其质，殷、周之质不胜其文"，虞、夏不是一点"文"都没有，但是"文"很少，比不过"质"，或不能跟"质"相匹敌；到殷、周就反过来了，它的"质"比不过"文"。

虞、夏、商、周四代用的礼器也不一样。《礼记·明堂位》记载："有虞氏之两敦，夏后氏之四琏，殷之六瑚，周之八簋。俎，有虞氏以梡，夏后氏以嶡，殷以椇〔jǔ〕，周以房俎。夏后氏以楬〔jié〕豆，殷玉豆，周献豆。"

对于四代的"质"、"文"之别，《礼记·明堂位》记载："夏后氏尚明水，殷尚醴，周尚酒。"这是说四代祭祀用酒的区别。"夏后氏尚明水"，"明水"就是清水，夏代时祭祀还不会做酒，就用"明水"代替酒。殷、周就不同了，殷人"尚醴"，周人"尚酒"。另外《礼记·明堂位》记载："有虞氏官五十，夏后氏官百，殷二百，周三百。"这是说四代的官制也不一样，有虞氏有官五十人，夏后氏一百人，殷代两百人，到了周就有官三百人了，说明社会文明程度、复杂程度的不断提高。

三、文质彬彬，然后君子

在儒家看来，一个人最理想的状态应该是"质"和"文"相得益彰、完美结合，既有"质"的朴实、真诚、庄敬的本色，又有"文"的谦和、典雅、得体的谈吐与举止。孔子讲"文质彬彬，然后君子"，这是孔子赞美的君子风范。

虞、夏时代，由于社会物质文明水平非常低下，人们的生活非常简单，日出而作，日落而息，没有夜生活，天黑就睡觉，或看星星，所以那时天文学特别发达，三代以上人人皆知天文；没有更多物质诱惑，小国寡民，聚集而居，人与人之间都很坦诚、善良，没有富余物品或贵重物品可以争抢，生活极其简朴；人们只知道每天必须劳动，不劳动就没得吃，人与人之间要互相关爱，人饿了就吃，渴了就喝，非常质朴。老子非常怀念这个时代，称"小国寡民"，"鸡犬之声相闻"，但人们之间来往较少，没有现在这么繁杂的社交活动、公关活动。到了商朝，物质水平提高了，青铜文明走向了鼎盛时期。祭祀开始讲究了，礼器都是用青铜做的。据甲骨文记载，祭祀有时需要用酒一百坛，牛羊几百头。到了周，就更为复杂，对于服饰、谈吐、举止都有了规定。

春秋战国时候，社会变化更大了，很多人跟随孔子学习。在孔子以前，学在官府，只有贵族才能读书。孔子是第一个办私学的，而且规模非常大，有弟子三千、贤人七十二。去孔子那里学些什么？就是学做人。在春秋这个非常混乱的社会状态下，必须从人心、从最根本的人的本性上去教学民众，使他们懂得人生的真正价值所在，这是孔子的伟大之处。

《论语·学而》言："子夏曰：'贤贤易色，事父母能竭其力，事君能致其身，与朋友交言而有信。虽曰未学，吾必谓之学矣。'"子夏感叹，这个社会的人，最要紧的是学哪些东西呢？他说是"贤贤易色"，前面的"贤"是动词，后面的"贤"是名词，指有贤德之人，好人，要用尊重人才的态度，来善待这些贤德之人；"易"是替换，人皆好色，这是人的本性，要用一种好贤之心来替换好色之心。孔子说他从来没见过好德如好色的，好色是如此顽固，好德总达不到好色的程度，孔子很伤感。所以，子夏说应该"贤贤"。社会的进步需要精英，需要贤德之才，要用这种心来替代好色之心。

"事父母能竭其力"，对待父母不能爱理不理，要尽自己所能来孝敬他们。"事君能致其身"，君臣关系，如同上下级关系，这里"君"不一定是国君，读《礼记》、《仪礼》就可明白，下级对上级能"致其身"，就是能把全身的精力都拿来做事，因为做一件事既要有领头的，又要有其他人同心协力。有些人总想做领导，做不了领导就不再好好干，有十分力气却只用两分去糊弄，这就是不诚、不忠。"与朋友交言而有信"，社会的诚信很重要，有人说三十岁以后再要交一个知心朋友是很困难的，原因在于三十岁之前上的当太多，吃的亏太多，以致不再轻易地去相信别人。

子夏说，如果能做到这几点，"虽曰未学，吾必谓之学矣"。虽然这人没念过书，没有在老师那里正式拜师学习，但是他能把这几点都做到，那么就可以说是"学"了。这也正是学习所要达到的目标。有的农民朋友虽然不识几个字，但是他们"事父母能竭其力"，干农活能致其身，"与朋友交言而有信"，这体现的也是文化，文化就在他们身上。当年新加坡脱离马来西亚，整个新加坡一片惶恐，因为它是弹丸之地，又缺乏资源。我听过李光耀的一个讲话，讲当时新加坡怎么立国。李光耀说，新加坡的华人居多，不管有没有文化，他们都能吃苦，勤劳，讲信誉，像爱惜自己的羽毛一样爱惜自己的名声，不欺骗，这是长期接受儒家思想浸润的结果，所以他把儒学作为新加坡立国的精神，结果他成功了。

人要有一些基本的素质，无论做什么事，都要有基础道德。曾子作为一位很杰出的学者，他说："吾日三省吾身：为人谋而不忠乎？与朋友交而不信乎？传不习乎？"（《论语·学而》）他每天念念不忘的就是这三点，每天三次反省自己。所以，人不要总是看别人，还要"内观"，就是要看自己，"反省"就是看自己。"为人谋而不忠乎"？受人之托，要讲忠信，人都需要他人帮助。"与朋友交而不信乎？"与朋友交往有没有不诚信？古人非常重视道德建设。"传不习乎？"老师传授的学问实践了吗？这个"习"不仅仅是温习，还包括实践的意思。"习"的繁体字是"習"，跟羽毛有关，为什么？《说文解字》说："習者，数飞也。"小鸟飞过来飞过去地学飞，就是"习"。人的学习也是这样，要反过来反过去，既包括知识上、记忆上的重复，也包括行为上的反复的实践。

下面这句话非常经典，这一讲的题目就出自其中。孔子说："质胜文则野，文胜质则史。文质彬彬，然后君子。"（《论语·雍也》）一个人的身上如果质朴多于文采，那么，他就会显得粗野。有一次在课堂上，有位同学站起来对我说，他是农村来的，农村的人质朴，不需要学这些虚头巴脑的礼节。我说，同学，一个人要是没有"文"只有"质"，你会受不了的。他说不会，他受得了。我说，今天老师就以"质"来胜"文"一次。今天，室外气温可是37摄氏度，如果我质朴，感觉很热就光膀子，出汗了就拿一条毛巾擦汗，擦完再往肩膀上一搭，而且我是从西单走来的，两条腿充血、肿胀，我坐着把两条腿架在桌子上给你们讲课，你们会怎么说？你们肯定会说，这哪是老师？分明是不懂文明的野人。这就是"质胜文则野"。连战有个儿子，他给起的名很低调，叫连胜文，估计就是出自这句话，意思是这个孩子不堪教育，很野，要好好地学，要好好地受教育。反过来，"文胜质则史"，就是身上的"文"太多了，以至把质朴给掩盖了，就流于虚伪、作秀。"史"就是日常所说的"假"，就是巧言令色，"文"胜"质"的人，虽然表面上点头哈腰，却不是他内心真诚的体现。他没有恭敬之心，但是把外在的那套做得非常娴熟，表演起来得心应手，这样的人就显得很假。

平时大家可以互相看看，再闭上眼睛，想想自己身上是"质"胜"文"，还是"文"胜"质"？还是"文"与"质"都没有？要"三省吾身"才有进步。如果身上还有"质"，有哪些"质"？与朋友交，你能言而有信吗？你对工作能致其身吗？对父母能尽孝吗？你可以给自己打个分。同时，再想想，自己看到朋友是否能打招呼？是否有恭敬之心？你也打个分。然后比较哪个多，哪个少。"质"胜"文"不行，"文"胜"质"也不行。最理想的状态是文质彬彬。很多人起名叫"彬彬"，但是并不知道"彬彬"的意思，甚至有人认为是贬义词，殊不知它是一种很高的境界。

什么叫"文质彬彬"？"文"与"质"兼备，两者相得益彰，叫"彬彬然"。堪称典范的是周恩来总理。周恩来总理具有君子风范，无论他在哪里，总给人一种肃然起敬感。他对人非常温和，非常有礼貌。他的很多魅力体现在细节上。"大跃进"时，他去地方上视察，在食堂里和工人们一起吃饭。快吃完了，一定要用最后一口馒头，把碗里的汤抹得干干净净后吃掉。接见的时候，一定要问做饭的师傅来了没有，开车的司机来了没有，一一握手，询问名字以及家里的情况，一个不漏。每次出国，飞机降落前二十分钟，考虑到记者们要拍照，周恩来总理一定要到镜子前把衣服扣子重新扣一扣，把每个地方都弄得整整齐齐，修饰好自己的容貌。每到一处，他都会给人一种如沐春风的感觉。他是"文"与"质"彬彬然的典范。

前面说到那位同学向我提出问题，我说："善哉！问得太棒了！"为什么这么说？两千多年前，有人提的问题，跟他的一模一样，历史竟有如此的巧合，让我们感慨不已。当时卫国有个大夫叫棘子成，他问孔子的学生子贡："君子质而已矣，何以文为？"子贡曰："惜乎！夫子之说君子也。驷不及舌。文犹质也，质犹文也。虎豹之鞟犹犬羊之鞟。"（《论语·颜渊》）君子做到质就罢了，为什么还要文呢？子贡的回答真是太棒了！他说，可惜啊，夫子你怎么这样来看君子啊！君子只要这样就可以了吗？这么快就把一句没经慎重考虑的话说出来了呢？"驷不及舌"，几匹马都赶不上你的舌头。按照你的说法，"文"就是"质"，"质"就是"文"，那么"虎豹之鞟犹犬羊之鞟"，"鞟"就是去掉毛的皮。虎豹之所以是虎豹，是因为它的皮有花纹、有文采，很漂亮，它身上的文采与它的体魄彬彬然，搭配得那么完美。如果把文采剃光，把皮挂起来，那与狗皮或羊皮有什么两样？还能分出哪是虎豹之皮、哪是犬羊之皮？同样的道理，君子之所以是君子，因为他身上是有"文"的，有文明人的行为方式。

我们经常讲"礼仪"，其实"礼"和"仪"是不一样的。《左传》记载了一个有名的故事。鲁昭公是个素质很差的人。他父亲过世时，他还小，这边在办丧事，他却穿着丧服满地打滚，白色的丧服脏得一塌糊涂，周围的人都觉得这人长大了恐怕难有成就，如果继位掌握朝政，必有祸乱。结果他还是继位了。有一年，鲁昭公到晋国去出访。中国古代的外事活动非常讲究。都城周围五十里叫近郊，再向外五十里叫远郊，近郊、远郊总共一百里。从山东到山西，路途遥远，交通不便，外宾风尘仆仆，坐马车经受长途颠簸方才到达。当时有个规定，郊区设宾馆，一国得到通报得知另一国的国君要来，就派官员在宾馆门口等待，安排他们下榻，进行慰劳等等，这仪节叫"郊劳"。外宾休息后的第二天或第三天，开始拜访东道主的国君、卿大夫，随行的外交使团成员则要跟自己相应的部门进行互访。等到访问结束，临走时，东道主要尽地主之谊，要"赠贿"。赠是赠送，贿指钱物，因为一个庞大的使节团回程需要很多的费用支出，所以给予一些经济上的支持，这叫"赠贿"，跟我们今天说的贿赂不是一回事。"赠贿"是整个外交活动的最后一个礼节，"郊劳"是第一个礼节。

鲁昭公出访晋国，从"郊劳"到"赠贿"，这一套冗长的仪式中，没一处失礼，很不容易。晋侯非常感慨地对大夫女叔齐说，鲁侯"不亦善于礼乎"？鲁昭公不就是一位擅长于礼的人吗？女叔齐却说："鲁侯焉知礼！"他懂什么礼？晋侯说："何为？自郊劳至于赠贿，礼无违者，何故不知？"他从"郊劳"到"赠贿"，礼节没有做错的呀？女叔齐说："是仪也，不可谓礼。"他做的不过是一套仪式，一种表面的外在的仪式，这套仪式他没做错，但是这不能叫"礼"，因为"礼"有一个更本质、更核心的内容，那就是德。

"礼"是什么呢？女叔齐说："礼所以守其国，行其政令，无失其民者也。今政令在家，不能取也。"对一个诸侯来说，祖宗传下来的社稷要能守得住，推行的政策要人性化，老百姓不会离乡背井、流离失所，这才是国君之礼的核心。可是如今的鲁国，"政令在家"，这个家不是指家庭，古代天子有天下，诸侯有国，大夫有家，当时鲁国的季孙氏、孟孙氏、叔孙氏三家大夫，三分公室，把国有资产瓜分了，把鲁昭公架空了，后来又变成四分公室。面对这种"政令在家"的局面，鲁昭公"不能取也"，没有足够的德性去制止。

"有子家羁，弗能用也。奸大国之盟，陵虐小国。……为国君，难将及身，不恤其所。礼之本末，将于此乎在，而屑屑焉习仪以亟。言善于礼，不亦远乎？"鲁国有个贤德之人叫子家羁，很有本事，也许能帮助扭转局面，可是鲁昭公不用，他总是用一些奸佞之人。与大国结盟，鲁昭公总想偷奸耍滑，与那些小国相处总是借机凌虐。一个国君做到这个份上，"难将及身"，大难就要临头了，"不恤其所"，他还不知问题出在哪里。"礼之本末，将于此乎在"，礼的根本是要把国家、社稷、江山守住，把国家治好，但是他"屑屑焉习仪以亟"，从早到晚研究、练习礼仪动作，这有何用？"言善于礼，不亦远乎？"说他擅长于礼，不是差得太远了吗？"礼"不等于"仪"，把仪式做得再漂亮，如果没有内在的德性，便称不上"礼"。女叔齐的这一番话，令晋国人大为赞叹，认为他才是真懂礼的人。

由于2008年北京举办奥运会，社会上有很多机构都在推行礼仪，到底推行的是"礼"还是"仪"？比如大家要学会微笑。北京市有些机关要求微笑服务，可是微笑没有标准，怎么办？有人就说西方人微笑时露出八颗牙齿，当时《北京晚报》在头版告诉大家这个好消息，说今后公务员微笑有了量化标准。微笑还能量化？我试着拿个镜子对着练，发现很难做到，即使凑齐了八颗牙，也无法保持这种状态。为了达到这个标准，奥运会礼仪小姐、空姐在训练微笑时，每个人嘴里衔一根筷子。按道理，全国人民都应该微笑，都应该达标，是否全国人民都应该衔根筷子？这不是太离谱了吗？这种做法古代也有，称作"衔枚"。那时，晚上出去偷袭，会把每匹马的铃铛摘掉，让马的嘴里衔一根棍子，叫马衔枚。笑是发自内心的，是心声。至于笑时露不露牙齿，露几颗，并不重要，只要是发自内心的，就能打动人，因为这才是真诚的。

有一则报道叫《"奥运护士"在日本学微笑》。中国连微笑都要进口了，拥有几千年的文明却不会微笑了，不知道写这个标题时，记者心里是什么滋味，是自豪呢？或者很惭愧？还是很滑稽呢？

我看过中央电视台主持人朱军主持的一个谈话节目，嘉宾是张继刚，中国人民解放军总政歌舞团的编导，也是北京奥运会开闭幕式副总编导。他编导了很多歌舞，其中最广为人知的就是《千手观音》。《千手观音》中十几个人排成一纵队，需要配合完成"千手"的动作。站在队伍最前面的演员叫邰丽华，只有她的表情大家可以看得到，后面的人都被遮住了。开始排练时，邰丽华没有表情，只动动手，跟做体操一样，脸部没有表情。张继刚要她笑。她就咧开嘴笑，笑得很僵硬。张继刚说她笑得不对。她又把脸绷住了。她的表情若是不到位，整个表演也就失败了。于是，张继刚就给邰丽华说戏，你演的是谁？是观音啊。观音是最有慈悲心的人。你在台上一站，你要想到，你今天就是观音，观众是通过你的表演来认识观音的，所以你得往内心找，你有那颗慈悲为怀的心吗？有了这颗心，你脸上会没表情吗？一定会有所流露。微笑，怎么拿捏？按照东方人的审美标准，笑不露齿！微笑是不露牙齿的，只是嘴角微微往上翘！相书上讲，嘴角往下耷如覆船，就是苦相。我曾跟一个同学开玩笑，说他这辈子会很好，因为他即便不笑，嘴角都是上翘的。这样的人，无论何时都像是在微笑，很招人喜欢，仪容让人感到亲切。《千手观音》中邰丽华笑不露齿，这一东方式的微笑征服了全世界！如果她露八颗牙齿，就把观音的形象破坏了。

中国人的传统是重内在的。如果缺乏内在的德性，就是一个"空心人"，外表装得再好，名牌穿得再多，也只是饭囊衣架、行尸走肉，没有灵魂。钱穆先生回忆早年在无锡某中学当老师时，有位体育老师教学生立正，给他印象很深。小学生在遇到刮风下雨，或者太阳暴晒时，往往躲在避风雨、有荫凉的地方，不肯站出来。那位老师说：你不是糖做的，怕什么太阳？你不是泥做的，怕什么雨？你不是纸做的，怕什么风？你是大丈夫，"须白刃交于前，泰山崩于后，亦凛然不动，始得为立正。"往那里一站，就要想到什么叫大丈夫，什么叫浩然正气，内外都要有。这样就有层次了。内心立住了，你会站不直立不正吗？体态一定会十分标准。东西方文化就是不一样。不要总以为西方的文化比我们的好，我们的就差。大家应该给自己的文化一点自信。

四、大学生应该注重内在德性的成长

现在的年轻人，特别是在大学生中有一种看法，认为外貌决定人生的成败，美丽的外貌就是竞争力，所以要精心包装自己，要名牌衣衫，要化妆，要整容，结果是"金玉其外，败絮其中"，成了"空心人"。这种观念会影响到一代人甚至几代人的整体素质，不可不辨说清楚。

海外媒体批评说，北京奥运会选奥运小姐，全是挑漂亮的人，这是一种相貌歧视。那些长的不漂亮的人怎么办？人的青春就像一朵花，能开多久呢？古人讲，"以色事人"，如果以年轻美色去傍大款，这花能持久吗？因为"色衰则爱弛"，没有几年他不爱你了，去挑另一朵花了。你的身份提高了吗？只不过成了男人的玩偶，你精心打扮就是为了博得男人的回头率，值得吗？你是为他们活着，还是为自己活着？值得思考。我每次理发时，看到白头发，理发师会问我染不染？我说不染，白了就白了，这有什么关系？人要保持一颗本真之心，人跟人打交道，不是跟脸蛋打交道，而是跟一颗心打交道。应该知道，人不是因为美丽而可爱，而是因为可爱才美丽。

凤凰卫视有一位著名的主持人叫闾丘露薇，她到清华做讲演，有学生跟她交流。有学生知道她没有结婚就问，你认为什么样的男孩子最可爱？闾丘露薇说，专心致志工作时的男孩子最可爱，她说常看到台里一些男孩子专心在那做事情，拿出来的作品很漂亮，她觉得这种美是从气质里发出来的。如果一天到晚无所事事，就在那东施效颦、搔首弄姿，哪里还有美可言？

这几年，韩国的"美丽产业"正引领潮流，韩国连男人也做整容。男子汉都是有事业的，一天到晚涂脂抹粉，成何体统？现在这个产业的范围越来越广，"外貌至上"是根本原因。这根本违反中国的传统文化。我有个同学，出名后有人要找他访谈，他就讲中学的时候，自己功课并不好，而且很调皮。班里有个女孩子，长得不是很漂亮，但是笑起来很美，让他心里特舒服，心想能跟这样的女孩子一起生活一定很幸福。从此努力学习，最后成为第一名，把这朵花摘到了。这很有意思，他不是靠化妆、凭诌媚，而是靠改变自己，而且他公开讲，他喜欢她不是因为她的美貌，而是因为她真诚的、灿烂的笑。

现在很多年轻女孩穿着暴露，用这种方式去吸引眼球，我认为这是没有自尊的表现。在我的课堂上，穿着很暴露的学生，我是不允许进教室的。教室是读书的地方。有本事露本事，有技术露技术，有学问露学问，露肚脐眼算什么？自己应该尊重自己。女孩子比男孩子要金贵嘛。

现在"包装"之风很盛。什么都要包装，人显得非常浮躁。"文革"期间，听到过一个说法，说中国人很老实，做的东西货真价实，一点不掺假，包装却很简单。这些货真价实的物品出口到国外，外国商家便把包装全部换掉，然后把价格提高十倍、二十倍。"文革"以后，我们觉醒了，认识到包装的重要性，开始重视包装了，后来连包装里的物品也换成假的，这就走到另一个极端了。现在到处可见豪华包装，比如月饼，本身没有多少成本，但盒子比月饼还要贵，过度包装浪费了社会资源。最可怕的是人的包装，成天拿着化妆品抹来涂去，耗掉了人要求上进的信念。当然，这并非说凡是化妆的都是不要求上进的，但是人一天的时间是常数，此长则彼消。曾经看到一则电视采访，记者问化妆得那么漂亮，每天要花多少时间？被采访者说她画一对眼睛就要半个小时。晚上还得卸妆。这样计算下来，每天得花多少时间化妆、卸妆？一生又要耗费多长时间？这种生活方式、审美情趣显得非常浅薄，毫无意义。

现在社会上有两种人，一种是用各种名牌包装全身，另一种是不修边幅到了很糟糕的地步。国外有媒体说，夏天，走到北京的胡同口，一眼望去，看到白花花的一片肉！光膀子的爷们，心安理得地坐在门口，外国人来也好，其他人来也好，都是光着膀子。有一次，山东卫视找我做一个辩论节目，题目就是"夏天了，能不能打赤膊？"这需要辩论吗？《礼记·曲礼》讲"暑毋褰[qiān]裳"，天再热也不要把衣服往上撩。交通警察在四十几摄氏度的高温下值勤，能光膀子吗？可叹的是，现如今已不是只有"膀爷"，还有女同志，胸前一块布兜，后背全是光的，能露的尽可能露，人称"膀奶"。

美国《时代》周刊曾批判中国人没有礼仪，礼仪成了商机。有专门的西方礼仪课程，教中国的大款们哪只手拿刀，哪只手拿叉，应该这样或者那样，听课的大款们也都恭恭敬敬。一个出过国的女孩子在上海教这样的礼仪课，一个星期收 999 美元，讲解将来怎样跟英国女王一起用餐。文章还讲到一位在北京教授礼仪的美籍华人，看到北京一公寓电梯里的一块告示牌提醒人们不要在电梯里大小便。这些现象不说不知道，把它们放在一起讲出来，就明白现在的风气实在不好。

　　德国《明镜》周刊也有一篇报道，说中国人怎么上厕所都不会，德国人就教如何更规矩地如厕。讽刺哦！现在中国人出去旅游，学会了很多西方礼仪。中国人已逐渐忘记了中国文化，很多人过圣诞节、情人节、愚人节……回过头来一看，西化很厉害，于是才想到提倡过清明节、中秋节、重阳节，要放假过自己的节。这篇报道讲到德国人在中国教礼仪，怎么喝汤，怎么上厕所，等等，讲得头头是道，好像中华民族是一个野蛮民族、文明初开似的。奥运会来了，要招待好四方宾客，这还要学吗？我们到法国去，没一个法国人说来了中国人，必须赶快穿唐装，准备筷子、炸酱面、南京板鸭……客随主便，入乡随俗。

　　文化有民族性。民族之间交往怎么体现平等？"入乡随俗"，"入境问俗"。每到一个地方，应该了解他们的喜好、禁忌，他们不喜欢说什么，我们就不要说。他们来我们这儿，也应事先了解中国人不喜欢什么。中国有些宾馆没有第13层，因为外国人不喜欢13这个数字，可是这关我们什么事啊？在佛教里，13代表功德圆满，宝塔第13层是最好的。外国人不喜欢，我们就必须不喜欢吗？民族要有自尊。如今在机场或飞机上用餐，不管发什么餐点，都是配一套刀叉。有些农民朋友到了旅馆，不知道该怎么睡，被子都压在床垫下面，怎么钻进去啊？有的旅馆常年没有外国人，但就是要按照外国人的习惯、外国人的喜好来安排，以为这样才显得体面，而不从国民的实际需要出发，这是非常可悲的。

　　我经常举一个例子。我有一位中国台湾朋友，是大学教授，一位美国朋友去找她，她很高兴，把攒了多年的零钱都拿出来，找了一家最好的西餐店请他吃一顿。老外吃完后很不高兴，说你怎么请我吃这个，我在美国天天吃，到中国台湾来该请我吃当地小吃啊。是啊，从西方过来就想感受东方文化。尼克松总统访问中国，周恩来总理宴请，每张桌上放的都是筷子。虽然尼克松夫妇不会用筷子，但他们很小心、很努力地用筷子，这是对中国文化的尊重。那顿饭吃完以后，记者就上去抢筷子，《纽约时报》还刊登了宴会的菜单，以满足美国读者对中国餐饮文化的好奇。从这件事情上，可以看出我们做得很自尊，也很正确。电影《白求恩大夫》有段情节，说过年时，白求恩到老乡家里吃饭，老乡不可能给他做西餐，过年了就要吃饺子，白求恩用筷子去夹饺子，怎么也夹不起来，好不容易夹起来，快到嘴边又掉了。他再一瞧，房东家的小姑娘一个又一个夹得很快，白求恩就感慨地说："天才的外科医生！"中国人的智商高，十指连心，手灵巧到这种程度，是世界上罕见的。所以，中国人不要瞧不起自己，不要什么都学外国人的。

五、良好的社会风气从我做起

改革开放以后，我们仓廪实了，衣食足了，但是人们文明的程度，并没有得到相应的发展，海外批评我们"富而不贵"，富了，但没有"贵族气"，意思是教养不足。

比较而言，现在的中国最缺的是什么？不是物质，也不是经济，我们已经脱离为温饱而发愁的年代。如果要做一个统计，有多少人不懂礼仪、没有礼仪，比例肯定非常高。这已经影响到一个民族的形象了。中国有些人没有礼貌，有些人不修边幅，在世界上是出了名的。所以，希望大家行动起来，改变自身形象、民族形象。这不是靠贴标语、喊口号就能做起来的。我在清华开"中国古代礼仪文明"课时，我用八个字概括课程的主旨，叫作"涵养德性，变化气质"。社会发展最需要的是人自身素质的发展，自身素质的发展离不开德性。我们要从这一点做起，从自己做起，以当下做起。

德国非常重视礼仪课，通过礼仪课来帮助孩子改掉恶习。比如，要学会给走在后面的人留门，要互相问候、文明就餐等等。原先有些孩子时常拿刀叉敲盘子，这些看来不起眼的不良习惯，经过礼仪课的学习就都改掉了。美国也用仪式塑造爱国心，美国人升国旗时手都放在胸前，这是一个仪式，哪怕是总统也要这样。而中国现实社会中就缺乏一套好的规范。有位朋友告诉我，有一次国际比赛颁奖，在奏国歌、升国旗的时候，我们一些运动员在领奖台上嚼口香糖，连最基本的敬意表达都没有。在台湾地区，无论是国民党还是民进党胜选，竞选人都要向选民鞠躬。国民党胜选，马英九举办答谢选民的晚会，背景板上写的是"从感恩做起，从谦卑开始"，所有的人朝下面深深鞠躬。民进党败选了，竞选人也是鞠躬向民众致歉。

希望大家明白，"文"与"质"在我们身上要兼有。如果一定要说"文"与"质"哪个更重要？宁可说"质"更重要。大家先要培养自己的德性，然后在这个基础上变化气质，要使自己像一个文化人。先"明明德"，然后"新民"，用自己的模范行为来影响社会，只有这样，"礼"才有积极意义。

有同学问我，传入中国的外国文化也有一些精华的部分，我们是否应该"取其精华，去其糟粕"？比如说，相对于我们中国的传统文化不重视个人在社会中的作用，美国文化则更强调独立、开放、包容的精神。那么到底应该如何吸收外国文化中比较精华的部分？

我要特别强调一点，我们不是一概排斥外国文化。1840年鸦片战争以后，西学像潮水一样，和大炮、鸦片一起涌进来。这个时候，我们固有的文化要不要？为了把固有文化和外来文化区别，就叫国学。就像以前中医从来不叫中医，因为有西医进来，才出现了"中医";西方的话剧、芭蕾舞进来后,中国的京剧就叫国剧;等等。传统的文化还要不要?胡适讲,统统不要,月亮都是美国的圆,要全盘西化,要把中国文化连根铲掉。当时刘半农、钱玄同上书要把汉字消灭,所有的学校不许写汉字,不许说汉话,不许读汉字写的书。我们能赞成这些观点吗?这是亡国灭种。当然不可以。如果我们作为一个民族还想存在,不想成为美国第五十一个州的话,应该先把自己流失的文化找回来,把我们的文化构建起来。

中国人不追求独立吗?你去清华看看"王静安先生纪念碑",碑文是陈寅恪先生写的,他称赞王先生最可贵的地方是"独立之精神,自由之思想"。中国人不讲人格独立吗?你看看《孟子》讲的大丈夫是什么样的!中国人不兼容吗?孔子讲"和而不同",中国人历来讲"和",和平共处,和睦相处,互相尊重,"和"但不"同","同"就是一样了。

中国文化是最具包容性的。佛教进来,一度成为国教之一。道教兴盛起来,能与儒教并列。西安碑林的"大秦景教流行中国碑",非常有名。景教就是基督教,当年基督教教徒到很多地方都被驱逐,唯独到了中国能被容忍接纳。所以,不要什么都绝对化。又如,不少人认为,"博爱"是法国大革命时的产物,中国没有。南京不是"博爱之都"吗?中国人在两千多年前的《孝经》里,就已有"博爱"一词了。中山陵的"博爱坊",出典就在《孝经》。

所以,当务之急不是说我们对西方文化学得不够,而是我们自己的文化还剩多少?我们自己对自己的文化了解多少?我们自己身上有多少中国文化?事情的紧迫性就在这里。

又有同学问我,中华文化在某些方面确实还存在着和我们这个时代的发展不能完全符合的地方,比如说建筑,北京的四合院就不能完全达到现代生活的要求，应如何让中华文化的精髓与时代达到同步？

我有一个愿望，把中国建筑文化保存下来，不要让外国人跑到北京看到的是美式建筑。中国人是有智慧的，我们已经有五千年历史，是世界上唯一一个没有消亡的古文明，其他三大古文明都已经中断了，中华文明不能亡在自己手上。我想，包括建筑学院的学生有这种意识了，他们会想出办法来的。所以我要警醒大家，捍卫自己的本位文化。顾炎武说的"天下兴亡，匹夫有责"，就是这种情况。

第五讲　三加弥尊　加有成也

——古代中国的成人礼

中国古代非常重视礼仪教育，因为人的德性需要后天的教育，才能在体内茁壮成长。古人的高明之处，就在于能够抓住人生发展过程中的关键点，然后在这些关键点上，用一种为大家喜闻乐见的形式给以提示，其中，有一个非常重要的形式就是成人礼，"三加弥尊，加有成也"（《礼记·冠义》）。

一、问题的提出

近百年来，在相当长的一段时间里，中国人对成人礼都非常生疏了。成人还要礼吗？这个问题再次被提出来，是在十四五年之前了。改革开放以后，中国社会越来越富裕，每年被大学录取的学生越来越多，同时，这又是一个独生子女成为重要社会现象的转型时期。人们在日常生活中逐渐意识到，这些天之骄子大多没有成人意识。说具体点，他们在生理上已经成熟，可是看他们的表现，在心理上还不够成熟，对家庭、对社会没有责任感。许多孩子考上大学后，带给家庭的负担非常沉重，其中学费还不是主要的，学费之外的花销让家长们不堪重负。

十四五年前，首先在北京，一些有识之士提出，要举行一种仪式，叫成人礼，来提醒学生成年了。那么，传统的中国人的成人礼是怎样的呢？

"礼"不是一种风俗，也不是想怎样就怎样的。"礼"是一个国家的统一的规范，需经过国家机关，比如全国人大常委会颁布的，才叫"礼"。但现在是各行其是。

一些对中国传统文化有情感的同学，开始把成年教育同中国的历史文化贯通起来。清华大学化学系团支部决定全班在"五四"前后举行一个成人仪式，想通过这个仪式告诉大家，从这天开始，对社会、对学校、对家庭、对国家要负起责任来。于是，男同学行冠礼，女同学行笄〔jī〕礼。从有关照片中可以看到，地毯上放着三个青铜"爵"。照片上，女同学在进行笄礼。这事很多媒体都有报道。

有些电视台发现这是个新闻点，可以做深做透些。当时国台办下属的海峡卫视，就这个问题做了个节目，请我去参加。在节目里，他们还找了反方，激烈地反对这种礼仪，其中还穿插了一些街头采访，包括把"笄礼"的"笄"写在纸上，问路人认不认识这个字，结果很多人都不认识。可见，整个社会对此非常陌生。当时的反方中，有一位是北京某电子媒体的主编，她坚决反对。她说："成年了，还需要人来告诉我吗？我当然成年了。难道非要搞个仪式才知道自己成年了？笑话！"主持人问她什么时候开始有成年意识的，她说大概是在13岁或15岁的时候。主持人再问她是怎么觉得自己成年的，她说：因为那时父亲病危，突然觉得一家人的生活重担，将要落在自己头上了。她觉得从那一刻起，自己长大了。可是，13亿人的成年意识，不能都靠父亲病危来换取。后来，我发表了自己的看法。非常庆幸的是，讲完后，这位女主编转变了态度。

自那之后，我查了一下资料，发现对这个仪式感兴趣的人非常多。比如，中国人民大学的女学生面对着孔子像举行笄礼。不过现在已经没有多少女同学用"笄"了，都在披发了。在广州大学城也举办过古代少女笄礼，旁边还有人奏古乐。南京大学也有学生行古代笄礼。可见，很多同学都想在自己人生的很重要的节点上，留下一个深刻的、属于自己民族的仪式。

二、成丁礼：氏族时代的成人仪式

成人礼在中国是怎么出现的？其实，成人仪式在氏族社会就有了。许多国家和地区的民族学、民俗学材料可以证明，在新石器时代就有成丁礼。当时这个问题是怎么提出来的？其实跟今天非常相像。一个人在家庭或是在氏族部落里，如果不是靠自己养活自己的话，那么，一定是靠别人来养活的。氏族部落里有两种人：一种人，每天都要从事生产、打猎、捕鱼、战争等活动，来维持部落的生存和发展；还有一些人，就是小孩，他们不具备这种能力，但是部落的发展又离不开他们，所以部落有责任养育他们，为他们的成长提供必要的物质条件。所以小孩不必生产或者打猎，每天只要玩耍就可以了。然而，部落对于这些孩子的教育和抚养的年龄，是有一定限度的。各个部落需要制定一个标准，规定抚养孩子多少年，比如 18 年、20 年或者 22 年，一旦年限到了，就要考核，测试他的体能、技能和智能，够不够成为部落里的一名正式成员。如果考核通过，就意味着成了这个部落的一个"丁"，"丁"就是成年男子。成为"丁"之后，就要每天从事生产、劳动、战争等活动，这是"丁"应尽的义务。在尽义务的同时，也享有相应的权利，从此有了选举权和被选举权，部落的一些重大决策可以参与讨论。而小孩，既没有权利，也没有义务。用一种仪式来测定是否达到作为氏族正式成员的资格，这种仪式就叫"成丁礼"。

澳大利亚的一些土著部落至今保留着成人礼，据说现已成为旅游项目，可以说是一种活化石。一个天真无邪的男孩，如果部落决定对他进行成丁教育和测试，就会在某一天突然把他抓住，蒙上眼睛，带到一个陌生地，与原来的部落隔绝；然后，由他的祖父带领，去其他部落参观，观看表演和图腾仪式，这种仪式是他从来没看到过的；接着对他行割礼，即由部落里的成年男子，用尖利的贝壳，有规则地在男孩的手、腿、脚、肩、背、胸等处割出伤口，划出血来，再涂上木炭粉，让伤口留下疤痕，人们见到这些疤痕，就知道这个孩子已经成年了；男孩还要学习狩猎，学习使用武器的技能，并且练习相互搏击，相互撕咬，咬对方的头脸和肌肉；还有，要在火堆上烟熏火燎，看能否忍受；甚至把牙齿敲掉，把头发拔下来，看他的忍受能力。这一切都过关后，部落就可以举行庆祝仪式，宣布男孩成年了。

三、士冠礼：文明时代的成人仪式

随着社会的发展，成丁礼在全世界绝大多数地区都消失了，因为大家都认为那是野蛮的象征。在非洲、澳大利亚土著部落能保留下来，是极偶然的现象。中国的儒家，看到了它的合理内核，将它改造成"士冠礼"，并将其作为人生礼仪的重要组成部分之一，继续发挥出它的作用。由此，显示了儒家高超的智慧。

儒家认为，在成年的关键转折点上，应该给予一个人生的启示和教育。人生如同一条线，总有若干转折处。在这个转折处，社会要告知他、指导他某些道理，让他的人生走得更正确。所以，儒家把"成丁礼"的合理内核保留下来，并在形式上加以改造，作为一种人生礼仪，其智慧是非常高超的。以至于今天，尽管已经将它舍弃了好几百年，全社会还是会意识到成人礼的作用。当然，成人礼你做与不做是另一回事，但这种仪式是非常有智慧的。人生的道路虽然漫长，但是关键的地方只有几步，这几步怎么走？家庭和社会怎么进行指导？这一点直到今天都是不能省略的。

古代的成人礼，并不只是在十八岁或二十岁时举行一个简单的仪式，而是意识到一个孩子生下来，要成为一个合格的社会成员，要学习许多知识。否则，只是外加给他一个名号，说成年了，他仍然会没能力在社会上独立生存。

《礼记》有一篇叫《内则》，讲小孩子到了六岁就要教他一些知识，教他数目识字，教他认识东南西北四方。八岁时，教以礼让。"融四岁能让梨"，孔融四岁就懂得谦让，无论什么事情，首先要想到长辈，想到自己的兄弟，想到对方，礼让是一种美德。另外还要示以廉耻，让小孩子明白廉耻，知道什么事情不能做，什么是丢脸的，比如说，大热天把衣服脱光，在公共场所随便便溺，早上起来蓬头垢面，不刷牙，不洗脸等等。

九岁时，教以朔望和六十甲子等天文历法知识。"朔"是每月初一，"望"是每月十五。中国的天文历法很独特。世界上有几大类天文历法。一个是古埃及的太阳历，古埃及人发现，每一年尼罗河泛滥的那一天，天狼星偕日升，非常准。等到下一个周期，尼罗河泛滥的时候，天狼星再次偕日升，他们把这个周期定为一年，这是太阳年，它是按照恒星运行来定的。也有的国家是按月亮运行来定的，叫阴历，月亮一周天叫一个月。中国是阴阳历，代表最高水平。现在阳历所说的十二个月，是人为地把 365 天分成了 12 份，跟月亮没有关系。但在古代，人们把月亮的一个周天叫一个月，由于这个周期只有二十九天，这样十二个月的长度，与一年的三百六十五又四分之一天的实际长度有差距，每年大约少 11 天，所以要三年一闰，五年再闰，七年三闰，要用闰月来调剂它，使年和月保持一致。所以以前，人们只要看月亮，就可以推算那一天是初几，初一那天没有月亮的，日子用六十甲子来表示，这些都要教育给孩子的。

十岁时，小孩要离开家庭，到寄宿式学校去学习"书计"、"幼仪"。古代的圣贤认为，父母教孩子往往教不好，所以要"易子而教"。这时，孩子要离开家庭向老师学习"书计"，即文字。这个文字不是今天所讲的写字，而是要学习文字学，通过文字学，学习汉字六书，即中国汉字的六种造字方法：象形、指事、会意、形声、转注、假借。要学"幼仪"，侍奉长者的礼仪。中国人有尊老敬长的传统，这种尊老敬长是从小培养的，要学习对老年人怎么关怀与照顾。还要学习礼书的篇章，比如《内则》、《曲礼》等。还要学习日常应对的辞令，比如什么场合应该说什么话，《礼记》说父母教育"唯而不诺"，父母喊你的时候要"唯"，而不是"诺"。"唯"和"诺"都是答应的意思，但重视程度不一样。"唯"是长辈喊你，你很当一回事，很认真，马上答应，立即放下手中正在做的事，赶紧跑过去说："孩儿在此，请大人吩咐。"还有一种，则是现实社会中非常普遍的，长辈喊半天不应，拿腔拿调地回答，这叫"诺"，这是对长辈的不敬。

十三岁时，要诵《诗》，学习音乐，练习《勺》舞，这是种文舞。孔子说："不学诗，无以言。"将来不会用典雅的语言与人对话。

十五岁时，称为"成童"，学有小成了，要练习《象》舞，这是种以干戈为道具的武舞，还有射箭和驾车，都是当时需要学习的知识。那时候驾车不比现在的开车容易，要驾驭四匹马拉的车是很难的。我有个朋友是电视导演，他拍春秋战国历史片的时候都用两匹马的车。我说古书上是四匹马啊！然后他说，两匹马一起跑一起转弯都非常困难，更何况是四匹马！古代驾四匹马比现在开车还要复杂，要经过专门训练。

男子再经过七年的学习，到了二十岁，文化知识已经初具规模，血气开始强盛，身体发育也成熟了。《论语·季氏》有段话，说人的一生中当有三戒："少之时，血气未定，戒之在色"，现在不少高中生都是色迷迷的，如果沉迷于色，这辈子就完了，身体就垮掉了，因为这时候身体还没发育成熟，血气未定；"及其壮也，血气方刚，戒之在斗"，切忌好勇斗狠；"及其老也，血气既衰，戒之在得"，不能老了还不知道退居二线，霸着位置不给年轻人让路，人老了要知道自然规律，要给年轻人提供机会。

人到了二十岁，血气强盛，能够独立面对社会了，这时，家庭要为他举行一个仪式。《礼记·曲礼》讲"男子二十冠而字"。《礼记·冠义》也讲了为什么要在这时举行成人礼："成人之者，将责成人礼焉也。责成人礼焉者，将责为人子、为人弟、为人臣、为人少者之礼行。将责四者之行于人，其礼可不重欤？""成人之者"，"成"是动词，"者"是祈使语，就是使一个小孩成人，"责成人礼焉者"，在还是小孩子的时候，家人会袒护他，有错误是可以原谅的，不受责备的，但是在举行完成人礼、成为成年人后，就要按照成年人的要求去对待他了。从此，将"责为人子"，尽管你是个儿子，你父亲健在，可是你已经是一个成年的儿子了，是和小孩子不同的，所以要拿成人的礼仪去要求他。"为人弟"，小孩子兄弟之间可以打架，但是两个人都成年了，两个人对家庭都有责任，这时对他们就有了新的要求："为人臣"，做下级应该怎么做；"为人少"，做一个晚辈应该怎么做。"将责四者之行于人，其礼可不重欤？"一定要对他很郑重地说，从今天开始，你在任何场合都是一个成年人了，不再是小孩子了，你要对你所有的言行负责。

四、士冠礼的仪式

1. 筮日

一个孩子到了二十岁，要为他举行士冠礼，这是一件很郑重的事情，不能草率、随意。古人为了表示郑重，首先要通过"筮"，选择一个日子。古代占卜有两种形式，一种是"占"，用一块经过复杂处理过的乌龟壳，将烧着的树枝按在上面灼，乌龟壳会由于受热不均匀而裂开，裂出来的纹路有粗有细，有长有短。占卜的"卜"字就是这样来的，原来是一竖一横，现在演变成一竖一点了。然后根据裂开的方向、粗细、大小、长短，来判断吉凶。还有一种是"筮"，用一种蓍［shī］草，"大衍之数五十"，用五十根草反复分与取，得出一个卦。通过筮的方式来选择士冠礼的日子，叫作"筮日"。为什么要挑个好日子？《礼记》之《冠义》篇说得很清楚，就是为了求其永吉，希望这个孩子在要进入成年时，给他一个吉利的、好的兆头，一生都能够走好。现在结婚也挑好日子，希望家庭和和美美。即使科学昌明到今天，人们还是有一个求吉的心理。所以不要责怪古人，这是人类一种普遍的心理。

2. 戒宾

日子挑好以后，还要选一位嘉宾。嘉宾是从许多宾客中挑出来的，所以先要确定一个大的范围。孩子的父亲，即主人要提前三天通知各位同僚、朋友、亲戚到时来观礼，这一仪节称为"戒宾"，戒是告知、通报的意思。这是一件大事，家里的宾客来得越多，这个孩子的责任感和荣誉感就会越强。如果草草了事的话，他会不上心。仪式很隆重、很正式，这本身就是一种教育。

3. 筮宾

在所通知的宾客里，再通过筮，选一位德高望重的人，担任"正宾"，这一仪节称为"筮宾"。戒宾里的宾叫"众宾"，众多的宾多一个少一个问题不大，但是这位"正宾"是必须要到的，因为他是主持人。人选确定以后，主人要提前一天到"正宾"家中作特别邀请。这里，大家来体会一下中国传统文化的特点。主人来到正宾的家里，会说："某某先生，我们家孩子将要在什么日子举行成人仪式了，您德高望重，我们经过占卜想邀请您来做正宾，请您一定要答应。"嘉宾应该怎么回答呢？如果说："行啊，没问题啊！"就等于承认自己德高望重了。另外，实际在请的过程中，往往要考虑对方愿不愿意来，因而，可能同时会请好几个。这时的嘉宾，如果一下子答应，会很冒失，而且显得不谦虚。所以双方需要一个缓冲的过程。嘉宾会说："你们的孩子那么优秀，让我去主持，恐怕有辱这么郑重的仪式。你们是不是另外再挑一个比较合适的？"主人回答说："不是，我们是很真心诚意请您去的。"第一次推辞叫作"谦辞"，很有礼貌的推辞。第二次推辞叫作"固辞"，顽固的推辞。如果"固辞"之后看到诚意了，就可以答应。如果不答应，就说实在不方便或实在不能胜任，这第三次推辞称为"终辞"，对方也会理解的。

"正宾"是特别重要的，到了冠礼的前一天，主人还要亲自去叮嘱，请他别忘记了。为了郑重起见，到临近的时候再叮嘱一次，这样就比较稳妥了，而且主人要亲自去请。这一点大家一定要记住。要请一位贵宾的话，一定要显示出最大的诚意。

4. 三加之礼

到了举行士冠礼的那天早上，所有参加的宾客都来到主人家。古代的房子有个大门，进入大门是个庭院，庭院靠北是夯土夯出来的高台，有台阶上去，台基北面有房有室。前面敞亮的地方叫堂，"堂者，亮也"，有一面是没有墙的，所以特别亮。观礼的人都在院子里站着。主人家一大早做好各种各样的准备。主人就在大门口恭候，很尊重，嘉宾来了，要请他入门，而且引导他上堂。

冠礼最重要的就是给孩子加冠，要戴帽子。在古代，小孩子和女子是不戴帽子的，只有成年的男子才戴帽子，所以给孩子戴冠就意味着他成年了。孩子要戴三个冠：

第一个冠叫缁布冠。实际上是一块黑布，套用现在流行的话，是革命传统教育，让他不要忘记历史。原始时代，祭祀祖先还没有青铜的礼器，也没有后来这种复杂的仪式，但人心很诚，在地上挖一个坑，倒点水进去就代表酒了，再用盆盆罐罐放点东西。那时的人还不会做帽子，平时就拿一块白布蒙在头上，到了祭祀的时候，就把白布染成黑色蒙在头上，所以这个冠叫缁布冠。"缁"就是黑色。西周以后，缁布冠就不戴了，但是，在这个仪式上，就告诉你不要忘记先辈的筚路蓝缕，是怎么发展过来的。

第二个冠叫皮弁［biàn］。弁，就是帽子。就是把鹿皮剪成一条条的，然后缝起来，有点像瓜皮帽，做得讲究的，还会在每道缝的中间嵌上玉粒。皮弁一般代表你将当一名战士，有当兵服役的义务了。

第三个冠叫作爵［què］弁。"爵"通"雀"，爵弁所用质料与雀头赤而微红的颜色相似。爵弁是将来在朝廷跟国君祭祀、参与朝政的正式服装相配的帽子。

冠礼的时候有三位工作人员，依次站在堂前三层台阶上，每个人手里都端着一个竹编的小筐，每个筐里分别放着这三种冠。

受冠礼的孩子在堂后面的房里站着，梳着鬌〔zhuā〕鬏〔jiu〕，即儿童的发型，穿着孩子的彩衣，等待着激动人心的那一刻的到来。随后，嘉宾走上去，示意工作人员可以开始了，然后工作人员把小孩叫出来，让他跪坐在地。工作人员将他的头发解开，按照成年男子的样式梳发，用缡〔xǐ〕包住，挽成一个发髻，再用簪子把发髻固定住。这些准备工作做完以后，请嘉宾过来查看头发梳得好不好，正不正。礼仪之始在于正衣冠，所以这个礼是从梳头开始的，面对社会、面对人生，要有一个积极的态度和面貌。接着，嘉宾走到西边的台阶，从站最上面的工作人员那里，取过缁布冠，戴在孩子的头上，并念祝辞，表达对他的美好祝愿，这叫作"始加"。

戴好缁布冠后，孩子的身上还穿着彩衣，不是成年人的衣服，成年人一般都穿得比较朴素，不能像小孩那样花里胡哨的，所以孩子要回到屋里把彩衣脱掉，换上一套跟缁布冠相配的成年人衣服，然后走出来，走到台前，很庄重地向大家展示。台下的人都为他祝福。接下来，嘉宾让小孩子再坐下，把头上包发的布拿掉，再次梳头。每加一次冠必须重梳一次头，弄得整整齐齐，这是表示郑重。重新梳头后，嘉宾还要再检查一遍，然后把皮弁加上去，宣读祝辞。祝辞之后孩子又站起来，回到房间换第二套衣服，这第二套衣服是与皮弁相配的，换好之后再到台前向来宾展示。如此者三，再回去重新梳头，再戴爵弁。每一次都是一丝不苟。第一次叫"始加"，第二次叫"再加"，第三次叫"三加"。

5. 三加之礼的礼义

今天开头所讲的，"三加弥尊，加有成也"，是说三加之礼的意义。有人会问这三次戴帽可不可以随意，或者颠倒一下顺序？不可以。三次加冠，一次比一次"尊"，"弥尊"就是越来越尊重的意思。第一次加的冠，是远古时代的人戴过的一种帽子，是要提示一段历史。任何一个民族都要有记忆的，一个人失去了记忆就是白痴，一个民族失去了记忆就是一个白痴的民族，所以要有历史教育。第二个是当兵的事，第三个是国家的事。这三个冠一个比一个尊贵，加冠仪式一次比一次重要。"加有成也"，是暗示着这个孩子成年了，他的品德也要像加冠，与日俱增，最后成就一个君子的德性。君子是"成德者也"，就是成就了德性的人。"三加弥尊"就是希望孩子在人生的道路上能够越走越好。

6. 三加之礼的祝辞

下面来看看《仪礼·士冠礼》记载的三加之礼正宾所念的祝辞。

始加的祝辞是："令月吉日，始加元服。弃尔幼志，顺尔成德。寿考惟祺，介尔景福。""令"就是美，如同现在的人经常讲的"令郎"、"令爱"，这么好的月份，这么吉祥的日子，开始把元服加在你的头上，"元"就是头，如今人经常讲的国家"元首"，古代把帽子叫元服，这里就是缁布冠。从此你要"弃尔幼志"，丢掉幼儿时整天想着玩耍的念头，"顺尔成德"，你应该沿着人生的道路去成就自己的德性。只要这样做了，那么你到了"寿考"之年，"寿"和"考"都是指老年，你就会得到"祺"。"祺"就是福，比如写信，如果是在秋天，最后会写上"顺颂秋祺"，如果是在春天，就是"敬颂春祺"。你到老年，会得到幸福，因为你一生都在不断地成就德性。"介尔景福"，"景"就是大，《诗经》讲，人的福气是哪里来的？是自求多福，福是因为你做好事，成就德性，年龄越大，福就越大。这是始加的祝辞。

再加的祝辞是："吉月令辰，乃申尔服。敬尔威仪，淑慎尔德。眉寿万年，永受胡福。""乃申尔服"，"申"是再一次，就是再一次给你加上元服，从此以后，你要"敬尔威仪"，要有一种成年人的威仪。这种威仪不是用来吓唬人的，不是做出来的，一个有德性的人，自然就会表现出一种不怒而威的气质。一个成年人要稳重、要庄严，佛教常讲"法相庄严"。"淑慎尔德"，要很谨慎地去维护你内在的德性，这样做下去就会"眉寿万年"。"眉寿"，是青铜器上的铭文及《诗经》里经常用到的一个词。民间有种说法，是说如果一个人的寿命很长，他的眉毛里会长出一根很长的毛，叫作寿眉。"眉寿万年"是夸张的说法，就是到了一定的年龄，你能够久远得到寿命，得到"胡福"，"胡"即大，要相信积累内在的道德是能够长寿的。

三加的祝辞是："以岁之正，以月之令，咸加尔服。兄弟具在，以成厥德。黄耇［gǒu］无疆，受天之庆。"在这么好的岁，这么好的月，"咸加尔服"，"咸"即"都"，把三种冠都加给你了。"兄弟具在，以成厥德"，弟兄们都在下面祝你，你要成就自己的德性。"黄耇无疆，受天之庆"，"黄耇"也是指人老的时候。古代对人老了所用的词非常有意思，岁数特别大的，脸像冻坏了的梨子，头发全白，然后会由白而黄，就是"黄耇"。如果看到一个老人头发都黄了，就要停下来向他行礼，表示敬意。意即到了那样的年龄，你的福气都没有边了，天也会祝福你的。

7. 取字

三加结束之后，嘉宾还负担着一个重要的任务，就是要给这成年人取一个字。按照道理，古代的孩子生下来三个月是没有名的，那时的孩子成活率不是太高。仰韶文化墓葬中就有很多是"瓮棺葬"，小孩子夭折后没有资格享受成年人的棺椁，就放进一个坛子里，上面再用一个坛子扣上。孩子三个月以后，就是过了一百天，母亲要把孩子抱给父亲看。这时，父亲会亲切地用手指挠挠孩子的下巴颏，然后给他取名。古人非常看重这个由他父亲亲自赋予的名，所以，只有他的父母、祖辈，以及这个国家的皇帝或国君可以直呼其名，同辈之间绝对不可以名相称。名不能随便喊，为了方便别人称呼，到成年的时候要取一个字，比如毛泽东，字润之。以前的人都有字的，现在没有了。我们的老一辈还有非常好的传统。南京师范大学有位非常有名的老先生送书给我，书的前面要题一个款，他首先通过别人问我的字或号是什么，目的是避免直呼其名。有一年，我在韩国，有一位非常有名的书法家，人称是韩国的启功，他画了个扇面送给我，也是辗转打听到我的字或雅号是什么。文人与文人相交，与没有文化之人相交有高下之别。只是现在大家都混同了。

取字之后，成年人之间打交道就方便称呼了。取字的时候，还要祝贺，这字辞是："礼仪既备，令月吉日，昭告尔字。爰字孔嘉，髦士攸宜。宜之于假，永受保之，曰伯某甫。"（《仪礼·士冠礼》）礼仪已经完备了，"昭告"就是明白地向大家宣布，给你取了一个什么字，告示给天下。"爰字孔嘉"，"孔"是非常，你的字非常好，"髦士攸宜"，这个帅小伙子很适合。"宜之于假，永受保之，曰伯某甫"，给你取了这个字，你要"永受保之"，要像爱惜自己的羽毛一样爱惜自己的名声，不要玷污这个字，因为这是在你人生最关键的时候取的，寄托着对你的人生期待。

名和字的意思，一般是有关系的。比如说孔子，姓孔，名丘，字仲尼。古代是按伯、仲、叔、季排行的，孔子排行第二，所以是仲，他出生的地方是尼山，山就是丘，所以名里有一个丘，字里有一个尼，暗含了他的出生地。我的导师赵光贤先生，1928年考上清华大学，1932年毕业，上个世纪30年代辅仁大学的硕士生，赵先生的父亲在清朝点过翰林，后来外放到上海奉贤做过知县，后来在江苏的南京和常熟都做过官。赵老师生于奉贤，所以赵老师名光贤，字奉生，名里嵌了一个"贤"，字里嵌了一个"奉"。卜商，字子夏，名、字分别嵌了一个朝代名。颜回，字子渊，回在古代就是渊水，渊，回水也，也是有联系的。冉耕，字伯牛，伯是排行老大，牛和耕并举，有人据此说春秋时就有牛耕了。仲由，字子路，谁能行不由路？路是从这到那必经的。言偃，字子游，孔子弟子里唯一一位南方人，是江苏常熟的，偃是停下来，游是出去。孔子的儿子叫孔鲤，字伯鱼。孟轲，字子舆，柯就是车上的一个部件。班固，字孟坚。苏轼，字子瞻，瞻是站在车上的轼望。诸葛亮，字孔明，特别明就叫亮。周瑜，字公瑾，瑜、瑾都是一种玉。林则徐，字元抚，则就是法则、学习，学习谁？学习"徐"，那是一位福建姓徐的巡抚，这位巡抚在当时官声很好，林则徐的家人就希望他以"徐"为榜样，字元抚，就是希望他拥有那位巡抚一样的人生。

8. 以成人之礼拜见尊长

取字之后，这孩子就取得一个成年人的身份，为让所有的人都知道他成年了，他要以成人之礼去拜见尊长。

首先是拜见家里的亲人。这时，他的母亲一直在身边，他开始第一次以成年人的身份和礼节向母亲行礼。此外，要以成人之礼拜见亲戚，拜见姑姑、姐姐，拜见国君，表示自己正式成年，有了责任了，有什么事可以告知了。还要拜见卿大夫，就是朝里做官，或者退休还乡了的，古代满七十岁的官员就要退休，叫"致仕"，退休以后可在乡里做老师。这些人都是要拜见的。

古代的成人礼没有虚礼，都是实实在在的。先秦有一部《国语》，号称"八国春秋"，记载了八个国家的历史。其中，记载今天江苏地区的历史，叫《国语·吴语》。《国语·晋语》记载了当时有位叫赵文子的人，成年了要去拜见晋国诸卿。他先去见栾武子（名书），武子说："我曾与你的父亲赵朔共过事，他有些华而不实，所以，希望你今后不要像他那样，一定要注重务实。"又去见中行宣子（荀庚），宣子说："美啊！可惜我老了！"去见范文子（名燮［xiè］），文子说："从今以后你要懂得戒惧。有贤德的人在恩宠加身时总是更加谨慎，只有德行不足的人才会因恩宠而骄奢。"中国人是很懂戒惧的，一生都谨慎为人处世都如履如临，才不会犯大错。又去见郤驹伯（荀锜），驹伯说："美啊！但是壮年人不如老年人的地方多得很啊！"去见韩献子（名厥），献子说："记住！你成年之初就应该向善，要不断地由善进入更善的境界，这样，不善就无法靠近你了。如果一开始就不能向善，不断由不善进入更加不善的地步，那么，善就与你无缘了。犹如草木的生长，事物总是依类相从的。人之有冠，好比宫室之有墙屋，要勤加修整。除此之外，我还有什么可说的呢？"去见智武子（名罃［yīng］），武子说："孩子要记住你曾祖赵成子的文采、祖父赵宣子的忠诚，难道可以忘怀吗？孩子要记住：有赵成子的文采、赵宣子的忠诚，侍奉国君就没有不成功的。"后来又去见了苦成叔子（郤犨）、温季子（郤至）。最后去见张孟，先把前面几位的教导叙说了一遍，张孟说："他们说得太好了！如果你听从栾书的话，就可以使自己不断进步；听范燮的教导，就可以弘扬自己的德行；听韩厥的告诫，将来就可以成就圆满。……智莹说得太好了，这都是先王的阴德在滋润你啊！"这个成人礼的教育是非常实在的，令人终生难忘。这样，他就知道了自己家的传统，好在哪里，不好在哪里，要怎么样才能做得更完美。

五、冠礼之义

冠者，礼之始也。"礼义之始，在于正容体，齐颜色，顺辞令。容体正、颜色齐、辞令顺而后礼义备，以正君臣，亲父子，和长幼。君臣正、父子亲、长幼和而后礼义立。"（《礼记·冠义》）要学礼，首先学会端正自己的容体。"齐颜色"，孔子讲孝敬父母"色难"，在长辈面前要和颜悦色，有婉容，对父母的孝敬才是发自内心的。"顺辞令"，现在有的人不是故意的，而是缺少学养，不知道该在礼仪场合说什么话。很多单位都有一面正容镜。我上小学时，一进校门就有一面大镜子，每天都可以看看自己的衣服穿整齐没有，红领巾系好没有，能不能进去。

西汉著名学者刘向在《说苑》中，说了很多故事，讲了很多道理。其中讲到冠礼之义在于"内心修德，外被［pī］礼文"，内心有德，外面要做到谦恭有礼，所以是"既以修德，又以正容"。又引用了孔子的话："君子正其衣冠，尊其瞻视，俨然人望而畏之，斯不亦威而不猛乎？"（《论语·尧曰》）这段话是讲君子要有尊严，"不言则已，言必有中"。《礼记》开篇就说"毋不敬，俨若思"，有君子风范的人在任何地方都能谦恭有礼，在没事时总会思考问题，好像有种说不出来的力量，让人望而畏之。

六、女子的笄礼

古代女孩子比男孩子发育得早，十五岁即可许嫁。许嫁以后有一个成人礼，叫"笄"，而且许嫁之后才取字。"待字闺中"就是指这个女孩子名花无主，尚无婚约。所以，女孩子的字是在许嫁之后才有的，而男孩子在二十岁成年后就自然有字了，跟婚约没有关系。所以，如果问一个女孩子有字了吗？是比较文雅的，若问有没有男朋友就有些俗了。

有同学说，女孩子的字要等婆家来取，但是《红楼梦》中林黛玉的字就是贾宝玉取的。这个就很不合于礼。《红楼梦》中林黛玉和贾宝玉之间不合于礼的地方还是蛮多的，不要以为凡是林黛玉做的就是对的。

可能由于古代男女之间的差异，女孩子的笄礼只有一加。现在女性权利上升了，一些女同学在文献里找，发现公主的笄礼是三加，所以比照这个规格，也要三加。这当然无伤大雅。有媒体报道过厦门一些女同学的集体笄礼，都穿着汉服。我认为在成人礼或者婚礼上穿一下民族服装还是合理的。韩国人和日本人平时也都穿西服，但在结婚时都没有忘记自己是哪个民族的，他们的结婚服装往往有两套，一套是西式的，一套是民族式的。女孩子举行三加笄礼后，还会行跪拜礼，向长辈、来宾表示感谢。

儒、释、道三教在唐宋时都是国教，但由于儒家相对较弱，若没有人起来倡导，儒家思想很可能就被释、道两家淹没了。事实上今天的情况也是一样。现在崇尚佛、道、基督教的人很多，但是崇尚儒学的人太少，这是个人的选择，我们无权干涉、反对。但是作为中国的知识分子，深感担忧的是，中国固有的文化能不能像佛教那样得以传承。佛教有很多居士都在很真诚地传扬。宋代时，司马光等知识分子深感儒学已经弱到极点，如果再不倡导，整个儒家文化就会消失，所以司马光写了一本《书仪》，其中规定：庶民中的女子也可以行成人礼。因为，一种文化若是不能在社会大众身上体现，它就没有意义，它就是虚的。只有落实在每个人的身上，才是有生命的。那时的司马光，以至后来的朱熹，都想方设法要把这样的礼仪，推行到普通老百姓身上，并做了很多工作。只是这项工作直到今天还没做完，还需要今天的人接着做，找回自己的文化。当然，对于自己的文化，还要去伪存真，去粗取精，把文化中的精华保留下来。比如成人礼，有些合理的东西可以为我们所借鉴，而并不是要完全照做，要看其中的理念，包括具体细节有没有合理的地方，就像当年的儒家，把氏族社会的成丁礼中合理的内核吸收进来那样。

司马光的《书仪》具体介绍了女子许嫁行笄礼的仪式。主妇女宾执其礼。笄礼行之于中堂，执事者用家内的妇女婢妾充任。陈服止用背子，无笄纚头，有诸首饰席一，背设于椸。栉总首饰，置桌子上，冠笄盛于盘，蒙以帕，由执事者执之。主人于中门内迎宾。宾致祝辞后为之加冠、笄，赞者为之施首饰，宾揖笄者，适房，改服背子。既笄，所拜见者仅限于父及诸母、诸姑、兄姊。其余仪节都与男子冠礼相同。

《朱子家礼》记载的笄礼与《书仪》大体相同。女子许嫁，即可行笄礼。如果年已十五，即使没有许嫁，也可以行笄礼。笄礼由母亲担任主人，也是前三日戒宾，前一日宿宾，选择亲姻妇女中贤而有礼者担任主宾。主宾为将笄者加冠笄、取字。笄者见尊长，仪节与冠礼基本相同。

七、冠礼事关执政者的资质

身份越高的人，冠礼越重要，因为它涉及一个人有没有执政的资质。

有一个非常典型的例子，武王克商两年后病了，周公为他祈祷，对上天说："神啊！我们的国家离不开武王，如果您身边一定要找个人来伺候，那么我周公比武王更合适，我多才多艺，什么都会做，你把我叫去就行，我们国家离不开武王。"在周公祈祷以后，周武王的病就好了。这在今天看来或许只是个巧合。当时周公的祈祷被记录下来了，并用绳子捆好封起来，周公对周围的人讲，今天祈祷的事谁都不能往外讲。又过了两年，武王还是去世了，成王继位，天下非常混乱。有人挑拨说周公要夺权，周公非常害怕。成王尚在襁褓之中，但国不可一日无主，成王只是一个孩子，尚未成人，不能亲政，怎么办？周公出于公心站出来摄政，代理他处理国家大事。《尚书大传》说，周公摄政七年，看到成王可以亲政了，就归政于成王。周公是非常了不起的。这个例子也说明，即使取得了法定的天子资格，如果没有行成人礼，也不能掌权亲政。

还有一个例子，是关于秦始皇的。中央电视台要拍一部电视片叫《秦始皇》，编剧很努力，看了很多书，最后把剧本写出来找人审，当时找了我和北京大学历史系的吴荣曾老先生。剧本讲了秦始皇跟吕不韦的矛盾交锋。当时嬴政已经二十岁，根据士冠礼二十岁就成年了，可是吕不韦不交权给他，不像周公那样归政于成王，嬴政很恼火。看到这里我对编剧说这么写有违史实，请他再好好看看《史记·秦始皇本纪》。秦国的人不知是发育得晚还是其他原因，是二十二岁才行冠礼，前面的王也都是二十二岁才执掌朝政的。那么，吕不韦在嬴政二十二岁时才把权力移交，根本没违背当时的传统，也就是说，吕不韦在这件事上没有刁难嬴政。对于帝王而言，执政首先要有成年的资格。

一般的人如果没有成年，也没有做官的资质。《后汉书·周防传》讲，有一个叫周防的，十六岁仕郡小吏，吏不是官，只是一名工作人员。当时的帝王经过那里，发现他"尤能诵读"，要叫他做守丞，但周防说他还没有成年，"以未冠，谒去"。

到了汉代，皇太子如果举行过冠礼了，就表示国家的接班人已经有资格继位，就要大赦天下，作为一件普天同庆的大事来庆贺，甚至行冠礼还要赐予民众爵位。据《汉书·景帝本纪》，景帝后元三年（前141）正月，"皇太子冠，赐民为父后者爵一级"。又据《汉书·昭帝本纪》，元凤四年（前87），昭帝加冠，"赐诸侯王、丞相、大将军、列侯、宗室，下至吏民，金帛、牛酒各有差。赐中二千石以下及天下民爵。毋收四年、五年口赋"，又"令天下酺五日"，以示普天同庆。秦朝的时候，人们是不可以聚众喝酒的，只是在国家有重大事情的时候才允许，比如"大酺三日"，皇太子成年可以酺五日，规格相当高了。

另外，古代不同品级官员所戴的帽子上有一条一条的梁，这是模仿士冠礼，几品官就有几道梁，从而体现不同等级。

八、后世冠礼简说

士冠礼至今都有其积极意义。历代政府和学者皆认为这是一个很好的教育方式，所以，政府在颁行礼制时，冠礼一定是其中一种。但是到唐宋时就改变了。从柳宗元的一封书信《答韦中立论师道书》可以看到，唐朝的冠礼已经衰弱。"（冠礼）数百年来人不复行。近有孙昌胤者，独发愤行之。既成礼，明日造朝，至外廷，荐笏言于卿士曰：'某子冠毕。'应之者咸怃然。京兆尹郑叔则怫然曳笏却立曰：'何预我耶？'廷中皆大笑。天下不以非郑尹而快孙子，何哉？独为所不为也。"有个叫孙昌胤的人，给自己行了一个加冠礼，第二天他在外廷里说，我的冠礼已经结束了，你们都是卿士，应该像《国语·晋语》中的六卿那样，每个人都给一番教导。不料众大臣莫名其妙，京兆尹郑叔则说："你行冠礼与我有什么关系？"说明他根本不知道成人礼。可见唐朝的成人礼已经衰退了。

司马光也指出了冠礼废之弊端，他痛心疾首地说："冠礼之废久矣。……近世以来，人情尤为轻薄，生子犹饮乳。已加巾帽，有官者或为之制公服而弄之。过十岁犹总角者盖鲜矣。彼责以四者之行，岂知之哉？往往自幼至长，愚骏如一，由不知成人之道故也。"（司马光《书仪》卷二《冠礼》）司马光在《书仪》中讲到要恢复冠礼。当时是儒、释、道三家并立的时代，彼此就有竞争，如果哪一种文化不能诉诸大众，不能体现在大众身上，这种文化就会消亡，所以司马光站出来推行冠礼，是想将中国的传统文化和千年文明延续下去。我现在很理解司马光，不知道同学们理不理解？古代曾有人主张把冠礼的年龄提前到十二岁，但是这个年龄的小孩子小学都没毕业，如果就作为成年人立身社会那不是瞎掰么？这就遭到程颐的坚决反对，他说："此不可。冠所以责成人，十二年非可责之时。"程颐认为，既然行冠礼，就必须责以成人之事，担当起成人的责任，否则就成了虚礼。如果冠礼之后不能责以成人之事，则终其一生都不能期望他成人，因此，"虽天子诸侯，亦必二十而冠"（《二程遗书·伊川先生语一》），即使是天子诸侯，也必须是到了二十岁才能真正成年。

冠礼到了明代又开始恢复。明洪武元年（1368）诏定冠礼，从皇帝、皇子、品官，下及庶人，都制订了冠礼的仪文。《明史》

中有很多关于皇帝、皇子行冠礼的记载，说明在皇室成员中依然保持着行冠礼的传统。"然自品官而降，鲜有能行之者，载之礼官，备故事而已"（《明史·礼志八》），而在官员和民间已经很少有人行冠礼了，后来也有很多人不愿意做了。有一天晚上我与几位朋友聚会，这几位朋友各有各的身份，大家觉得和我在一起比较拘束，说那些礼节就减免吧。我说："你身上还有礼么？你还减什么？从进来到现在，你的身上就没有体现出多少礼啊！"这是对自己不负责任，还说要顺应潮流。所以传承文化不是一句空话。当然具体怎么做是可以讨论的。

清人入主中原后，政府颁定的礼仪制度发生很大变化，虽然还有吉、嘉、宾、军、凶五礼的名目，但沿用千年并且长期作为"嘉礼之重者"的冠礼，已经不再出现在"嘉礼"的细目之中。清朝以后，冠礼就消亡了。

再回到我开头提到的，改革开放以后，社会重新认识到，废除成人礼是有问题的，古人之所以提出冠礼有其深刻的理念。我认为，现在应该把全国的礼统一起来，而不是各搞各的，否则，将是难以为继的。

第六讲　人伦之基　万世之始

——古代中国的婚礼

通过成人礼取得成人的资格以后，就可以谈婚论嫁，行婚礼了。

一、婚礼的人文内涵

婚礼是男女的结合。对于动物界的任何一个物种来说，两性的结合是这个物种得以繁衍生息的基础。人类在相当长的一段时间里曾经是杂交乱婚的。"知母而不知父"，异性之间的结合不需要任何仪式，相当随便，不讲辈分，也不区分血缘。但是，随着社会的进化，民智渐开，制定了婚姻嫁娶之礼，使人懂得自别于禽兽。家庭是社会的细胞，一个家庭是不是健康，在很大程度上取决于婚姻的质量，所以，中国古代很早就非常重视婚礼。婚礼在礼书里被认为是"合二姓之好"（《礼记·昏义》），原来是如同路人，没有血缘关系，也没有任何亲缘上的联系，但由于这样一个仪式，把两家人合为一家了。这其中要经过哪些程序？

首先，"礼"对于婚礼是特别重要的。在《礼记》以及"郭店楚简"中，都有这样一句话，叫"礼缘人情而作"。"礼"不是违背人情、人性的，恰恰相反，它完全是依据人的本性、人的天性来制定的。"礼"的制定，是要使人的本性和天性在理性的方向上发展，而不是让它随意地向动物性的方向倒退。"缘情而作"，就是人有各种各样的喜怒哀乐之情等，人的性情中最大的情莫过于男女之情，有的甚至会为此殉情，比生命还重要。但假如人失去理性而陷入迷茫，就不会有幸福。礼正是依据情而制定的正确规范。

儒家考虑到"食色，性也"，每个人到了一定年龄都会有这种要求和愿望，希望有一个配偶，其中怎么用道来把握，使得"性情之道万世不悖"，这很有讲究。古人很早就经过长期论证，制定了一系列的仪式。《礼记·经解》讲："昏姻之礼，所以明男女之别也。"男跟女走到一起，并非如喝水一样，渴了就到一起，男女是有区别的。两个年轻人要走到一起，建立一个家庭，不是很随便。古代都是聚族而居，比如《红楼梦》，一个大家族聚居在一个院子里，有多少的男女啊！如果彼此太随便，扒灰的扒灰，偷小叔子的偷小叔子，那就是一个动物园了。所以《礼记》的一些规定，就是尽可能地减少诱发乱伦之事的因素。如洗澡时男女要分开，男女之间很多物品不能混杂。一男一女若要行"周公之礼"，须经法律程序，要有很多人见证，要走过很多的仪节，不经这些仪节就不能走到一起。

古人把男女婚礼看得特别重要，认为是人伦的基础。从《周易·序卦》可以看到，古人是怎么看社会存在和发展的逻辑的。"有天地，然后有万物；有万物，然后有男女；有男女，然后有夫妇；有夫妇，然后有父子；有父子，然后有君臣；有君臣，然后有上下；有上下，然后礼义有所错。"天地生成万物，其中包含了男女。这里有个"伦理"的概念，动物界没有伦理，只有人类有伦理，有夫妇、父子、君臣、兄弟和朋友共"五伦"。"五

礼乐文明与中国文化精神

伦"是以什么作为起点的？是从男女结为夫妇开始的。如果没有夫妇，哪来的父子？哪来的君臣？哪来的上下？哪来的社会管理？那就完全没有了。所以，夫妇是"人伦之基，万世之始"。并且这个基础一定是要合乎理性的，一定是要健康的。唯有如此，万世之道才是健康的。因而古人非常重视婚礼。

经常有人抱怨，在万恶的封建社会，妇女没有地位。实际上，近代以来人们都用一种有色眼镜来看古代社会，所以很容易把不少事情讲到极端去。古代中国讲，先有天地，然后有万物，万物之中有男女。不是说有了万物，然后就有男人，有男人然后才有老婆；也不是像西方说的，先有亚当，然后从亚当身上抽出一根肋骨，变成夏娃，使女人成为男人的附属。《史记》在讲一个朝代的兴衰时，首先会讲到男女，甚至认为女人在其中的作用很大。

中国是一个最重视从历史去找兴衰存亡依据的民族，这是中国史学的传统。《史记·外戚世家》总结夏、商、周三代的历史经验，夏为什么会兴？大禹的配偶涂山氏功不可没，夏禹的军功章里有涂山氏的一半，"夏之兴也以涂山"。女人好，王朝就兴，这是多么高的评价。夏朝被商汤灭亡，桀被流放，则是因为妹[mò]喜。女人如果好，可以是治国平天下的功臣，如果不好，如果虚华的一面太厉害，就会给国家带来很大的损失，足以亡国。这个妹喜一天到晚喜欢奢华，"桀之放也以末喜"。到了商朝，"殷之兴也以有娀"，娀有贤德，但到后来"纣之杀也嬖妲己"。所以女人的修身和男人的修身同样重要，女人要看到自己的责任。

"周之兴也以姜原及大任"，史书讲文王还没取得天下的时候已经受天命了。回溯周人的历史，如何从一个偏处西北的小国，变成一个有八百年基业的大国，这里除了文王的父亲季历、祖父太王，以及文王本身的德行之外，他们每一位的配偶都非常出色。《列女传》记载，太王的配偶叫太姜，太姜生了三个儿子，即太伯、仲雍、季历。史书讲太姜"有色而贞顺"，就是不仅漂亮，而且德性又好，生了三个孩子，相夫教子，直到这些孩子长大，没有一次过失，奠定了周的基业。"太王谋事必于太姜"，太姜是贤内助，太王有事必定要跟她商量，她很有地位、很受人尊重，而不是现在有些人所讲的古代妇女都是在暗无天日里苦苦挣扎的。季历是太王的小儿子，是文王的父亲，他的配偶叫太任。"太任之性，端一诚庄，惟德之行"，她的德性非常好，修养也非常好，"及其有身，目不视恶色，耳不听淫声，口不出傲言"，她生了文王。文王娶的配偶叫太姒〔sì〕。太姜、太任、太姒，合称"三太"，所以净空法师曾经说，后世常说的"太太"就是由此而来，作为对已婚妇女的尊称。"而幽王之禽也淫于褒姒"，周幽王把周朝弄垮被抓起来，是因为他娶了褒姒。所以直到今天，大家都认识到，一个成功男人的背后一定有一个好女人，一个失败男人的背后一定有好几个女人。

夫妇之道是一个家庭、一个社会的基石。《周易》那么多卦，但最重要的卦就是乾和坤，是整个《周易》的基础。《诗经》三百多篇，其第一篇《关雎》就讲男女夫妇之道。《尚书》记载，当时尧年纪大了，要选继承人，最后选了舜。然而要把天下交给他，这事太大了，就想办法考验他。措施之一就是把娥皇、女英下嫁给他，深入家庭内部看这个人德性好不好，能不能把天下交给他，郑重到了极点。舜南巡的时候，娥皇、女英一起找他，听说不在了，就痛哭，所以湖南有一种竹子叫湘妃竹，她们的眼泪都洒在了竹子上。毛泽东有诗云，"斑竹一枝千滴泪，红霞万朵百重衣"。"《春秋》讥不亲迎"，亲迎是古代婚礼中最核心的程序，如果亲迎都没有，还谈什么婚礼呢？"夫妇之际，人道之大伦也。"(《史记·外戚世家》)结婚的时候要慎之又慎。

儒家经典把阴阳、男女发挥到了极致。自然界最高的是天和地,是阴阳的最高代表。万事万物都可以归为阴阳两大类。在人类社会,男女是阴阳。人类社会阴阳的最高代表就是天子和后,他们对于天下的和谐负有重大的责任。天子理阳道,就是社会的、民间的、大众的,后治阴德,主管后宫的所有事务。"天子听外治,后听内职"(《礼记·昏义》)。北京的明清故宫,分前三殿和后三宫,分别由天子和后统领。前三殿是太和殿、中和殿、保和殿,每一个殿的建筑体量都非常大,象征着阳刚之气。天子坐北朝南治理天下,"听外治"。后三宫是乾清宫、交泰殿、坤宁宫,每一个宫的房子相对而言都比较小,象征着女性的阴柔、纤小。后三宫中像台阶、栏板等都是双数的,而在前三殿中则是单数的,这里也包含着象征阴阳的意义。"后听内职",根据《周礼》记载,后是管内宫的,管蚕桑、宫廷里的各种事务,还管集市,面朝后市,前面是朝,后门是市。这样"教顺成俗,外内和顺,国家理治,此之谓盛德"。

天子和后各有所司。《礼记·昏义》讲天子立六官、三公、九卿、二十七大夫、八十一元士,后立六宫、三夫人、九嫔、二十七世妇、八十一御妻。六官与六宫,三公、九卿与三夫人、九嫔,二十七大夫与二十七世妇,八十一元士与八十一御妻相对应,只是分工不同,一方管理阳道,一方管理阴德。古人认为天地一定要和,一定要顺。故宫后三宫乾清宫、交泰殿、坤宁宫,乾和坤要"交泰",所以中间有交泰殿。没有一处是撇掉妇女的,社会也不是只要阳不要阴的,相反,阴阳要是和谐的。如果阴阳不和谐,都不在其位,社会会乱套的。分阴阳,不是说阴不如阳,只是位置不同,不能都是阳,就像天上不能有两个太阳而没有月亮一样,所以要有阴阳,而且阴阳还要和谐,这是《周易》

最基本的一个观点。

二、传统婚礼的仪式：六礼

古代有天子、诸侯、卿大夫、士，士是最低一级的贵族。今天要讲的婚礼，实际上是士的婚礼，成人礼也是士冠礼。因为庶人没有那么多的时间和财力，而且每天要从事很繁重的劳作，所以没有专门的礼。但是庶人如果需要行礼，可以比照士这一级进行。

古代的士娶妻要经过六个程序，按先后顺序是：纳采、问名、纳吉、纳徵［zhēng］、请期、亲迎，称为"六礼"。古六礼一直到宋，即到了司马光、朱熹那时，为了普及，把它简化了，变成纳采、纳币（相当于古礼中的纳吉）、亲迎等三种仪节，并相沿到清代。

第一个程序是"纳采"。"纳采"，如同"提亲"，现在农村还有这种叫法，即派媒人到女方家里提亲。为什么叫"纳采"？"采"是采择之意，是女方很委婉的、低调谦虚的说法，意即小女不过是聊备男家采择的对象之一。中国人行事非常低调。古代议婚要派一名使者，也就是中间人，现在在农村就叫媒婆，以前使者都是男的。东汉经学家郑玄的《士昏礼》注说是"皆所以养廉耻"。男女结合不要私订终生，因为古代人觉得男女双方对这类事情是害羞的。哪怕俩人感情再好，也一定要通过中间人，这样可以避免尴尬，避免男女草率苟合。

纳采的时候，中间人要送一份礼物"雁"。这个"雁"不是天上的大雁，据我们江苏高邮的清代著名考据学家王引之考证，这雁不是鸿雁，而是舒雁，也就是鹅。女家若同意议婚的请求，就收下礼物。为什么用"雁"？《白虎通》基本采取大雁的说法：

"贽用雁者，取其随时而南北，不失其节，明不夺女子之时也。又是随阳之鸟，妻从夫之义也。又取飞成行，止成列也。明嫁娶之礼，长幼有序，不相逾越也。"大雁是候鸟，天冷了往南方飞，南方热了再往北方飞，

纳采之雁

随着时令节气而南而北，不失其节。古人认为，男女到了适合婚配的年龄一定要让他（她）婚配，"不夺女子之时"，就怕过了年龄却嫁不出去或者娶不到，成为旷夫怨女，这会出问题的。对于大男大女，给他们一定的机会，简化他们的程序，让他们各得其所。"雁"是随阳之鸟，"妻从夫之义"。"长幼有序"是说长幼要一个一个来，"不相逾越"。韩国人目前仍保留着中国完整的婚礼传统，结婚的时候送"雁"，是木头做的"雁"，以示先人有礼，自古相传。这是一个结婚的吉祥物，一个纪念品。

古代纳采的说辞很典雅。使者说："吾子有惠，贶〔kuàng〕室某也。某有先人之礼，使某也请纳采。"就是说您加惠于我们，把家室赠给我们，我们是知书达礼的人家，有先人世代相传之礼，所以派我来行纳采之礼。对方说："某之子蠢愚，又弗能教。吾子命之，某不敢辞。"就是很低调的，即使是很好很漂亮也讲得微不足道，不敢辞，所以致以正式的仪式，然后收纳其礼物。

古代如不经过纳采的程序，就会被家庭、社会耻笑。《孟子·滕文公下》讲："不待父母之命、媒妁之言，钻穴隙相窥，逾墙相从，则父母、国人皆贱之。"古人讲廉耻，现在的年轻人却不予理会。不仅孟子这样说，当时的社会风气都是这样的。《诗经·齐风·南山》："蓺麻如之何？衡从其亩。取妻如之何？必

告父母。既曰告止，曷又鞫止？析薪如之何？匪斧不克。取妻如之何？匪媒不得。既曰得止，曷又极止？"古人很有智慧，若讲一个道理，先从自然界生发出来，麻要怎么种？要有章法，要一行一行地种。娶妻也是如此，娶妻必须告诉父母。劈柴要怎么劈？没有斧子就不能劈，需要工具。所以在娶妻时也要借助他人，就是媒人，没有媒人怎么把妻子娶回家呢？

第二个程序是"问名"。尽管对方同意了，也不是马上就可结婚的，还要了解她的血缘关系，避免同姓婚配。如果近亲结婚，将来的孩子得遗传病的可能性很大，所以必须很慎重。

先看看问名时的辞令。使者先行纳采，纳采礼毕后出门，出门后并不回家，对看门的人说，你们家主人同意议婚了，所以我还想去问尊府的姓氏。看门的人要煞有介事地进去禀报，主人就说请他进来吧。每道程序都很严格。问名时，使者说："某既受命，将加诸卜，敢请女为谁氏？"就是说您既然同意议婚了，我们回去要占卜一下，想询问你们的姓氏是什么。女方家就回答："吾子有命，且以备数而择之，某不敢辞。"得把血缘关系弄清楚。古人每一家都有族谱。

《左传》僖公二十三年，郑叔詹说："男女同姓，其生不蕃。"如果男女同姓结婚，这个家族就繁荣不起来，后代的体质会很差，所以中国很少见一个家庭内父母是同一姓的。《左传》昭公元年，著名的思想家子产说："内官不及同姓，其生不殖。美先尽矣，则相生疾，君子是以恶之。故《志》曰：买妾不知其姓则卜之。"诸侯的妻妾不能同姓，否则不能繁殖，因为如果是同姓，虽然听起来是亲上加亲，但是美提前支取完了，由于是近亲结婚，生的小孩易生怪病，所以君子非常厌恶男女同姓。甚至当时的《志》书讲，有的人即使买一个不知其姓的妾，为了求得心理的安宁，就占卜一下，这个程序也不能省。

古书曾记载鲁昭公所犯的一个极大的错误，从中也可领略《春秋》一书的"《春秋》笔法"，这是个很典型例子。鲁昭公的夫人叫孟子，是吴国人。鲁哀公十二年（前483）夏五月甲辰，孟子去世。前面曾经讲过周太王生了三个儿子，太伯、仲雍、季历，后来太伯、仲雍跑了，把天下让给季历，季历的儿子就是文王。以后，当文王、武王打下天下后，在今江苏这里找到了太伯、仲雍后人，就封这个地方叫吴。《史记·吴太伯世家》就讲了这段历史。吴和鲁是亲戚，鲁是周公封地，周公和武王是兄弟，血缘关系非常近，都姓姬。按照《春秋》的书写惯例，鲁昭公的夫人死了，她的姓和名都应该写上，应该称"吴孟子卒"，可是《春秋》却写作"孟子卒"，把"吴"字省略了。因为吴和鲁是同姓，"为尊者讳"，这就是《春秋》笔法。《左传》说，"昭公娶于吴，故不书姓"。《公羊传》、《穀梁传》也都说"讳娶同姓"。昭公违反了"娶妻不娶同姓"的规定。《论语·述而》说："君取于吴为同姓，谓之吴孟子。君而知礼，孰不知礼？"谁都懂礼，但鲁昭公却娶吴孟子为夫人，这是失礼的行为。对此，孔子非常愤怒。

第三个程序是"纳吉"。得到姓氏后，要问问这门亲事好不好，吉不吉利，要占卜。这是两千多年前的事。当时的科学没有现在这么昌明。即使现在科学昌明了，还是有年轻人要算一算，希望图个吉利。通过占卜得到吉兆后，要派使者到女家通报，称为"纳吉"。如果不吉也要告诉对方，然后议婚就停止了。

纳吉的时候也有一套辞令。使者说："吾子有贶命，某加诸卜，占曰'吉'。使某也敢告。"就是说，你把你们家的姓氏告诉了我们，我们回去占卜，结果是吉利的，故来通报。女方仍然很客气，说："某之子不教，唯恐弗堪。子有吉，我与在。某不敢辞。"就是说，我们家的孩子没有很好的教育，配不上你们，既然占卜说是吉利的，我们就共同享有这份吉利，所以不敢再推辞。

第四个程序是"纳徵"。纳吉礼后就该订婚了，那时不叫订婚，叫"纳徵"。双方的婚姻关系由此确定。纳徵时要送一些定亲的礼物，致送的聘礼是五匹玄色和纁色的帛，两张鹿皮。纳徵就相当于订婚了，原则上是不能悔婚的。这套制度以后越来越成熟，到了唐朝，如果悔婚，又没有特别正当的理由，官府是可以处理的，因为这会让对方的名声蒙受损失。

纳徵也有辞令。使者曰："吾子有嘉命，贶室某也。某有先人之礼，俪皮束帛，使某也请纳徵。"致命，曰："某敢纳徵。"对曰："吾子顺先典，贶某重礼，某不敢辞，敢不承命？"

第五个程序是"请期"。既然两家都同意联姻了，就要选个办婚礼的日子。今天大家办婚礼也要选日子，越是重视这门亲事，越是重视日子，最好阳历和阴历都是双数，希望这门亲事象征着吉祥的开始，俩人能长久。在古代，男家通过占卜选定了婚期，为了表示对女家的尊重，派使者到女家，请求指定婚期，这一仪节就是"请期"。

选好日子不能直接告诉女家，还需派使者用商量的口气去说，提出一个方案供女方家参考，这是对女家的尊重。女家主人谦辞说："还是请夫家决定吧。"于是，使者将已卜定的吉日告诉女家。

一般地，请期的辞令是这样的。使者曰："吾子有赐命，某既申受命矣。惟是三族之不虞，使某也请吉日。"对曰："某既前受命矣，唯命是听。"曰："某命某听命于吾子。"对曰："某固唯命是听。"使者曰："某使某受命，吾子不许，某敢不告期？"曰："某日。"对曰："某敢不敬须？"

纳采、问名、纳吉、纳徵、请期等五个仪节，都是男方派使者在女方的祢庙——父庙举行的。古人做任何事都要告庙，婚姻大事一定要在祖宗面前举行，让祖宗知道自己的孩子要出嫁了，含有听命于宗庙的意思。

第六个程序是"亲迎"。这是最后也是最核心的一个程序，现在叫"迎亲"。这个程序与前五个都不一样，不能再让使者出面，必须要由新郎亲自到女家去迎接。前几个仪节都是在早晨进行的，但是亲迎是在昏时举行的，结婚的婚字即由此而来。古代婚礼的婚就是写成"昏"。"昏"是与"旦"相对的时间概念，"旦"是一个会意字，下面的一画是地平线，太阳从地平线上升起叫"旦"，意为早晨。为什么把一年中的第一天称为"元旦"？元是第一，"元旦"就是第一个早晨。"昏"是指太阳从地平线上落下去。古代有一种计时的工具叫漏壶。漏壶上有刻度。古人将一天的时间长度分为 100 刻，今天则分为 96 刻，古今一刻的长度很接近。按照刻度，"昏"指日没后二刻半。

为什么结婚要在晚上？这是上古时代抢婚习俗的孑遗。氏族为了繁衍，生了一群男孩子后，找不到媳妇，很着急，必须要与族外通婚。那时就有抢婚的，看好目标后就准备抢，白天容易被发现，就借助夜色掩护，天黑了去抢。《周易·睽卦》上九有一段文字，不太好懂，后来梁任公启超先生对此作了解释，就比较容易懂了。"见豕负涂，载鬼一车，先张之弧，后说之弧，匪寇婚媾。"意思说，有人晚上夜行，看到一头猪伏在路上，黑夜中又见来了一辆车子，车上影影绰绰，像是鬼来了，很害怕，便张开弓箭欲射，发现鬼在说话，就把弓箭收起来，仔细一看，原来既不是强盗，也不是抢东西的，而是抢婚的。再往后，社会发展了，不需要抢婚了，大家知道互通有无，我把女儿嫁到你们那里，你把女儿嫁到我们这。但是，有些地方"昏"时成亲的传统习惯却被保留下来，只是久而久之，已不明白内中意思了。

儒家对于"婚姻"这词的来历，解释也很巧妙。郑玄在《三礼目录》中讲："必以昏者，取其阴来阳往之义。"晚上来了是阴来，太阳落下去是阳往，阳往阴来，昏时是阴阳交接之时。新婿于昏时去接是阳往，新娘因之而去，跟着阴来，"姻"由此而来，这样就联姻了。所以，把婚姻的"婚"写成"昏"就不足为奇了。

新郎去接新娘的过程是一个礼仪，是一种教育。父亲要在儿子人生的重要时刻进行教育，父亲教导说："去迎接你的内助，以继承我们的宗室之事。勉励和引导她恭敬从事，以嗣续我们先妣的美德。你的言行要有常法。"儿子回答说："是。只怕我不能胜任，但绝不敢忘记父亲的训诫。"新郎乘坐漆车前往女家，随行者，即迎亲队伍分乘两辆副车。由于是晚上，所以需要从役们手持烛炬，在马前照明开道，浩浩荡荡。当年抢婚场景可能也是这样。

新娘这时也很着急，梳洗打扮戴着发饰。通过《左传》以及马王堆出土文物可以看到，古时妇女有戴假发的风气，马王堆出土文物中就有一套假发。新娘戴着发饰，在房内面朝南而立，等待着新郎的到来，家里的亲戚也都在旁等待，陪嫁者站在新娘后面。新郎到达大门外时，新娘的父亲出门迎接，并引导他进门，再引导他上堂。上了堂，就来到新娘的房子前，新娘的父亲在阼阶上面朝西而立，母亲在房外面朝南而立。新郎在东房前向新娘的父亲行再拜叩首礼，然后走下西阶，出门。女儿出房，跟着新郎从西阶下堂，这时，站在阼阶上的父亲告诫女儿："切记要恭敬从事，从早到晚都不要违背公公、婆婆的意志！"古代兄弟姐妹多，妯娌也很多，如果不能顾全大局，总是使小性子，一家人都会被搅得鸡飞狗跳。所以，可以看看朱德写的《母亲的回忆》，那是中国妇女的缩影，很伟大。他说母亲嫁到这个家里后很低调，在家里从早到晚很勤奋地做事，默默地处理各种关系，所以父母那一代兄弟妯娌之间非常和睦。作为父亲，在训诫女儿之后，还会赠以衣服、发簪等托戒之物，让她日后见物思今，永志不忘。母亲则要给女儿系好小带、结好佩巾，这个佩巾叫作"缡"。女子一辈子就结一次，这叫"结缡"。做母亲的告诫说："要努力，要谨慎，白天黑夜都要恪守妇道！"庶母送到门内，给她系上盛佩巾用的丝囊，说："恭恭敬敬地听从父母的话，白天黑夜都不要有过错。经常看看这丝囊，就会谨记父母的告诫！"

那时，女孩子在出嫁之前，需要在家庙或在家族的公共场合学习三个月，学习怎样维系一个家庭。我在韩国看到有一所中学开家政课，主要学习维持家庭的基本知识，甚至细到家里来了客人怎么招待、家里的电器怎么使用等等。古代主要学妇言，就是对公公、婆婆，以及妯娌之间讲话，要怎么才能得体；还要学习妇德、妇容以及妇功，妇功就是怎样做衣服、做鞋子等家务。临走之前，父母还要再三叮嘱，这是和二姓之好，男主外，女主内，这个道理一定要懂。然后新郎出门，新娘跟在后面。这时，有人为新娘披上遮风挡尘的罩衣。

新郎要把新娘娶回去，还要亲自为她驾车。娶回去家里没人迎接怎么办？按照当时的礼数，公公、婆婆这天晚上是不能跟新娘见面的，要第二天才能见面。这时的新郎要一身二任，一方面要迎娶新娘，另一方面要代表自己的家族在门口迎接，怎么办？车轮转动三圈后，新郎下车，由车夫或者朋友代替新郎驾车，表示这个车是我启动的。新郎乘自己的漆车先回家，再在家门外等候新娘。古礼今用，今礼之中有古意。中国传统文化中的婚礼，最重要的环节是亲迎，而亲迎时最重要的是男子到女子家里去迎亲。两千多年来，前面许多的礼节可以改变，可以荡然无存，唯有这一条至今依然顽强地保存着。只要是华人，无论是在哪里，一定是男的去接女的，这就是一个文化强大的惯性与特征。

亲迎礼仪上还有些做法很有意思。若是碰到两个国家通婚怎么办？不能深入对方的国境，女家就在国境线上等候，男家驾车到国境迎娶。如果国界是河，也要这样。所以周文王亲迎于渭水，"文王初载，天作之合。在洽〔hé〕之阳，在渭之涘。文王嘉止，大邦有子。大邦有子，俔〔qiàn〕天之妹。文定厥祥，亲迎于渭。造舟为梁，不〔pī〕显其光。"（《诗经·大雅·大明》）今天恭喜结婚仍会说"天作之合"。文王亲迎渭水需要很多船并起来做浮桥，"不显其光"，"不"通"丕"，大的意思，"不显"就是伟大而光明，《尚书》也有讲到"丕显"。

三、成婚

把新娘接进门之后，两个人要先吃一顿饭，这是新婚之宴。

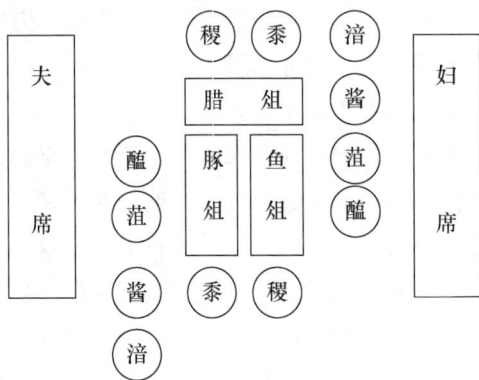

共牢而食图

俩人坐下来，新娘坐在席上，丈夫坐在对面，这叫夫妇对席。中间摆的是食物，其实吃得非常简单。古代是分餐的，两个人吃的东西各有一套。新郎、新娘的席前，有主食黍和稷，有调味用的酱，有菹［zū］，也就是腌制的冬葵菜，醢［hǎi］是螺酱，湆［qì］是肉汤，都是各有一份。摆法是交叉的，因为要迁就右手。但是这其中有个难题，新娘第一次见到新郎，新郎也是第一次见到新娘，吃完饭两个人就要行"周公之礼"，这时一个很着急的事情，就是要让他们尽快进入状态，让他们意识到从此开始俩人就是夫妻了。所以中间摆放的食物中，有一套食品是供俩人合吃的，放在俎［zǔ］里。俎是一个长方形的板状食案，腿很矮，因为人是坐在席上的，不能太高。有三个俎，分别放着鱼、豚（即小猪）、腊（即风干的全兔），这些都由新郎、新娘共用。古代祭祀时，牛、羊、猪各一称为"太牢"。"牢"就是大，天子有些重大的祭祀要用太牢。猪、羊各一称为"少牢"。身份低的老百姓吃不起这些，就用其他的，如兔子、鱼等荤的食物代替，也称"牢"。新郎、新娘一起吃的这一顿饭，称作"共牢而食"，这里的"牢"就是指俎里的食物。古人和今人不一样，越是盛大的场合，越是带有礼仪的性质，吃得越简单。那个时候结婚不是饕餮集会，而是很文雅的。

俩人吃饭时，先吃一口饭，再吃一点菜，吃一点肉，那时的菜基本上是白煮的，吃的时候再加调料，或者蘸酱，用手指咂酱吃，这一过程称为"一饭"。当然手要洗得很干净，那时饭前有一套专门的程序和工具洗手。可能有人会问，吃饭、吃菜、蘸酱都用手，那筷子是干啥用的呢？其实，当时的筷子只是用来夹汤里的菜的，因为汤很烫，里面的菜不能用手直接抓。"共牢而食"的目的，就是拉近俩人的感情，加快俩人进入状态的步伐。现代婚礼中，有些地方拿个苹果吊起来，让俩人咬，也是"共牢而食"的意思。"一饭"之后如此者三，三饭告饱，也就是象征性地吃一点，食礼完毕。

古人饭后要"酳［yìn］"，就是用酒漱口，所用之酒是米酒，不是白酒。白酒是元朝时从西域传入的。古人认为，人活着需要三种气：一种是人呼吸的空气，一种是出生时胎里带来的元气，还有一种是五谷杂粮之气，吃完饭后，五谷杂粮即化为一种食气滋补你。气很容易跑，为了不让气跑出来，吃完饭后就要喝一点酒漱口，这叫"酳"，具有清洁口腔和安食的作用。结婚时要"三酳"。"三酳"的酒器，前两次用爵，为了再次提醒他们夫妻是一体的，第三次就用卺〔jǐn〕。卺，就是一个葫芦对剖而成的两个瓢。夫妇各执一片而饮，称为"合卺而饮"。"共牢而食"、"合卺而饮"，表示男女同尊卑，夫妇合成一体，没有所谓的歧视。之后两人就寝。但婚礼到此还没有结束。

四、拜见舅姑

第二天早上，媳妇要见舅姑。古人所说的舅姑，就是今人所说的公公婆婆。公婆没有点头，媳妇的身份就还没有确定，所以第二天的仪式也很重要。

新娘早早起身沐浴，穿戴整齐后，以新妇的身份前往堂上拜见公公婆婆。公公以主人的身份在阼阶上即席，婆婆以内主的身份在房门外的西侧即席。新娘要两次拜见。第一次是捧盛着枣、栗的竹篮从西阶上堂，到公公席前行拜见礼，再将竹篮放在席上。公公象征性地抚摸竹篮，表示收下。第二次是到婆婆席前行拜见礼，将盛着干肉的竹篮放在席上。婆婆稍微举起竹篮，表示收下。接着，赞礼者就代表公婆用醴〔lǐ〕向新娘致礼，这个很重要，表示接纳新娘为家庭的正式成员。之后，新娘向公婆"馈特豚"，就是将一只煮熟的小猪，剖开来进献给他们，这表示她开始以媳妇的身份孝敬公婆。最后，公婆设食款待新娘，以及女家的有司等，并赠给礼物。礼毕，公婆从西阶下堂，新娘从东阶下堂。台阶有东阶、西阶之分，东阶是一家之主上下的地方，在没有儿媳妇时，东阶是公公婆婆专用的，其他任何客人都不能用。儿媳妇娶进门，意味着家庭的新老交替完成了，所以公公婆婆就从西阶下堂，而新郎新娘则以主人的身份从东阶下堂，成为一家之主。韩国到今天尚存这样一个礼仪，就是拜见过公婆之后，婆婆要把一大串钥匙拿出来交给新娘。拜见舅姑很重要，这叫"著代"，著是彰显，表示以这个仪式来彰显新老交替的完成。

如果成婚时公婆已经过世，就要"庙见"。在宗庙祭祀时，用"奠菜"的礼仪拜祭公婆。周朝的时候，平时庙门是关着的，一年春夏秋冬实行四时之祭，每次换季的时候，子女想起父母就要祭一次，三个月祭一次。所以新娘过门后，最多三个月就会遇到一次庙祭。因此，《士昏礼》说："若舅姑既没，则妇入三月乃奠菜。"如果还没有庙见就不算新娘。人们认为三月而庙见，相隔时间太长。于是，宋朝作了改革，《朱子家礼》改为三日，以日代月，遂成定格，流传后世。

五、古代婚礼的特色

下面讲一讲古代的婚礼和现代的婚礼有什么不同。

《礼记·郊特牲》说古代"昏礼不用乐，幽阴之义也"。《东周列国》这个电视剧本写得有些离谱，万喜良和孟姜女结婚，万喜良骑在马上，胸前一朵大红花，孟姜女蒙一个盖头，有些想当然了。其实古代婚礼没有吹吹打打，因为"乐，阳气也"，乐代表阳气，婚礼都是在天黑以后举行的，所以不用乐，而且古代乡里乡亲也不来祝贺，所谓"昏礼不贺，人之序也"。这是"人之序"，家家都有，人人必经，有什么好祝贺的？

《礼记·曾子问》引孔子的话说："嫁女之家，三夜不息烛，思相离也。"对于两家人来说，结婚并不是一件特别值得高兴的事情。女家把一个孩子养大不容易，突然被娶走了，不知道到了那里，跟丈夫、公婆、妯娌相处是否融洽，父母晚上会想得睡不着，所以"三夜不息烛"，心里会很难过。而"取妇之家，三日不举乐，思嗣亲也"。就是娶了新娘，表示父母老了，在家中的地位就会被取代，不免哀戚。那时候风气非常简朴。但是到了汉代，婚礼从宫中开始，变得讲排场，公主下嫁，聘礼要多少，上行下效，下面的有钱人也纷纷效仿。到了唐朝，此风更盛，即使有些知识分子想要恢复士婚礼，想遏制这股坏风气，但成效不大。

新婚夫妇并没有特别的服饰。新郎穿的是爵弁服，下裳为纁色，衣服领子都是镶边的，镶有黑色的边。新娘头戴发饰，身穿镶有黑边的纯玄色衣裳。都是以纁色、玄色等黑色为主调的衣服。甚至新郎、新娘乘坐的漆车，也是黑色的，并不是大红大紫。此外，新娘没有"盖头"，都是素面朝天。一般来讲新娘的"盖头"是从宋代开始的，因为当时社会动荡，战乱频仍，恰逢婚嫁日子，若遇兵荒马乱，来不及改了，就想到变通办法，即"以纱縠〔hú〕幪〔méng〕女氏之首，而夫氏发之，因拜舅姑，便成妇道"。这是战乱时的权宜之法。到了宋代，又有用秤杆揭掉盖头之风习，并附加"称心如意"等很多意义。

古人的婚礼很有人文味道。《世说新语·假谲》载，晋人温峤〔qiáo〕的堂姑母委托温峤为其女物色夫婿。几天后，温峤说已经物色好，门第与身世不低于自己。因为不能事先见面，不能私下授受，所以婚礼时，新娘特别着急，且又不能随便给人看出，于是用手拨开纱扇，发现新郎就是温峤。把扇推开就是"却扇"，就是这词的出典。清代平步青的《霞外捃〔jùn〕屑》说："古时婚礼，侍儿以纱扇蔽新妇，彻扇曰却扇。"唐代，"却扇"已成为普遍的礼俗。《资治通鉴》载，唐中宗景龙二年（708），赐婚御史大夫窦从："内侍引烛笼、步障、金缕罗扇自西廊而上，扇后有人礼衣，花钗。"俩人相对而坐之后，中宗命窦从"诵却扇诗数首，扇却，去花易服而出"。胡三省的注说："唐人成婚之夕，有催妆诗、却扇诗。"新娘要等新郎做了却扇诗之后，才肯除去挡脸的扇子，颇有文人婚礼的情趣。由此可见唐代诗风之盛。现在据可见材料记载，新郎去接新娘，新娘要摆架子。新娘要化妆才能上轿，催新娘化妆的时候，新娘就说要作诗，新郎要一直把诗作好，让新娘满意。新娘满意之后上轿，到了之后下来，把脸用扇子挡住，新郎要是想看新娘脸又要作诗，这叫"却扇诗"。这就是"催妆诗"、"却扇诗"的由来。

另外，婚礼还有一个现象叫"摄盛"。从先秦时代起，婚礼使用的器物就有超越身份的现象，即在婚礼这一天，使用的器物可以超过你的身份一等。为什么称新郎为"新郎官"呢？他不是官，但是在结婚这一天他可以戴乌纱帽，新娘也可以凤冠霞帔，都是有身份的人的打扮。再如迎亲用的墨车，就是漆车，是大夫的车；用作见面礼的雁，也是大夫的规格。郑玄将这种现象解释为"摄盛"，意指在婚礼这种特殊场合的越位行为。后世"摄盛"成为一种习俗，流传至今。"摄盛"适当用一点可以，但若太过分，就会破坏整个社会风气。

六、当代婚礼存在的问题

当代婚礼存在问题太多，在我看来主要存在这样几个：

第一，西化太严重。婚礼怎么举行，大多仿效西方人。如果大家对于自己民族的文化，没有温情和敬意，那是万分可怕的。

第二，缺乏文化内涵。结婚像是闹剧，两个人去蹦极是婚礼，去海底一趟也是婚礼。蹦极天天都可以去，和结婚没有关系。结婚作为合二姓之好，一个家族发展的意义本该包含其中，现在都没有了。

第三，追求奢华。看婚礼是在四星级饭店还是五星级饭店办，请了多少桌，一桌费用有多高，车队有多少等。

第四，两性关系过于随便。很多人实际是"奉子成婚"，那不叫结婚。或者之前已经结过婚，或是偷吃禁果的证据。

七、余论

有同学问我，"一拜天地、二拜高堂、夫妻对拜"是不是士婚礼中的礼节。不是的，婚礼是不断演变的。士婚礼里没有这个。到宋以后，六礼变成三礼，而三礼也是不断在变。各有自己的一套，让人无所适从，不知道哪一个传统，哪一个是新创。所以，当务之急是制定一套婚礼的标准，这套标准必须要有依据，有内涵，并能被大家认可。

第七讲　观德之射　君子之争

——古代中国的乡射礼

　　这一讲的主题是：古代中国的"乡射礼"。之所以要讲这个题目，是与北京奥运会有关。

　　2008 年北京奥运会开幕倒计时 300 天时，我给清华的学生上课，以奥运会为切入点，讲了"乡射礼"。那堂课我是这样开头的："各位同学，北京奥运倒计时只剩 300 天了，各行各业都在如火如荼地做准备，要迎接这个盛会。作为清华的同学，你们准备好了吗？"课堂里跟现在的反响一样，鸦雀无声。可能有同学会想，我们准备什么啊？我说，假如我是一名外国记者，而且是一名对五千年中华文明抱有强烈好奇心的记者，来到中国，得问你们三个问题：第一，你们古代有体育吗？你们不是号称五千年文明吗？第二，如果有体育，你们有体育精神吗？第三，如果有体育精神，你们跟古希腊的体育精神相比，如何？你们不是在圆百年奥运梦吗？如今，尽管北京奥运会已闭幕多年，但是这些问题并没有解决，所以，我还要来问问你们。

　　第一个问题，也许大家会突如其来地被问住。其实只要细想，中国古代的体育项目是非常多的。比如围棋。相传尧的儿子不可教，需要发明一项活动，让他能沉静下来，让他能思考问题，这就有了围棋。围棋在中国的历史可谓极其悠久，先秦的许多书上都可以看到，当时有围棋运动，而且有国手，有高手。中国古代还有足球，即"蹴鞠"，国际足联曾在山东淄博开过会，证明那里确实是世界足球运动的起源地，文献上记载得很清楚。中国人喜欢足球运动。当然，那时的足球运动规则，跟现在的不完全相同，因为任何一项体育运动都有一个发展的过程。另外，从先秦的书中还可以看到，当时有很多群众性的体育运动，如拔河、划船、武术、摔跤等等。中国是一个体育传统非常悠久的国度。

中国有体育精神吗？当然有。下面我就讲一讲中国的"乡射礼"。

一、乡射礼的渊源

"乡射礼"，顾名思义，是一乡之民举行的一项射箭比赛活动。但是这种比赛，跟西方的竞技性质的体育比赛不尽相同。中国的这项射箭比赛，除了含有竞技性质之外，其中还包含着一种理念，就是必须能够促使人内外兼修，身心和谐，"射"能观德。体育运动的真正目的，应该是促使一个人全面发展，而不是成为一个四肢发达、头脑简单的人。相较而言，现在的体育比赛，实际上只是比体力、比体能。人为什么要学体育？应该是为了全面发展。全面发展为了什么？是要有一个健全的人格，如此而已。中国的体育比赛是君子之争，那是一种真正的较量，里面暗含着很多内容，比如，一个君子怎么样对待竞争？怎么样对待对手？怎么样平衡自己的身心和内外？

射箭运动在世界许多民族都有。据文献记载，黄帝的时候，文明初开，很多器械都是在那时发明的。人类学研究结果表明，从旧石器时代向新石器时代过渡时，中间出现过一个中石器时代，或者叫细石器时代。在博物馆，可以看到什么是细石器。旧石器是打制的，就是用一大块石头砸击另一块石头，砸出很粗的刃，这就是最初的手斧；或者砸出一个球状的石块，可以当作锤子砸别的东西。这就是旧石器。新石器是磨制石器，把石头拿来后，找一块比它更硬的石头来磨，磨出来的斧子非常光滑，刃开得非常平正，孔钻得非常圆。中石器时代就处在旧石器和新石器时代中间，但在中国不典型，且年代比较短。新石器、旧石器都很大，而中石器时代生产的石器都非常小，也比较精致，我国发现的也不是很多。弓箭的发明和使用最早就在这一时期。将来大家看博物馆的时候要注意。这些都是知识点，要不断增加自己的学养。

中国大约也是在中石器时代发明弓箭。文献讲到过很多善于射箭的人和射箭高手。可惜那时没有举办奥林匹克运动会，否则一定可以拿很多奖牌。比如，在尧的时候，天气异常，就好比十个太

汉画像石后羿射日图

阳同时出来，把庄稼晒得枯焦，草木都活不了，老百姓没东西吃。这时出现一个叫"羿"的人出来射日。汉代有个风气，就是在墓葬的石头、砖头上刻画各种题材的浅浮雕。从图中可以看到，这人张弓箭射树枝上的乌，乌代表太阳，因为古人说，每个太阳里都有一只乌，他"上射十日"，射掉了九个，有人劝他不要再射了，剩下一个留着用吧，所以"羿射十日"，最后没有射完。

到了春秋战国时，《左传》记载，有一位非常有名的神射手，叫养由基，他和一个叫潘党的人比赛射箭。那时比赛的内容有两项，一个是比谁眼力好，射得准，有"百步穿杨"的说法；另一个是比力量，看谁臂力强。他们把七副皮做的铠甲叠在一起，养由基一箭就把七副铠甲射穿了。

古代有很多成语是与射箭有关的。比如说，"文武之道，一张一弛。张而不弛，文武不能。弛而不张，文武不能。"用弓必须张弛有度的道理，来比喻历史上的文王、武王之政。还有"强弩之末"。拉弓需要的力量很大，一般人拉不满，有的好弓要几百石的力量才能拉开。事实上，射箭的难度之一就在拉弓上。把弓拉开来以后，手不能长时间停在那个动作上，否则手指会受不了，弦会扣入手指的肉里。后来古人发明了一种弩机，射的时候能够把弓弦拉住，固定在一个位置，并且有一个开关，这样，手就不用过多使劲了。后来，又出现弓弩手，弓弩配有准星，可以用于瞄准。

在古代中国，男孩子都要会射箭。《礼记》讲，古代有个风俗，家里如果生了个男孩，要告诉外面，"桑弧蓬矢六，以射天地四方"。"弧"是弓，"矢"是箭，用一把桑木做的弓，六根蓬草做的箭，朝天、地、东、南、西、北射，表示好男儿志在四方。"天地四方者，男子之所有事也"，男孩子生下来，必先有志于天下所有事。用弓箭来表达跟宇宙六合的志向。这在上古时代非常普遍。

甲骨文"弓"字　　　　　甲骨文"箭"字

古代中国的箭做得非常好，很多地方出土了箭。青铜的箭头非常棒，一个墓里出土的箭头往往有很多种类，秦始皇陵遗址里出土的箭头，甚至有流线形状的，和现在子弹的流线的螺纹一样，很了不起。

含有"射"字的甲骨残片　　　　　小篆"射"字

甲骨文"射"字本来从"又"（手）持弓，是个会意字，到小篆里就演变成从"寸"从"身"，意思就模糊了。每一位自认为对中国文化有感情的人，理应养成"每事问"的习惯，这样就会比别人懂得多一点。这些文字的演变很有意思。

"侯"的本意与射箭有关，最初的写法，是箭矢射中了靶子。古代谁当诸侯或者首

小篆"侯"字

领，就比射箭。在树的中间挂一块布，或者拿一张兽皮，"有的放矢"，射艺高超、射中者为诸侯。那时，射箭代表一个人的武力、武艺所达到的高度。

战国宴乐习射水陆攻战纹铜壶纹饰展开图

战国宴乐习射水陆攻战纹铜壶出土于四川成都百花潭，把它上面的纹饰展开，堪称一幅可卷可开的战国社会生活的精彩画卷，内容很生动，可以看到有人在采桑叶，有的爬到桑树上，有的在下面拿筐接；有一艘船，上面每个人都拿着弓在射。另一处也都是拿弓在射。有意思的是，它在这里给我们展示了文献记载的那个"侯"，就是刚才讲的一块布，布中间有靶心。旁边的人都拿着箭准备射。还有划龙舟的画面，动作很漂亮，现在的人估计难以达到这个水平，像跑步似的，动作很舒展，生动极了。甚至还可以看到有乐器演奏，现在划龙舟不是也有鼓乐吗？还有人在敲鼓，很形象。

战国宴乐习射水陆攻战纹铜壶纹饰展开图局部

上图是把刚才那幅图的局部放大，可以看到右边悬挂着的靶子，中间有靶心，左侧屋檐下有很多人拿着箭在准备，或者试弓，或者射箭。这个画面是古人按照生活中实际状态描绘的，极为难得，很有价值。一件出土器物上带有图，这对我们做学术研究来讲，非常珍贵。因为这是当时的人画的，最为真实。关于箭的靶子也只有在这里可以看到，先秦时代的出土物很少。

莫高窟第 290 窟比射图摹本

上图是"莫高窟第 290 窟比射图摹本"。可以看到当时射箭比赛的场景，靶子吊着。唐代的射箭活动很普及。

莫高窟第 346 窟骑射图

上图也是敦煌壁画，叫"莫高窟第 346 窟骑射图"。这个人把弓拉得很满，很到位，那时的弓比较轻，不像现在奥运比赛里的弓，特别长，立起来差不多有一人高。

古代有一本书叫《考工记》，是中国最早记载制作技术的专著。比如怎么做弓，怎么做盾牌，怎么做车子等等，在世界科学史上很有地位。这本书总共有三十个官职，比如专门做轮子的，叫"轮人"；专门做车厢的，叫"舆人"；专门做弓的，叫"弓人"。书上讲，当时做一把良弓很是讲究。弓干要用好的树木。为了射得更远，要贴上牛角。为了使箭的速度更快，还要贴上鹿的筋。此外还有胶、丝、漆等总共六种材料。有这六种材料还不够，还需"巧者和之"，就是要请技术特别好的人来做。做弓，没有想象中那么简单，先要用火慢慢地揉弓干，揉成所需要的形状，再贴牛角，缠鹿筋，涂胶，裹丝。一把好弓做出来，"张如流水"，非常柔和；"宛而无负弦"，很均衡，每一个地方的受力都一样；"引之如环"，就是开弓如满月；"释之无失体"，放开以后，没有一个地方会变形。

我认识一位英国人，他有一个很特别的爱好，就是收藏中国文物。他办公室里的玉器、铜器、漆器，不知有多少，有的挂在墙上，有的陈列出来，有的藏在抽屉里。他收藏的门类很多，其中一个门类就是中国古代的弓。他收藏的弓，曾在香港海防博物馆展出。有一年，内地有个墓葬出土了一件很长的器物，两头都有一个抠进去的槽。这是什么？有人说是扁担。他跑去看，说这是一张弓，弯过来后一看，是一张非常好的弓。他研究世界各国的弓，最后的结论是，中国的弓最好。我请他到清华讲演，有同学站起来问他："你是一个英国人，为什么要研究我们中国的弓？"他微微一笑，说："因为中国没有人研究，我再不研究，就没人研究了。"同学们听了，无不愕然。

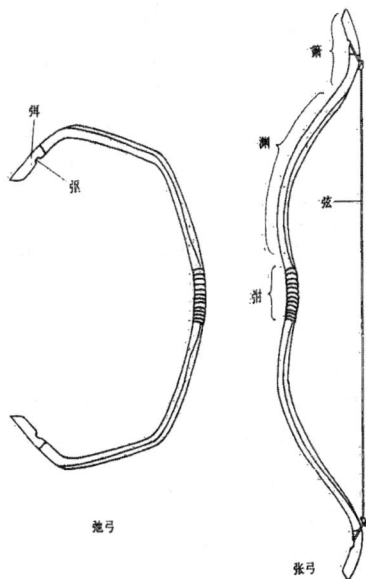

弓

上图左面的是右面的弓没有上弓弦时的形状。古人给弓的每个部位都起了专门的名称。上弦时，要朝反方向弯过来，弦先在一头挂住，再在另一头固定住。

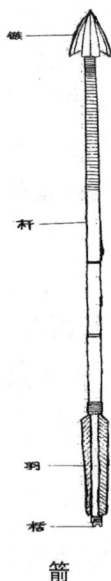

镞

杆

羽

栝

箭

上图是箭，箭头是流线型的。有的箭杆中间是镂空的，尾部羽毛的作用，是保持箭在前进时的平衡，否则箭体会摇动着前进。

到了孔子那时候，开始对射箭有了新的认识。前面讲到，最早，选诸侯要看谁能把皮射穿，这叫"主皮之射"。孔子对此非常反对。那时，民间很多人都在比射箭，比如养由基和潘党把七副铠甲射穿了。如果射箭都是这样，就会有问题，会把人的兴奋点都引导到力量的争斗上，容易形成好勇斗狠的风气，而且这种比赛是不公平的。孔子讲，"射不主皮"，不以射穿皮为主旨和根本，因为"为力不同科"，每个人生下来的时候，体质相差很大，如果都比能否射穿七副铠甲，可能有的人一辈子都达不到，而有的人生下来就身强体壮，比较容易达到，这就存在大量的先天因素，所以这种比赛在孔子看来是不公平的。"射不主皮，为力不同科，古之道也。"（《论语·八佾》）因为大家的体质不一样，彼此不可比，而人生下来有一样是可以比的，就是后天德性的培养，这是公平的。因为只要是人，只要愿意学，都可以达到。射箭也要体现这样一种精神。

二、乡射礼的准备

"乡射礼"是在乡或者州举行的。当时的乡和州都有学校，乡学有一个专门的名称，叫"序"，也有的叫"庠〔xiáng〕"。在先秦时，科举制度还没有出现，国家需要的人才依靠地方推荐，各地的学校每年要把所挑选的最优秀的学生名单，一级一级向上报，以备中央选用。每隔三年有一次"大比"，即所有被推荐的人，都要接受选拔，然后决定用哪些人。

安排射箭比赛的人是州长，主持这场比赛的人称为"宾"。"宾"是尚未取得爵位的处士。以处士为宾，这是为了表示对知识的尊重。"宾"是从学校里选出来的学业最优秀、德行最高尚的人。在"乡射礼"中，还有一位教练兼指挥，叫"司射"。"司"就是管理。就如司法部是管法的部，司机是管机车的，司仪是管仪式的，司射就是管整个射箭活动的。

同时，要准备一些器械。第一个是"侯"，就是箭靶子。第二个是"乏"。"乏"是什么？射箭的人在这一头向远处的靶子射箭，因为距离远，很难看清有没有射中靶心，这就需要用一张皮或者木头，做成一个弧形的屏，放在靶子前侧，并派一个人躲在后面，看射中与否，称为"乏"。之所以叫"乏"，是因为箭射到这里已经乏力。第三个是"中"，是一个放筭〔suàn〕筹的器具，

"筹"，古同"算"，"中"往往被做成动物的形状，如鹿的形状，故称"鹿中"。

射箭在周代就是非常流行的体育比赛。所有参加比赛的人分成两队。两位一组上去比，一组射完后，下一组两位再上去比，直到两队人员都比完。凡是射中的，报靶人喊"射中了"，旁边有工作人员拿筹筹计数，每射中一次就摆一根筹筹。筹筹是竹片做的，从甲骨文里可以看到，当时的运算工具就是筹筹。筹筹的作用很大，据记载，唐朝时，官员们腰里都挂着一个根据级别高低而颜色不同的袋子，里面装的就是筹筹，如果遇到什么工程之类的问题，就把筹筹拿出来演算。中国古代的数学很出色，算盘在宋代以前就是世界上最先进的计算器，随着西洋技术的传入，才把筹筹摒弃掉了。然而，筹筹从中国传到朝鲜半岛之后，到现在还一直在使用，运算的速度甚至比纸和笔还快。我问过研究数学史的专家，确有其事。

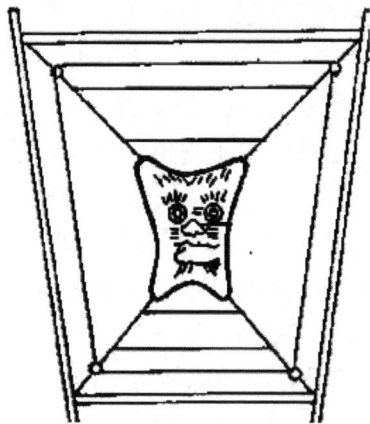

箭靶

上图是古代的箭靶，两侧的木杠是固定"侯"用的，然后用绳子将中心的老虎或者豹子的皮定位。

三、乡射礼的主要仪节

"乡射礼"的第一个程序是"合耦"。"耦"就是双,"合耦"是为了给所有的人作示范。因为有的人是第一次参加,不甚了解。司射从州学学生里挑选六名德才兼备的弟子,将射艺相近的两两相配为一组。之所以要射艺相近,是因为如果差距太大,就失去了可比性,因而俩人在水平、体质各方面要比较接近。六个人分为三组,分别叫上耦、次耦、下耦,称为"三耦"。每耦的两个人,一位叫上射,一位叫下射。三耦一对一对上去,规定每人上去射四支箭。这两人要先在堂的旁边等待,等司射说:"好,开始,你们去取箭。"两个人就去取箭。四支箭,一支用手夹住,另有三支插在腰里,这是比赛规则之一。

射箭比赛一共有三轮,即一番射、二番射、三番射。以前不叫轮,叫番,比如经常说到的"三番五次",部队的编号叫番号,都是这个意思。

一番射就是第一轮比赛。这一轮的主要目的,是由教练作示范,所以叫"诱射"。"诱"是教的意思,诱导、引导。三耦拿着弓箭在堂下站立,司射在堂上做示范。司射首先走到"十"字符号的地方,面朝西,一只脚朝前,一只脚朝后,朝前的脚要对准竖线,另一只脚要对准横线。眼睛不急于看靶子,把心平静下来,再举起弓,然后扭头朝南,目光盯住靶子。司射会讲射法要领,讲完以后把箭射出去。接着是上耦的两位上去站好。司射接着宣布比赛时的其他规定,比如:"不许射伤、惊吓报靶者!"报靶者躲在"乏"的后面,不得对着他射,如果谁射了,就要受罚。这种比射是"礼射",处处相与为礼,上射首先要向司射行礼,然后才可射第一箭,接着下射射箭。如此轮流,直到将各自

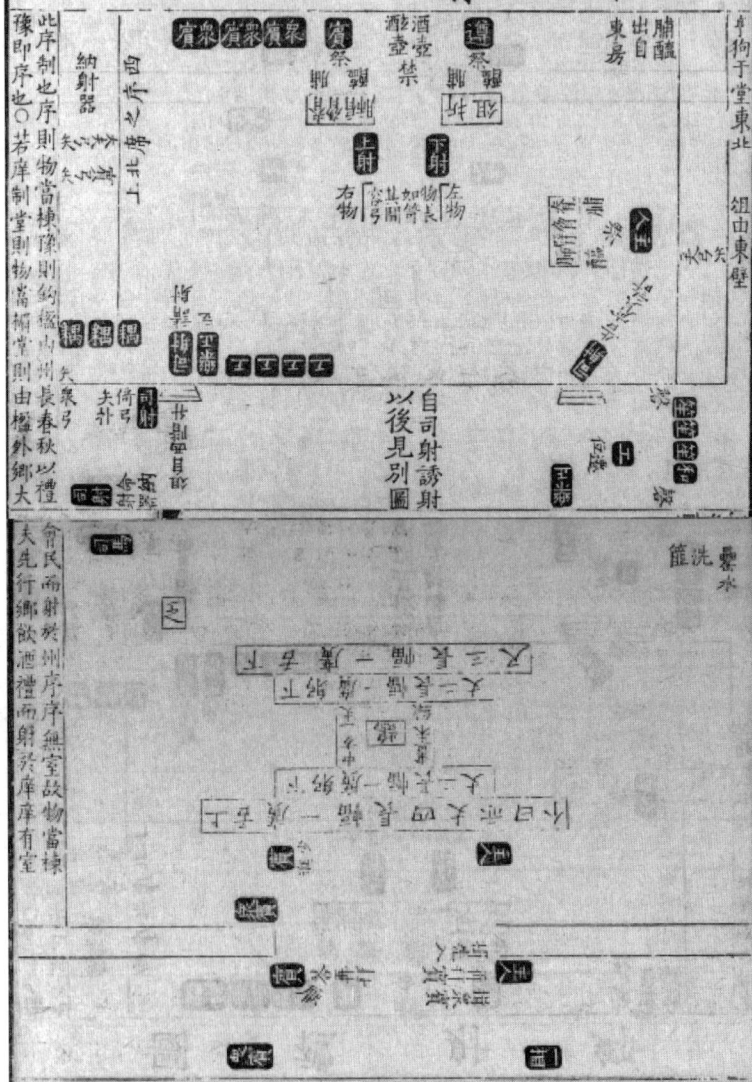

鄉射禮圖

乡射礼图

的四支箭射完。最后报靶的人报告结果，谁射中几支。由于一番射是诱射，属于练习，故射中与否都不计入总成绩。上耦习射完毕，次耦、下耦先后上堂习射，每人都练一练。

二番射是第二轮射，这时比赛正式开始。参加者，除了三耦之外，主人，就是州长，以及优秀的学生、乡里的贵族、大夫，以及请来的宾客都要配合成耦。身份要相当，主人和宾可以配成一耦，主人为了表示谦虚，尽管有地位，但要做下射，让宾做上射。大夫要和身份比自己低的士结成耦，以示谦虚，这叫配耦。堂下的众宾分别配成耦。然后第二轮开始，先由第一轮参加过习射的三耦开始。这一轮要求射出的箭一定要扎上箭靶，否则就没成绩。两个射手轮流开弓射箭，如果射中了，工作人员就用筭筹计数。

二番射属于正式比赛，要计射中的数目。计数以两支为单位，每两支叫一"纯"，十纯为一堆。剩下的也摆得整整齐齐，双数怎么摆，单数怎么摆，一眼扫过去，清清楚楚。甲骨文里的数字也都是这样写的。直到最后，按队统计报告比赛结果，是右方队胜了，还是左方队胜了，胜出的成绩是多少，非常正规。

这一轮赛完后，输了的一方要饮罚酒。司射命令三耦和众宾：胜方射手脱去左袖，戴上扳指，套上护臂，手执拉紧弦的弓，表示能射。负方射手穿上左袖，脱下扳指和护臂，将弓弦松开，表示败北。古人宽袍大袖，射箭的时候，弦和弓会摩擦到衣服，所以要脱掉左边袖子。但脱掉袖子后，会摩擦到皮肤，所以还要戴护臂。北京有个弓箭胡同，古时候一直做弓箭，以后由于弓箭少为人使用，买的人越来越少，以至胡同的店铺几乎全部关了。只有一家从那非常艰难的日子坚持过来了。扳指有骨头做的，也有玉做的，象牙做的。由于弓弦的力量大，而且又细，会嵌到肉里，这就需要借助一个工具来勾住弦，把它拉开来，再放出去，这就是扳指。古代如果是男士死了，手上一定要戴扳指，以示生前的身份。所以，如果墓里有扳指，说明一定是男的，因为女人在古代是不射箭的。乡射礼胜者的弓都是上了弦的，这副打扮表示能射。输掉的一方要把衣服穿起来，弓放松，脱掉扳指和护臂，然后喝罚酒。罚酒时则要站着，喝完后要向胜方行礼致意，表示敬意、服输。这是第二轮射。

第三轮射要增加一个内容，就是乐工演奏《诗经·召南·驺虞》，按照司射和乐正的命令，节拍均衡如一。这个时候要比的，就不仅仅是射中与否了，还要检验你是不是身心和谐的君子？是不是一个很有学养、教养的人？有教养的人经常唱《诗经》。射箭时，你的内心、情感、情绪应该是与演奏的《诗经》浑然一体的，与射箭的节拍高度谐和。道行很高的人，能够按照节拍射出去，与所奏音乐的节奏完全一致。这一番射，如果不是合着音乐射的，射中了也没成绩，因为内外没有完美和谐。三番射的比赛程序，和前面完全一样，只是要求配合音乐，这个要求是很高的。然后再计数，负方射手喝罚酒。这样三番射就结束了。

三番射结束后还有个程序叫"旅酬"。这时，所有的人，包括在场的嘉宾以及工作人员，要一起喝酒。"酬"是古代一种喝酒的方法，现在韩国人还有这种习惯。什么是"酬"？倒上酒，我先喝了，再倒上酒，再把酒杯献给你，请你来喝；你喝完后再倒上，然后把杯子交给下面的人；他再喝……一部分有身份的人，如大夫、州长、宾站在堂上，由于堂上场地有限，其他人便都站在堂下。第一杯由宾先喝，然后把杯子交给州长，州长喝完再给下一位，按身份高低依次传递。如果大家有机会去韩国，得有这个思想准备，他们会自己端起来先喝一杯，然后再把杯子给你，对于这样喝酒，大家可能很不习惯，实际上古代中国正是这样的。传到堂上最后两个人时，他们会往堂下传。在这期间，堂上堂下的音乐或间或合，堂上弹瑟，堂下吹笙，演奏的都是《诗经》里的曲子，其乐融融。"尽欢而止"，就是尽兴，但是不能醉，一醉就失态了。大约喝到九分时，宾起身告辞，大家也都停下来。宾走到西阶时，乐工要奏曲子《陔》示意结束。

四、乡射礼的人文内涵

我们来比较一下古希腊奥林匹克与古代中国"乡射礼"的不同。

北京奥运会在征集开闭幕式方案时，我曾经把"乡射礼"做成开闭幕式的方案交给奥组委。方案提出几点：第一，展现的内容应跟奥林匹克有可比性，在年代上是相当的。古代中国"乡射礼"出现在周代，年代并不晚于第一届奥林匹克运动会的时间，甚至可能还要早。出土西周青铜器铭文里关于射礼的记载非常多。第二，"乡射礼"是一项正规的体育比赛，而不是以杂技或者小曲目来与奥林匹克项目比，即它们在性质上属于同一类。第三，两个地区的比赛要有差异，不能完全一样。差异在哪里呢？古希腊当时处于城邦制时代，城邦之间经常举行战争，非常混乱；中国春秋战国时候也是一个很乱的时代。但两者的体育比赛所要表达的内容是不同的，古代奥运会五项运动——掷铁饼、跳远、投标枪、赛跑和摔跤，都是军事体育，跟军事有关；中国的箭也跟军事有关，但它要表达的不是战争，而是和平、和谐。中国人"铸剑为犁"，将用于战争的弓箭"饰之以礼乐"（《礼记·射义》），赋予了这项竞技运动崭新的灵魂。射箭传到朝鲜半岛和日本后，都认为太高明了，称之为"道"，认为射礼之中包含了哲学思维。

乡射礼的人文内涵，首先在于射与人的内外和谐。

《礼记·射义》讲："故射者，进退周还〔xuán〕必中礼，内志正，外体直，然后持弓矢审固。持弓矢审固，然后可以言中，此可以观德行矣。"中国人射箭对人的要求是"进退周还必中礼"，就是每个地方都要合于礼的要求，这个礼的要求是"内志正，外体直"，内心是正的，身躯肢体是直的，内外是一致的，正就是直，直就是正。所以，站在那个位置，首先就要想到自己内心的志调正了吗？身体站直了吗？这是检查自己的修身够不够。"然后持弓矢审固"，把弓箭拿出来，看看弓行不行，再来考虑怎么把它射中。从这里可以看到射手的德性。

江苏扬州附近有个地方叫仪征，曾出过一位大学者叫阮元，他是清朝乾嘉学派的山斗，中过状元。有这么一则故事，说他在考试答题时用了一个古字，判卷老师不认识，以为写了错字，就判了他很后的名次。后来一查，汉代就已经有这个字了，只是平常不太用。这事闹到皇帝那里。皇帝一看，这人很优秀啊，文章写得好，学问不错，就点了状元。后来派他做封疆大吏，在广东禁鸦片，比林则徐要早很多年，而且在那和英国殖民者、海盗斗，非常了不起。他很有博大的心胸。当年他在杭州创办诂经精舍，他出的考题，既有天文、历法、地理、海防方面的，还有从外国引入的有关自然科学方面的，学问非常大。阮元有一本文集《揅〔yán〕经室集》，他在书中回忆幼年往事，他说小时候，妈妈就给他讲为学的道理，说为学好比是为射，为射的道理是什么？到堂上一站，心志要摆得很正，身体要站直，做到这些后，气要下沉，沉到丹田，不要心浮气躁，然后扭头望目标，要始终如一。现在有年轻人常说"挡不住诱惑"，那是因为气不在丹田，目标不专注，心猿意马。所以要把目标盯住，内心要默念孟子的"富贵不能淫，威武不能屈，贫贱不能移"，找出大丈夫的浩然之气。

拉弓的时候，用力要精猛，全身的力气都要使出来。发而不中，反求诸己。奥运射击冠军朱启南的心态，让人非常感慨，给人很多启示。他在赛场上，不管其他选手成绩如何，只要求自己的每一枪比前一枪打得好。直到最后，看到观众席上都朝他欢呼，他才知道得了第一。这就是心无旁骛，发而不中，反求诸己。射箭之所以能成为一个道，亦在于此。

射箭时的音乐也很有内涵。《礼记·射义》讲："天子以《驺虞》为节，诸侯以《狸首》为节，卿大夫以《采蘋》为节，士以《采繁》为节。《驺虞》者，乐官备也；《狸首》者，乐会时也；《采蘋》者，乐循法也；《采繁》者，乐不失职也。是故天子以备官为节，诸侯以时会天子为节，卿大夫以循法为节，士以不失职为节。"故曰："射者，所以观盛德也。"天子奏《驺虞》，诸侯奏《狸首》，卿大夫奏《采蘋》，士奏《采繁》，这些都是取自《诗经》的。每支曲子都有一个主题，天子要选择好的、尽可能齐备的官，诸侯要按时去朝会天子，卿大夫要循法，遵循国家礼法，士要不失职，射箭时心里都要想到这些。

其次，乡射礼关乎人格的养成。

《礼记·射义》讲："射之为言者绎也，或曰舍也。绎者，各绎己之志也。故心平体正，持弓矢审固；持弓矢审固，则射中矣。故曰：'为人父者，以为父鹄；为人子者，以为子鹄；为人君者，以为君鹄；为人臣者，以为臣鹄。'故射者各射己之鹄。"大体上是说，所谓"射"，就是寻绎。射者身份各不相同，但都应该在习射过程中寻绎自己的志向，把箭靶作为修身的目标来瞄准。只有心平气和，体态正直，紧握弓箭，瞄准目标，才可能射中。"鹄"是靶子，千万不能只想到是在射一块布。如果你是一位父亲，你要把靶子当作为父的标准来射……如果你是国君，就要把靶子当作国君的道德标准，要反思有没有做到，反思完了再射，射不中，说明还有欠缺，然后再反思，再射。……如此，带着一种道德修养的意识，去从事这项活动，那才会有进步。

古人也这样要求。听到《诗经》里的音乐，就想到这首诗讲的是什么，想想自己的身份，然后再给予靶子一种理性的诠释，把每一次为射的过程，变成一种向道、反思、进取的过程。"吾日三省吾身"还不够，每次射箭时都要有反思，这样，射箭就提高到了一个哲学的层面。这在西方是没有的，只有中国文化才有。

《礼记》有个很著名的故事，讲孔子"射于矍相之圃"。孔子用礼、乐、射、御、书、数这六艺来教学生，其中就有"射"。但孔子主要不是教学生怎么射，那教什么呢？"孔子射于矍相之圃，盖观者如堵墙。射至于司马，使子路执弓矢出延射，曰：'贲军之将，亡国之大夫，与为人后者不入，其余皆入。'盖去者半，入者半。又使公罔之裘、序点扬觯而语。公罔之裘扬觯而语曰：'幼壮孝弟，耆耋好礼，不从流俗，修身以俟死，者不？在此位也。'盖去者半，处者半。序点又扬觯而语曰：'好学不倦，好礼不变，旄期称道不乱，者不？在此位也。'盖仅有存者。"

"圃"，就是菜园。有一天孔子和他的学生在"矍相"这个地方的菜园里练射箭，围观的人很多，像墙一样。射箭进行过程中，到了司马要出来教练这个环节，孔子就派学生子路拿着弓和箭来到群众面前，问谁想进来射？除了如下三种人不能进。第一种"贲军之将"，打仗时不勇敢、打输了，这样的人还射什么箭？不配。第二种"亡国之大夫"，贪官污吏，对国家灭亡负有主要责任的人，也不可以进来。第三种"为人后者"，认有钱有势的人做干爹或干妈，自己爹妈不要的，这种人没有志气。这三种人不能进入，其余人可以入。结果有一半人进去了，另一半惭愧地自动离去。所以说射箭有道德的要求。

比赛结束，行将旅酬。孔子又让公罔之裘和序点俩人举着酒觯对大家说话。公罔之裘说："从幼年到壮年都孝顺父母、敬爱兄长，到了六七十岁还一直按照礼的要求做，不从于流俗，出污泥而不染，一生都在修身提升自己。这种人有吗？如果有，请到宾位就座。"于是又有一半人觉得要求太高，离开了。序点举着酒觯又说："一生好学、好礼，直到'旄期'之年，就是八九十岁，乃至百岁，还受人称颂赞扬，且心绪不乱的，有吗？有的话，请到宾位就座。"最后，仅有一人留在那里，其他人都离开了。孔子就是这样以"射"来一步步教育人的。如果达不到这样的表现，就别来射箭，这是君子的活动。即使进来了，倘若做得还不够，到了最高的礼仪层次上，仍是没有资格上来的。所以，把一生的修身好礼与"射"结合起来，才是一个人的人生追求。

有一位著名的史学家，叫陈垣，是我的太老师。他是一位非常爱国的大学者。抗日战争时，北平沦陷，北大、清华、南开都南迁了，先到长沙，后到昆明，组成西南联大。陈老先生所在学校是教会学校，叫辅仁大学，因为德国圣言会的关系，日本人不敢碰，所以就留在北京没有迁。陈老先生是辅仁大学的校长，他非常有气节。当时有些日本宪兵听说他德高望重，便常常借机或请教他，或劝他出来合作，都被严词拒绝了。有一天，在辅仁大学操场举行的集会上，陈老校长慷慨激昂地说：有一些人，在古代，即便是最普通的群众体育活动，都是不允许参加的。这些是什么人呢？打仗不勇敢的"贲军之将"、"亡国之大夫"，还有一种人更卑鄙，叫"为人后者"，暗指汉奸。我们不能做这三种人。如果有这样的人，辅仁的活动都不允许他参加！"射"在陈老先生的眼中，已经不是一种很普通的、没有格调的活动，"射"是要内外和谐，是和德性紧密相关的。

最后，乡射礼可以培养良好的竞争心态。

《礼记·射义》讲："射者，仁之道也。射求正诸己，己正而后发，发而不中，则不怨胜己者，反求诸己而已矣。"射，要讲内外修身，所以要正诸己。正诸己，则先要正心，正形体，然后再发。箭发出去而没有中的，也不要埋怨对手。现在的体育运动商业化很浓，其结果是失去了体育本身的意义。黑哨、黑球、兴奋剂、贿赂，已成潜规则。一旦有纠纷，双方动辄大打出手。还有所谓的"足球流氓"闹事。而古代中国人的体育，完全是为了完善自我，即使是射箭这样的运动，也要正诸己，而且要有良好的竞争心态，输了不怪别人，只怪自己，这样才会进步。如果你的注意力总是在别人身上，就难以专心，就很难进步。前面提到的朱启南就是非常好的例子。

"射"提倡的是君子之争。提到君子，孔子讲过一段话。他讲："君子无所争，必也射乎！揖让而升，下而饮，其争也君子。"（《论语·八佾》）一个有君子风范的人，注重内在的发展，要有真本事，每天从各方面完善自己，培养内在的浩然之气，且不搞无谓的争斗，比如，要把某人挤下去，不让某人冒出来，这些争都是恶斗，君子不可能做这种无谓的争斗。发展是硬道理，先要自己做好，锥处囊中，总有一天会脱颖而出。孔子反复讲，不要怕别人不了解你，只怕你没有能让人用你的本事。一个人要注重提升精神境界，平时要充实自己，平心静气地对待竞争，不要有不正当的竞争。如果是这样，难道君子都不争吗？不是，如果一定要说争，那就是射箭比赛吧。即使真要比出高下，也要"揖让而升"，然后"下而饮"，下来后一起喝酒。

这里再具体讲讲"君子之争"，在乡射礼中，上射与下射步步为礼，一位说"您请"，另一位说"您请"，两人先要拱手谦让，然后一起出列。将上台阶了，彼此还要说"您请"，大家互相拱手谦让，表现出应有的教养。谦让不是挂在嘴上的。有些人可能心里尊重，但做出的行为并不尊重，总是与人抢先。"揖让而升"，到了上面，两个人还要互相揖让。射完后下堂时，还要彼此说"您请"。

"射"作为一种君子之争，成为儒家文化的一部分，影响了整个亚洲地区。日本的相扑、朝鲜的跆拳道、蒙古人的摔跤、中国的太极拳，比赛之前，俩人一起上来，都要行礼，比赛结束以后也要行礼，这是谦虚，互致敬意。跆拳道的十二字精神——礼仪、廉耻、忍耐、克己、百折不屈，里面就包含了礼仪。日本的相扑有严格规定，不仅要行礼，而且如果把对手打败了，也要尊重对方。以前曾经有人得胜后，霸气地往台上一站，把对手推出去，还要踹上一脚，或者把人推到地上。为此，相扑协会规定不允许有类似行为，胜负决定后，作为一名对手，胜方要尊重他，不能侮辱他。对手既已倒地，若还要出手，显然很没风度。要设身处地反思一下，自己也会有输的时候。所以，除了"揖让而升"，下来以后，俩人照样再一起愉快地旅酬，一起喝酒。这种争就叫"君子之争"。

金庸小说里也反映很多中国文化。两个武林高手比招，比试之后约定："三年以后，再在这里比。"三年以后，两个人再来比个高下。一旦赢了，胜方会谦虚地向输方行礼，说"失敬"，或者更客气地说"承让"。赢了，这是事实，但是要很低调。这是"君子之争"。就如金庸小说中，高手表现出的是教养，用不着其他张扬的方法来显耀自己的胜利。

五、乡射礼体育精神与古希腊体育精神的比较

古希腊体育精神有两大特点：一是宗教性，二是军事性。最早的奥林匹克运动会是在雅典的奥林匹斯山下，也就是在神庙下

举行的。在西方人看来，人的灵魂和肉体是分离的，灵魂是奥林匹斯山上的诸神主管的，人只要管好自己的肉体就行。人们为了得到神的保护，要通过各种方式来媚神，奉献技艺就是其中之一。所以，古希腊的竞技广场是与神庙连为一体的。古希腊体育运动的另一个很重要的特点，就是军事性。现代的奥运会金牌有好几百块，而古奥运会五项运动：掷铁饼、跳远、投标枪、赛跑和摔跤，都要在神的面前表演，要让神看了高兴。神管灵魂，人管肉体，这是为了在神面前展现人把肉体管理得很好，所以，参加运动会的都是裸体的，让神看到每一块肌肉都很漂亮。故古希腊强调的体育精神，实际上是力量、速度、技巧，以及更高、更快、更强，这些都是体能和技能上的，不是思想、精神、道德上的。谁赢了就是英雄，并用饮酒的方式奖励他。所以，奥运会的奖杯，都是放大了的酒杯，赢的人喝酒，输的人没有。而中国人相反，赢了是应该的，说明达标了，输了就意味着没有达标，要喝罚酒，记住下次不能再输了。东西方文化中的差异，这是非常重要的一点。

直至中国的战国时代，古希腊才开始脱离神话时代，而中国在武王克商之后就已经脱离了，早了六七个世纪。中国从西周开始，转向民本主义时代，并且特别重视人的全面发展，强调人的精神和体魄都要由自己来主宰，要和谐、均衡地发展。这也是东西方文化的不同之处。

中国文化认为，无论一个人的体魄有多强健，技能有多高超，如果没有仁爱之心，对社会也不会有大作用。《国语·晋语》讲，晋国的智宣子准备立智襄子为继承人，引起大家议论。有位叫智果的人说，智襄子"贤于人者五，其不逮者一也"，说他有五大优点：长相很美，擅长射御，技艺全面，能说会道，强毅果敢。在这五个方面，他都超过常人，但也有不如人的地方，就是没有仁爱之心。有爱心还是没有爱心，亦即为公还是为私的区别。有爱心的人，总是出于公心，会为别人着想，所以，孙中山先生很赞成孔子的话，就说天下的人都能为公，社会就能建设好。人的德性也是如此。而没有爱心的人只有私心，凡事只想自己，这样的人，能力再强，也会给国家造成灾难。智宣子不听智果之言，仍然立智襄子为继承人，最后智氏亡于智襄子。晋国有六卿，韩氏、赵氏、魏氏、范氏、中行氏、智氏，智氏是其中一个卿，以后逐渐由六卿变成三卿，即由韩、赵、魏三家分晋。这里，就涉及衡量一个人的尺度标准的问题。一个人要成长为有君子风范的人，需要从许多方面来锻炼。

遗憾的是，我的人文奥运的方案最后没被录用。我曾经跟哈佛燕京学社社长杜维明先生谈起过，听了我的设想，他非常高兴，觉得方案很棒，提出若是需要海内外的教授联署，他一定参加。在和杜先生讨论之前，我在北京的一个会议上，也说到中国古代的体育精神，当时有一位台湾学者，听后也觉得很好，既是历史，又是文化，还是体育，中国的文化博大精深。

中国人热爱和平，讲究自身和社会的和谐，"乡射礼"就是一个极好的证明。我曾经无数次设想在北京奥运会开幕式上乡射礼的场面：场上灯光由暗转明，一束光线投射在一所两千五百年前中国乡村的一所普通学校，接着从里面传出"大道之行也，天下为公"的琅琅书声，这是孔子的《礼记·礼运》"大同"部分，接着，大屏幕上接连出现中国大陆的、台湾的、香港的，以及美国的、马来西亚的、法国的……全世界的华人子弟都在诵读孔子的"天下大同"语录，然后选取其中特别优秀的学生为嘉宾，盛情地邀请他们，举行乡射礼。这不是凭空想象出来的，是中国古文献里早就有的，一项原汁原味的中国两千五百年前的体育运动。别说外国人，如今连中国人自己都不清楚两千五百年前还有这样的运动。通过这个场面，特写、展示中国古代的弓、箭、服装、舞蹈，还有乐器、编钟、编磬、《诗经》、中国人的饮酒礼等等，这些完全不同于西方人的文化，让人尽情体会中华民族确实是个追求和谐的民族，而且这个和谐不是流于口头的宣传。它是中国五千年文明发展的终极目标。

中国古代的乡射礼仪在年代上比古希腊奥运会要早，它所倡导的体育精神在于尊重对手，君子之争，内外和谐，全面发展，要在道德上"内志正，外体直"，然后引申到个人的事业上，对追求的目标要始终如一，并且为了达到这个目标，必须用全部的精力，一旦遇到挫折失败，则要"反求诸己"。

"射乡之礼，所以仁乡党也。"（《礼记·仲尼燕居》）现在陕西人还把老乡叫"乡党"。乡党之间有仁爱、德性。下面这段话，是李氏朝鲜一位学者所记："盖马大山东有北青邑，古为东沃沮国。高句丽兴起，诸国皆降服，沃沮不服。历百余年之久，始为高句丽之郡，后人每每于田间得砮镞、石斧，其民风之强悍可想而知。其地偏僻，久在化外。后因朝中士大夫时有迁谪于此，文士渐多，而成为文物之区。我任知州的翌年壬辰，拟举行乡射礼，而不知行礼所需器物是否有，遂询问当地故旧，方知侯、楅、鹿、筹、物、乏等，乡射堂内应有尽有。我乃感慨道，兹土与肃慎邻，劲弓毒矢，相杀伤以事者，数千有余载，如今一变而雍容辞逊，争以君子乃如斯。岂非我列圣暨朔之化之至欤？"（《旅庵遗稿》卷四《乡射礼记》）古代朝鲜盖马大山以东有一座城，叫北青邑，北青邑在古代历史上是东沃沮国。高句丽曾经非常强悍，朝鲜半岛几乎所有的地方都被它降服，只有沃沮国不服。这个民族好勇好斗，经历了一百多年后，才被高句丽攻下，成为高句丽的一个郡……这个地方非常偏僻，各种教化都达不到，是个野蛮民族。以后，因李氏朝鲜朝的士大夫常有被罢官贬谪到此的，文人越来越多，慢慢地成了文物之区。当时有一位叫申景濬的，在当知州后第二年，考虑朝鲜其他地方都有乡射礼，他也打算推行。因为不知道行礼所必需的器物当地是否有，便问当地故旧，方才知道侯、楅、鹿、筹、物、乏等一应具备。申景濬感慨地说：这块土地和中国东北一个古老的少数民族肃慎相毗邻，以前经常用强劲的弓和有毒的箭互相残杀，千年以来这是个好勇斗狠、民风彪悍的地方。自推行了乡射礼，这里的人变得雍容谦虚，懂得君子之争了。这难道不是先进文化的教导改变了他们吗？一个最难改造的地方，就通过这样的礼节被改造了。

古代朝鲜人的文章中还有许多这样的赋，比如金孝元的《射以观德赋》。这项运动传到朝鲜后，朝鲜人非常明白，这是一个道，所以至今还被称为"弓道"。

还有一位日本学者，自己出钱，在天津的一所体育学校，建了一个弓道馆，教学生射箭。在日本国内有很多这样的馆。他说，射箭中的道理很深，它不只是一项体育比赛，而是要教他们从做人开始。凡是到弓道馆学习的人，早晨不能睡懒觉，要早早起床擦地板，每个人要做各种力所能及的事，然后打坐，学道，要把对道的认识融入射礼中。每个人穿上馆里的衣服后，其一举一动都要有规矩。

一个英国人收藏那么多中国的弓箭，一个日本人在天津创办弓道馆。我们自己呢？四顾茫茫啊！这些都已被外国人学去，我们却不知道要找回来。如果哪一天，他们向联合国提交弓道是他们发明的，那时中国人可能才会急。

有的同学跟我说，儒家的这些文化好是好，但做不到。这让我想起《论语·雍也》里的话："冉求曰：非不说子之道，力不足也。子曰：力不足者，中道而废。今女画。"孔子的学生冉求说，老师你讲的道理太好了，我不是不喜欢，实在是能力不足啊！孔子讲，你不是做不到，你是给自己画了一条线。孔子接着说，有的人半途而废，那是因为他力量不够，走了一半，可他毕竟已经走了一半，实在不行才停下来的。今天你是画地自限，自己先画一条线，一步都还没走，就说跨不过去？冉求听了很惭愧。所以，复兴中华传统文化是要有坚定的理念，并且要付诸行动的，要对民族文化有温情、敬意和责任。

第八讲　生民未有　万世师表
——祭祀孔子的释奠礼

　　这一讲的标题是"生民未有，万世师表"。"生民"，出自《诗经·大雅·生民》。"生民未有"两句的意思是：自从有了人类后所没有过的伟人。在北京孔庙，大家可以看到清代帝王题写的"生民未有"匾。在中国历史上能够被尊称为"万世师表"的，是孔子。在港澳台，每年的教师节即是孔子的诞生日。孔子的道德文章，堪称千秋万代之师和表率。

　　"释奠礼"，是自古相传的祭祀孔子的典礼。可是如今中国人都感觉很疑惑，很陌生。所以，有必要给大家做一个介绍。

　　"释奠"一词，始见于《礼记·文王世子》，当时的学校，对于先圣、先师行"释奠礼"。"释奠"是什么意思？没有作出说明。东汉著名经学家郑玄解释说："释奠者，设荐馔酌奠而已，无迎尸以下之事。""释"就是放，在牌位面前放祭品；"奠"也是放，在甲骨文里，"奠"字的本义就是把一个酒器放在地上。"设荐馔酌奠"，"荐馔"，是食品；"酌"，是酒。一般的祭祀，都需要有"尸"。这里的"尸"不是死人，古代祭祀，一定得有一个人代表死者坐在那里，这个人就是"尸"。释奠礼没有"尸"，只需要把祭品放在那里。唐人孔颖达解释说："释奠"是"直奠置于物，无食饮酬酢之事"，即只要将祭品直接放在神主之前表示祭奠之意，致祭者之间不需要酬酢。总之，这是一种比较简略的仪式。

中国文化有"敬天法祖"的传统。所谓"敬天"，就是敬仰大自然给予我们的恩惠。之所以要祭祀天、地、日、月等自然神，是因为它们给予我们生存的环境。在北京有天坛、地坛、日坛、月坛，每年要以祭祀的方式来表达报恩之心，这是"敬天"。"法祖"，就是效法祖先艰苦创业，开辟崭新社会的精神，对他们怀有温情和敬意。后人永远不能忘记这个民族、这个家族是怎么来的，尤其是为这个民族、这个家族做过重大贡献的人。中国人尊重历史，以前家家都要祭祖，没有祖先，就没有我们今天，尽管大多数祖先都是普通人，但他们的身上，都有着许多值得继承、弘扬的优秀品德。

祭祖是祭祀和自己有血缘关系的亲属，祭奠的对象不具有神性。古代说，人死为神，这个"神"并非今天所讲的神仙。

中国还有一类祭祀对象，既不是自然神，也不是与之有血缘关系的人，而是对社会做出杰出贡献的文明先驱。

比较典型的是"祭黄帝"。《史记·五帝本纪》把黄帝作为文明史的初祖。中国历朝历代都祭黄帝，直到今天，每年清明节，陕西黄陵县都有社会各界的公祭活动，这是作为国家大典来进行的。这是大家所熟知的。

据文献资料，古代还大量祭奠各个领域的发明创造者，比如，发明农业的人。古人认为，发明农业的人很了不起，把种子播种到地里，经过一定的耕耘程序，就能够丰收。以今天的观点来看，这很有道理。农业是人类文明之母，第一次社会大分工就是农业和畜牧业的分工，没有农业什么都谈不上。古人把最早发明农业的人称为"先农"，每年致祭。

发明蚕桑的人，也是圣人。蚕的头上有孔，通过孔不断地朝外吐丝，直到把丝吐尽，蚕就把自己包在里面，这叫"作茧自缚"。蚕丝很细，外面还裹着一层胶，粘得非常密。世界上很多地方有蚕茧，只有中国人，发现蚕茧是可以抽丝的，而且，最早懂得要把外面这层胶化掉。江南一些缫丝厂就是把茧放在热水里，泡上一定的时间，丝绪就露出来，然后再把丝抽出来。一枚蚕茧的丝有一公里长，且质量好、很结实。野生蚕的丝的断面是三角形的，在光下旋转，会有三棱镜的效应，闪闪发光。而家蚕的丝，横截面是圆的，无论怎么转都没有光。用野生蚕的丝做成的衣服、被子，有利于治疗关节炎，有利于身体健康。在浙江嘉兴新石器时代墓葬中，发现了距今约四千年的丝织品的实物，所以那时，中国人已有丝绸织物。到南宋以后，棉花从国外传进来，才开始做棉制衣服。

还有发明医学的先驱。中国的医学，像针灸之类，也很出色。尽管中国医学中的穴位理论，在西方解剖学上得不到证明，但并不因此而可以抹杀这套理论。据长沙马王堆出土的帛书以及张家山汉简记载，那时的人已经知道人体有经络，并且知道用相应的工具刺激经络来治病。中国的这套医学知识，与西方医学是不同的。西方医学建立在尸体解剖基础上，以死的机体作为研究对象。中国的医学则以活体作为基础，通过对活体把脉，可以知道当下的健康程度。

若是去北京，可以去看看先农坛。《周礼》提到要"祭先农"，那么是谁最早发明了农业？不知道。可是每年还是要祭他，不能忘记他给我们后人带来的福祉。在北海，建有"先蚕坛"，每年要"祭先蚕"。先蚕是谁？尽管也不知道名字，但是必须对他表达一种由衷的感激。还有太医署，要祭"先医"，就是祭奠最早发明医学的人。这些人，虽然与我们没有血缘关系，却是给社会带来了无穷的恩泽。中国人很厚道，因而都要祭奠他们。

在这些祭祀里，只有对于孔子的祭祀，是确切知道名字的，而且仪式也最为隆重。今天就给大家讲一讲对孔子的祭祀。这样安排，主要是考虑南京的两大名胜古迹：一个是中山陵，一个是夫子庙。我小时候就听大人说过南京的夫子庙，很是神往，但当时不知道是什么意思。以后才知道，这是祭祀孔子的地方。

一、孔子的生平和学行

孔子列世界十大文化名人之首，是中华文明史上的巨擘。"子"，是尊称，名丘，字仲尼，鲁襄公二十二年（前554）生于鲁国的昌平乡陬〔zōu〕邑。

中国有民间修史的传统，重要表现之一就是修"家谱"。"家谱"记载一个家族迁徙、流传过程。有一年，我到韩国安东的一个乡访问，那里的文化颇盛，是八个"宗家"的聚集地，名闻三韩。有位老人听说来了一位中国教师，特别高兴，便请我去他家，并搬出厚厚的三册家谱。打开第一页，看到他们的祖先，最早可追溯到唐朝的一位姓金的官员。这位官员被派遣出访日本，因途上遇到飓风，被吹到朝鲜半岛了。当地的人见有唐朝的使臣到来，便把他接到岛上。因是从南面漂过来的，于是被当地政府赐姓"南"。发展到现在，南氏已有二十多万人。这一漫长的历史过程，是因为有了家谱才流传至今，家谱因而弥足珍贵。

孔子的先世可推到殷朝末年。《论语·微子》讲"殷有三仁"，其中之一是微子。这三位仁者处在商朝末年，因正直而著称于世。武王克商后，封微子于宋，建都于今河南商丘地区。中国古代的文化非常有意思，很多方面西方人看不懂。比如把某个国家消灭后，不仅不会赶尽杀绝，而且还留一块地让他们继续生存。北京西城有座历代帝王庙，只有极个别非常坏的没摆进去，其余的帝王都在其中接受后人的供奉。尽管清灭了明，但明朝的帝王依然被供奉在该庙之中，因为历史是不能磨灭的。武王克商后，把微子封到了宋。传了几代之后，出现了孔防叔，为了躲避战乱，迁到了鲁都曲阜。在这样迁徙的过程中，古代的姓氏不断地产生新的分支，孔防叔以孔为氏了。

　　到了孔子父亲叔梁纥的时候，家族开始衰败，成为没落的贵族家庭。孔子三岁时，父亲过世，因此他从小生活就非常贫困。孔子自己讲，幼年时家境不好，所以"多能鄙事"（《论语·子罕》），曾经当过诸如管仓库、养牛羊之类的小吏。"吾少也贱"，身份低微，没有社会地位。但是孔子从小对文化情有独钟。读《史记》可以看到，孔子小时候玩耍，也不同于其他小孩子喜欢打闹，他常陈俎豆，设礼容，模仿祭祀、礼拜等体现中国文化的活动。这是他自幼就与众不同的地方。

　　孔子有广博的学问，富有人文关怀。他非常痛恨春秋乱世，怀念周公制礼作乐的政治理想。读过《礼记·礼运》"大同"章都知道，孔子希望实现"大同世界"，反对暴政，反对社会的无序、无礼。孔子有一套救国救民的方案，他相信如果谁能采用这套方案，社会就会改变。为此，他周游列国，希望有人能采纳。非常遗憾的是，诸侯迷信的是暴力，追求的是个人私利，所以孔子处处受到冷遇。《史记·孔子世家》讲，"斥乎齐，逐乎宋、卫，困于陈、蔡之间"。孔夫子的一生非常不幸，没有人愿意采纳他的思想、意见。到了晚年，他非常伤感，回到鲁国。这时，他的年龄也大了，他的抱负没能在政治层面得以实现，但恰恰也是这个原因，使他在其他层面上有所成就。

　　像孔子这样既有理想又有学问的人，总是想为社会做些事情。于是，他发明了一种职业，这就是"讲学"。在孔子之前，学术是被官府垄断的，叫作"学在官府"。孔子打破官府的文化垄断，开始在民间兴办私学。他办学的门槛很低，"有教无类"（《论语·卫灵公》），无论家里贫穷，还是富裕，都可以成为他的学生。学费也很低，大家都知道"束脩"，就是一束干肉，只要交上这么一点学费，就可以跟随他学习。孔子主张因材施教，同一个问题，不同的人问，答案是不一样的。孔子以"文、行、忠、信"四教教导学生。一个人应该学"文"，不学文，怎么能跟上时代呢？怎么能在这文明社会生活呢？讲"文"，不是用来装点门面的，而是为了指导"行"。了解知识的目的，就是要用来指导行为，知与行一定要合一。朱熹讲，人生只有两件事：一个是知，读书求得真知；一个是守，守住理。陶行知说："千学万学，学做真人。千教万教，教人求真。"

《礼记》中的《学记》，是中国最早研究教学理论的著作。这本书的文字不是很生僻，大家都应该读读，其中蕴含的教学思想，至今没有过时，还可以为我们所用。例如，学与思并重、启发式教育等。为什么说孔子是"万世师表"？因为他不仅是最早的老师，而且是中国教师的典范。一般地说，"第一个"都不太好做，可是孔子不仅做出一流，而且至今，没有一个人能超过他。

孔子还是一位学者。《论语》第一篇就是《学而》。孔子"学道不倦，诲人不厌，发愤忘食，乐以忘忧，不知老之将至"（《史记·孔子世家》）。他一生都在不断地学习，把学来的知识再传授给别人。他是后世学习的楷模。

孔子的学问可以概括为四个字："修己治人"。首先是"修己"。读书是为了修身。《论语·学而》记载：孔子和他的学生子贡讨论，子贡讲，《诗经》有一句话"如切如磋，如琢如磨"，是不是说一个人要不断地修身？孔子听了很高兴地说，真是不简单哪，我从此可以和你讨论《诗经》了。"切磋"是指对玉、石、象牙、骨器的加工。比如用一根骨头做簪子，首先要把骨头切断，因为比较毛糙，所以还要把它"磋"光滑。玉也是如此，琢出花纹后，还要把它打磨得很润泽。一个人的修身，好比是切了还要磋，琢了还要磨。做人要有底色，还要不断地进行"切磋琢磨"，使自己符合时代文明的要求。每个人都要修身，"吾日三省吾身"，不懂得反思，不懂得自我批评，就永远不会有进步。要"切磋琢磨"，不断去掉自己身上不好的东西，使自己成为一个高雅如艺术品的人，这需要用毕生的精力来打磨、修饰、雕琢。如果没有这样的工艺，你仍然只是一块料。尽管这块料的本质不错，但如果不经过切磋琢磨，就成不了艺术珍品。这就是"修己"。

"修己"的目的是"治人"，就是说要像加工玉器、骨器那样，给别人帮助和影响。朱熹《大学章句》说："大学之道，在明明德，在新民，在止于至善。"清华大学早期的宿舍，起名为"明斋"、"新斋"、"善斋"。"斋"是修身养性的地方。每天看到"明斋"二字，就会自我反省：我今天"明明德"了吗？作为人类，与动物最大的不同，就在于人生来就"明明德"。但是在社会上待久了，它被一些污浊的东西给遮蔽了、蒙住了，所以需要将它重新焕发。仅有"明明德"还不够，还要"新民"，作为知识精英，要以先觉觉后觉，让没有觉悟到的人，在你的影响下觉悟。要"明明德"，要让自己光明的德性更加彰显，以此影响大众，引领社会向上。这是知识分子的责任。"明明德"、"新民"不能只做一天、几天的，就像现在的"学雷锋"，很多人只在每年的 3 月 5 日秀一下，这样，就算给一百年的时间也学不好。"学雷锋"是讲时时处处的。那么，"明明德"、"新民"该到何时"止"呢？"止于至善"。两者都达到"至善"的境界，才能止。讲"修己"，讲"治人"，就是要将自己完善之后，要让天下的人都完善。孔子学问的主旨就在于此。

《大学》、《中庸》、《论语》、《孟子》都讲做人的道理。程子说："今人不会读书。如读《论语》，未读时是此等人，读了后又只是此等人，便是不曾读。"如果诸位听彭老师课之前是此等人，听了后又只是此等人，便是不曾听。我千里迢迢来这讲课，如果一点效果也没有，大家只是听听笑笑而已，那就辜负了我。我会感觉很失望。

孔子学问的旨趣，是如何使仁爱、中和、忠信、诚敬、孝悌等内化为人的本质，强调的是内化。现在港台地区将今天这样的课，叫作"通识教育"，内地叫作"素质教育"。这些年，人们一直在讨论该叫"素质教育"还是"通识教育"。我个人主张叫"素质教育"，因为"通识教育"强调的是知识的传授。台湾著名的女作家龙应台写过一篇很精辟的文章，说知识是一种外在于本体的知道。比如喜马拉雅山有多高，这与本体"我"毫无关系，是外在于我的一种知道，是可以量化的。而"素质"不同，"素质"是在学了文史哲知识之后，它们内化为本体的一部分，并成为指导人生的一种理念和力量。如果把中文系的《红楼梦》课原封不动地端到化学系去讲，就叫"素质教育"吗？这不过是增添了茶余饭后的谈资而已，素质教育的目标要更深一层。

一个民族、国家要腾飞，就要提高人们的素质。素质，应该是指最基本的、人之所以为人的基本要求，并且一定要把它内化为人的本质的一部分。孔子特别强调这种内化，通过内化，树立起高尚的人格、正确的人生理念和高度的文化自觉。我每开一门课，都会反复思考，这堂课要带给大家什么？不是要灌输一大堆知识，而是要通过知识来激发、培养学生的文化自尊、文化自觉。每个人都面临着诸多的选择，如果没有文化自尊、文化自觉，就容易人云亦云，失去主心骨。

有同学采访我，问我对"国学热"的看法。我认为，如今有不少地方的"国学热"做歪了，走偏了。怎么能拿"国学热"去发财、去出人头地？"国学热"一定要归结到文化精神上来。中国没有宗教，靠什么把社会推向前进呢？就靠文化精神。就是要求每个人修身，修身之后再来影响周围的人。这其中，涉及修身以及影响周围的内容非常多。复兴儒学，不是为了复古，而是要法古开新，吸取其中的精髓。

史书记载，鲁哀公十四年（前481），鲁哀公在名叫"大野"的薮泽狩猎，叔孙钼商抓了一头麒麟。麒麟是仁兽，一般情况下不出来，但是它不仅出现，而且被抓住了，大家都觉得这个兆头很不好。结果两年后孔子故去了。

孔子虽然去世，他的影响还在。他的弟子和仰慕者纷纷搬到他的墓边居住，多达一百多，大家都离不开他。所以那个地方叫"孔里"。但是弟子们又不能服丧。因为服丧的人，必须要有血缘关系。怎么办？服"心丧"。尽管不穿丧服，但每天在心里哀悼他，怀念他。"一日为师，终身为父。"我们周围有不少上了年纪的知识分子对老师都特别尊敬。我有个同事，一天见他特别痛苦。问为什么？说刚得到他老师去世的消息，老师对他的恩惠实在太多，但他又赶不回去。于是，他就朝着老师所在方向跪着，"望哭"，望着那个方向哭泣致哀。为父母亲服三年之丧，孔子的弟子亦为他心丧三年。子贡与孔子的关系很深，他将自己的房子盖到墓边，并在那待了六年。师生的情感多么深厚！

孔子开创私学，使中国文化，走向了大普及的时代。依我看，以后诸子百家局面的出现，与孔子有很大的关系。中国诸子百家的时代，处在人类文明的"轴心时代"。西方人认为，在公元前6世纪前后，人类文化达到了一个高度灿烂的巅峰时期，在印度出现了释迦牟尼，在古希腊出现了苏格拉底、柏拉图，在中国出现了孔子和老子。西方人对孔子的成就是非常推崇的。

司马迁是龙门人，治学风格是"读万卷书，行万里路"。为了读书、学习和写作，他走遍全国各地，他也去了孔子的家乡。司马迁十分敬仰孔子，把孔子列为《世家》。《史记》对帝王叫"本纪"，如《周本纪》、《殷本纪》、《夏本纪》、《秦始皇本纪》；对诸侯都叫世家，如《鲁世家》、《吴世家》、《宋世家》。孔子只是一介布衣，没有做过诸侯，但司马迁将他放在《世家》的位置，推崇备至。

《史记·孔子世家》有这样一段赞美孔子的话："太史公曰：《诗》有之：'高山仰止，景行行止。'虽不能至，然心乡往之。余读孔氏书，想见其为人。适鲁，观仲尼庙堂、车服、礼器，诸生以时习礼其家，余祗回留之不能去云。天下君王至于贤人众矣，当时则荣，没则已焉。孔子布衣，传十余世，学者宗之。自天子王侯，中国言六艺者折中于夫子，可谓至圣矣！"

《诗经》的两句话"高山仰止，景行行止"，把孔子比作一座高山，比作文化史上的巅峰，虽然我不能达到他那样的高度，可是心中始终向往，始终朝这个方向前进。"适"是"前往"的意思。"车服、礼器"，指孔子的遗物。"诸生以时习礼其家"，诸生按照规定的时间，在孔子家里学礼。"余祗回留之不能去云"，"祗"当"敬"讲，意思是我满怀着对孔子老人家的敬意，走来走去不忍离开。古往今来，有多少诸侯天子，活着时，前呼后拥，死后便什么都没了。"传十余世"，是指传到司马迁那个时代。"学者宗之"，所有的学者都以他为宗。"六艺"，指《诗》、《书》、《礼》、《乐》、《易》、《春秋》等六经，是中国文化的源头。有了《诗》，就有了文学，有了诗歌学；有了《春秋》，就有了史学；有了《易》，就有了哲学。中国所有的学术都是由六经发端的。对于六经，每个人都有自己的理解，出现争论时，就用孔子的话来作为标准来判断是非曲直，这就是"折中于夫子"。孔子是至高无上的圣人，他的学问影响至今，堪称万世不朽。

"天不生仲尼，万古如长夜。"朱熹《朱子语类》提及，有个唐朝人记载说，这是他在蜀道馆舍壁间所看到的。意思是，假如上天没有把孔子生下来，人类将会万古长年在黑暗中摸索。由此可见，人们对于孔子可谓敬仰有加！

二、祭孔仪式的演进

孔子去世第二年，鲁哀公决定祭奠他一下，并且将孔子生前的三间房子，改为祭祀场所，把他用过的衣、冠、琴、车、书等，都收藏在里面，供人们凭吊、瞻仰。

西周以来的祭祀主要是"四时祭"，就是在春夏秋冬每个季节换季时，祭祀祖先。每年的四时，人们都会自发地到孔子墓前祭祀，甚至有儒生在那里演习乡饮酒礼、大射礼等。孔子在世时，在看过乡饮酒礼后，非常感慨这种仪式潜移默化的教育作用，说："吾观于乡，而知王道之易易也。"（《礼记·乡饮酒义》）就是要推行王道是何等地容易啊！这里的两个"易"是强调容易。

除了群众自发祭祀外，孔子的后裔祭孔，主要是"四大丁祭"。何谓"四大丁祭"？春夏秋冬四季，每季三个月，分别称为孟月、仲月、季月。古代用天干纪日，甲、乙、丙、丁、戊、己、庚、辛、壬、癸一共十天，一个月不超过三十天，所以，一个月之内，十个天干会出现三次。其中有三个丁日，第一个丁日叫上丁日，第二个叫中丁日，最后一个叫下丁日。祭孔就在仲月第一个丁日，即上丁日。韩国最高级别的孔庙——成均馆，每年春秋两季的仲月的上丁日祭孔。韩国南北各道都有孔庙，这些孔庙要比成均馆的祭孔日晚，在中丁日。而县一级的孔庙，则在下丁日祭孔。这是古法的流存。

帝王也有祭孔的传统。西汉第一个皇帝是汉高祖刘邦，很多书说他没有文化，甚至是个无赖。但据《汉书·高祖本纪》记载，汉高祖刘邦即位十二年，从淮南返回京城经过曲阜时，用太牢之礼祭祀孔子，成为第一位祭祀孔子的帝王，开创了帝王祭孔之先河。在他之后，共有十一个帝王、十八次到山东曲阜祭祀孔子。

到了东汉，各地郡县的学校都开始祭祀孔子。据《后汉书·礼仪志》记载，各郡县举行乡饮酒礼之后，在当地学校祭祀先圣、先师，先圣是周公，先师是孔子。最初，周公和孔子是摆在一起合祭的，所以古人常以"尧舜禹汤文武周孔"并提。祭牲是一只犬。此时祭孔的仪式和格局还没有形成。

唐太宗非常尊重孔子，也非常喜欢儒学。贞观二年（628），房玄龄提出，周公、孔子虽然都是圣人，但是对于历史的贡献是不同的，在国学里，应该祭孔子，这一提议得到唐太宗首肯。于是，就把周公、孔子分开来祭。不过，古代人祭祀都不会单独祭一人，要有一位与其关系最密切的人配享。孔子对颜渊的评价很高，两人关系也最好，亲如父子，所以就让颜渊配享。后来，又有人认为这样不行，周公和孔子还是应该摆在一起致祭。所以有过短暂的反复。唐高宗时，又把周公、孔子分开。因为周公的贡献主要在政治上，周公和成王的关系最密切，所以就用成王配享周公。颜渊配享孔子，作为一种规则，从此就被定下来了，再没变化。

唐太宗时还有一个重要举措，就是在各地的州县建孔庙，以敦行儒学。自那开始，每一个州县都有一座文庙、一座武庙，文庙是孔庙，武庙是关公庙。武庙提倡的是忠义。随着州县普遍建立孔庙，祭孔仪式随之推行到各地，成为所有读书人都参与的一项活动。

释奠礼的规格，到唐朝趋于完善。唐初，州县之学多仿魏晋故事，祭四次，即每年春夏秋冬各祭一次。主祭是学校学官自己充任。贞观二十一年（647），唐太宗规定，祭孔一年两次，即在春秋季的仲月，称"释奠礼"。

"释奠礼"的规格，国学、州学、县学各有不同。国学行祭孔礼，要三献，就是敬三次酒。第一次叫初献，是最重要的，初献官在三献官中最重要。国子监祭酒担任，祭酒是官名，相当于后世国立大学的校长，祝辞要说"皇帝谨遣"，意为受皇帝委托，代表皇帝来祭孔，他个人的身份不够。古代在陕西黄陵县祭祀黄帝，也必须要说明是受皇帝的差遣，代表皇帝来致祭。现在已经走样了，变成陕西地方官在祭。初献之后是亚献，司业"亚献"。国子监博士"终献"。在州学，刺史初献，上佐亚献，博士终献。在县学，县令初献，县丞亚献，主簿及县尉等终献。这一规定，提升了释奠礼的规格，为后世沿用。如果皇太子亲自去祭，那他一定是初献官，规格会更高。

魏晋南北朝时，开始讨论释奠礼的规格。著名学者裴松之认为，现行的祭孔仪式太过单调，提议加入舞队。古代的舞队一排八个人，叫作一佾〔yì〕，天子是八佾，共六十四人，诸侯是六佾，共四十八人。司马迁把孔子当作世家，享受诸侯的待遇，应该用"六佾"。这个动议提出来后，由于金石器乐准备不足，最终未果。到了南齐，有人提出用"轩悬之乐、六佾之舞"的规格，得到允许。六佾跳舞时，需要乐队，古代乐队有规格。天子是"宫悬"，钟磬悬四面；诸侯是"轩悬"，即把南面的去掉，悬三面；卿大夫是"判悬"，悬两面；士是"特悬"，只悬一面。到了唐朝，如果皇太子亲自释奠，举行迎神、登歌奠币等仪节时要奏乐，乐章都有专门的名称，分别叫《承和》、《肃和》、《雍和》、《舒和》等。虽然孔子的牌位在这里，可是孔子的魂魄却在天上。怎么请他下来呢？孔庙中间的门平时不开，这时就要打开，要奏迎神曲，接引他下来受祭，祭毕要奏送神曲，送他上天。到了宋代，释奠礼由中祀升为大祀（古代的祭祀级别有大祀、中祀和小祀三等），使用的礼器是十二笾豆，与天子祭社稷的规格完全一样。到了明朝，释奠礼由"六佾"升为"八佾"，礼器数目与天子等同。虽然孔子没有做过王，但他是"无冕之王"、"素王"，且所有的王都要向他行礼致敬。在历史上，孔子的地位是与帝王一样的。

祭孔时要有一个牌位，牌位上需要有称呼，孔子是文化巨匠，为了表示对他的尊敬，按照古代的习惯，要给孔子追谥。在古代中国，一旦过世了，特别是帝王，一生的表现要用一个字来代表。例如周幽王的"幽"，就是他的谥号，是幽闭、不明之意；周厉王谥"厉"，暴虐之意。这叫恶谥。所以，帝王都很谨慎，因为恶谥会被记入史书，千秋万代都会知道。好的谥号，有文、武、康等。

唐开元年间，追谥孔子为"文宣王"，喻示他的贡献。到了宋朝，认为这个谥号不足以表达他对中国文化的贡献，于是加上"至圣"，就是最高的圣人，就成了"至圣文宣王"。元朝加谥，成为"大成至圣文宣王"，就是集大成的、至高无上的圣人。到了明朝，改称"至圣先师孔子"。现在到北京孔庙，可以看到是"大成至圣先师孔子"。孔子原本只是个布衣，但是两千多年来却享有如此之高的身后荣耀。

三、四配与十二哲

古代大成殿里供奉孔子牌位，最初只有颜渊一人在旁边配享。渐渐觉得孔子弟子三千，贤人七十二，只一个配享，祭祀的规模太小了，便以孔门四个最好的弟子配享。这里有一个问题，什么叫作"弟子"呢？"弟子"一词出自《史记》，其中《仲尼弟子列传》讲到，孔子的学生年龄相差很大，有的比孔子小几十岁，就像他的儿子，有的只比孔子小四岁，就像他的弟弟，所以年长的如弟，年少的如子，也有父子俩一起做他学生的，如弟如子，合起来就叫"弟子"。

孔庙以四位最杰出的儒门弟子——颜渊、曾参、子思、孟轲配享，称为"四配"。孔子在中间，左边配两个，右边配两个。"四配"中第一个是颜回，字渊，故又称颜渊，与其父颜路都是孔门弟子。孔子在《论语·雍也》中称赞，颜渊"一箪食，一瓢饮，在陋巷，人不堪其忧，回也不改其乐"。他非常喜欢读书，虽然穷成那个样子，住在破烂的巷子里，吃的是盛在竹器里的一点米饭，喝的是一瓢冷水，如果有人处在那个境况下，都会不堪其忧，哪还有心思念书呢？但是"回也不改其乐"。颜渊这个人能"闻一知十"。孔子以德行、言语、政事、文学四个科目评价学生，德行以颜回为首。鲁哀公曾问孔子说，弟子中哪个最好学？孔子说"有颜回者好学"（《论语·雍也》），没说第二个人。又说颜回死了之后，"未闻好学者也"（《论语·雍也》）。颜回终身不仕，一直追随孔子，亲如父子，"颜回之于孔子也，犹曾参之事父也"（《吕氏春秋·劝学》），就像曾子侍奉他的父亲，所以他最早配享孔子。

第二位是曾参，就是曾子，他与父亲曾点也都是孔子及门弟子。曾子最突出的一点是孝，《大戴礼记》有一篇《曾子大孝》，可见他的孝行非常突出。除此之外，曾子还刚毅超群，"辱若可避，避之而已"（《春秋繁露·竹林》），屈辱，如果可以躲避，又何必去忍受呢？"及其不可避，君子视死如归"（《春秋繁露·竹林》），这是一种非常从容的态度。"可以托六尺之孤，可以寄百里之命，临大节而不可夺也。"（《论语·泰伯》）这些脍炙人口的名言，都出自曾子之口。相传曾子著四书之一的《大学》，受到宋朝学者的推崇，被誉为"儒学纲领"、"入德之门"。曾子是个了不起的人物，到南宋时也被列入配享。

第三位是子思。子思是孔子的孙子，名叫孔伋，父亲孔鲤在他幼年时就去世了，所以他一直和孔子生活在一起。通过《礼记》和出土的简帛可以看到，子思曾经当过鲁穆公的老师。他有一本书，叫作《子思子》，到魏晋南北朝时还有人看到过，到了隋唐就亡佚了。汉儒在编《礼记》时，取了《子思子》中的《中庸》、《表记》、《坊记》、《缁衣》四篇。曾有人质疑历史上有没有《子思子》这本书，甚至有人认为这是汉朝人伪造的。近来湖北荆门出土的郭店楚简里面有完整的《缁衣》篇，说明《缁衣》不是汉代的，而是先秦的；还有一篇《性自命出》，所表达的主题与《中庸》一致。这两点，验证了先秦子思作《子思子》的说法绝非空穴来风。子思的《中庸》尤其重要，宋朝人"四书"的读法：先读《大学》，然后读《论语》，然后再读《孟子》，最后才读《中庸》。"极高明而道中庸"，因为它讲形而上，讲儒家的哲学思维。韩愈说《中庸》的重要性，是与《易经》、《孟子》等同的。二程、朱熹认为，《中庸》是"孔门传授心法"之作。尧舜禹汤文武周公，贯穿着中国文化的道。中国文化的道是什么？二程认为，就是《中庸》之道。子思看到天下大乱，学派林立，担心再不把它写下来，恐怕将来异端邪说就会主导社会，于是就写了下来，《中庸》说"天命之谓性，率性之谓道，修道之谓教"，其中的思想，与郭店楚简都能对上。所以子思也非常了不起。在南宋时，子思开始列入配享。

第四位是孟子。有的书上说孟子是子思的学生，但是俩人的年龄不符。有一种比较可信的说法，认为孟子是子思门人的学生。孟子也非常了不起，孔子是"至圣"，孟子被尊为"亚圣"。孟子将孔子的德治思想，发展为"仁政"学说，在政治思想史上有特别重要的地位。他提出的"君轻民贵"的观点，闪耀着民本主义的光辉思想。他提出的"性善论"，对后世影响也很大。孟子的心性学说，开启了宋明理学的先河。孟子，最初属于先秦诸子，《孟子》列于"经史子集"的子部。宋代学者非常喜欢《孟子》，最后把它列入儒家经典。就儒家经典而言，先是六经，秦始皇焚书坑儒后只剩下五经。以后又不断加入《公羊传》、《榖梁传》、《礼记》等，到了唐朝，已有九经。之后又加入《尔雅》、《孝经》。到了宋朝，所加的第十三部经就是《孟子》，从此再没有加。《孟子》在宋代还被列入"四书"，并且从南宋开始，孟子配享。

1127年，徽、钦二帝被金人抓走，北宋灭亡。高宗仓皇南渡，逃到浙江后，他继续腐败，"直把杭州作汴州"，虽说失去了半壁江山，却照样歌舞升平。这时，孔子第48代孙孔端友也南迁到浙江衢州，在当地建孔庙祭祀。所以，现在孔脉有两大宗，一支是在南宋之初迁到衢州，成为孔脉的南宗；还有一支留在曲阜，称为北宗。分离局面结束后，两支关系非常好，没有争论谁是正宗，但还是应该以曲阜为正宗。这里值得一提的是宋度宗，他到太庙祭祀时，正式确立颜渊、曾参、子思、孟轲作为配享。顾炎武在《日知录》里对此有很高的评价："自此之后，国无异论，士无异习。"觉得这四个人做配享是最合适的，一直到元、明，孔庙的格局就此奠定。

有了"四配"还不够。《论语·先进》里，孔子曾经用德行、言语、政事、文学四科评定学生的优长："德行，颜渊、闵子骞、冉伯牛、仲弓；言语，宰我、子贡；政事，冉有、季路；文学，子游、子夏。"由此可见，这十人，显然在三千弟子或者七十二贤人中，是高一个档次的。所以，唐太宗诏令国学祭祀孔子时，因颜渊已升为配享，故将曾参（子舆）列入，补颜渊之缺，以此"十哲"配享。南宋时，因曾参进入"四配"，故将颛孙师（子长）列入。

到了南宋，朱熹地位非常高。朱熹是继孔孟之后，中国学术史上最为伟大的人物，他的学问浩瀚之极。大家若有兴趣，可以读一读《朱子语类》或是《朱子全集》。朱熹一生用了几十年的时间，来做儒学的普及工作。当时很多人读不懂儒学经典，朱熹就注"四书"。他做的是集注，就是吸收前人对"四书"的注释中最好的内容。他注得很精练。他自己就讲，所写的"四书"的注，每一句话都像是在秤上称过的，多一个字不得，少一个字不得。而且非常通俗。《四书集注》成为后来科举考试的官定文本，在思想文化史上影响巨大。前几年，南京的凤凰出版集团要出版朱熹的《四书集注》，希望我写一个序，并且计划把这个序刊登在杂志上，让我单独给起个题目。我给了两句话："儒学之根基，六经之阶梯。"只有把"四书"看懂了，融会贯通了，才能看明白"六经"。钱宾四先生，也就是钱穆先生，对朱熹也是非常推崇，因为朱熹不仅学问好，而且有人文关怀。到了清朝，康熙五十一年（1712），朱熹被增补为第十一哲。

中国人是讲究对称的，有了十一哲，还要找第十二哲，最后找到了有若。有若在史书上的记载并不多，但在《论语·学而》中，有三段有若的言论。而且不是称有若，而是称"有子"。在

《论语》里，可以称为"子"的，除了孔子以外，一是曾子，再就是有子。有人据此推测，《论语》可能是曾子和有子的学生编的，所以不敢直呼老师的名字，凡是遇到老师的地方，就称为"子"，其他人因为不是直接的老师，因而可以直呼其名。此外，孔子去世时，鲁哀公曾去哀悼，有若过世时，鲁悼公也去吊唁过。由此可见，有若在孔门的地位很高。再者，据《孟子·滕文公上》载，子夏、子张、子游在孔子死后很失落，他们发现在同学里有若的言行、气质、长相特别像老师，于是就用侍奉孔子之礼侍奉他。直到乾隆三年（1738），有若才成为第十二哲。

四、先贤、先儒从祀

儒学自孔子开始，在后世不断发展。除了孔门弟子之外，历朝历代都有人在传播孔子的学问。尤其是唐太宗，对于推行儒学所下的力气是很大的。贞观二十一年（647），唐太宗下诏，每年太学祭孔时，将左丘明、卜子夏、公羊高、穀梁赤、伏胜（一作伏生）、高堂生、戴圣、毛苌、孔安国、刘向、郑众、杜子春、马融、卢植、郑玄、服虔、何休、王肃、王弼、杜预、范宁、贾逵等二十二位为儒家经典作过注释的学者，作为儒学功臣配享。

在这些先儒里，有很多是大家熟悉的。孔子写《春秋》，后来有三家出来给它作"传"，就是作解释，有左丘明写的《左传》，公羊高写的《公羊传》，穀梁赤写的《穀梁传》，被叫作"《春秋》三传"。

说到伏胜，这人很有意思。秦始皇焚书坑儒，把书都烧掉了。到了汉初，社会不能没有文化，可是书都烧掉了，怎么办？于是就到民间去征集，看谁家还有私藏的文献。捐出来，政府有奖励，政府会抄一本，将副本留给你，正本捐给国家。济南有个老人叫伏胜，会背《尚书》，于是就让他背，派人去记录下来，但是他说的山东话听不大懂，就问他的女儿，《尚书》就这样磕磕巴巴地被记了下来。这伏胜是《尚书》的功臣。

高堂生、戴圣是研究《礼记》的，刘向、郑众、杜子春都是汉代的经师，何休是注《公羊传》的，杜预是注《左传》的，范宁是注《穀梁传》的。没有这些人，那些经书后人是看不懂的。

到了宋神宗时，又将荀况、扬雄、韩愈等三位列入从祀。荀子非常崇拜孔子。大家看《荀子》可以发现，这本书是模仿孔子《论语》的：《论语》第一篇叫《学而》，《荀子》第一篇叫《劝学》；《论语》的最后一篇叫《尧曰》，《荀子》的最后一篇叫《尧问》。《荀子》是极好的一本书，可惜现在大家都不怎么读。还有扬雄、韩愈，最后从祀的先儒达到七十七人。

这七十七人的牌位，供奉于两庑南端。这样，在大成殿的外两侧，先贤靠前，离大成殿近，排完后再往下排先儒，实际上，就把历史上最为优秀的学者，全都囊括在内了。

五、祭孔的文化意义

孔子是中国文化的象征。中华文明所及之处，无论东西南北，还是台湾、海南，都有孔庙的存在。在汉文化圈内的朝鲜半岛、日本、越南等地，也无不如此。孔子的第 76 代孙孔德成在 1949 年到了台湾岛。他去日本，日本人迎接他，就像迎接神一样，跪下来拜。在越南，河内的孔庙很大。韩国仅有约五千万人口，相当于中国一个规模比较小的省，却有两百多座孔庙，其中最大的孔庙，就是汉城的"成均馆"。"成均馆"每年的祭孔，都是按照明代传过去的仪式进行，已成为一个人文景观，很多外国人都去看，包括中国游客。相比起来，国内某些地方的祭孔活动，已成商业表演。前几年，四川某地开儒学会，祭孔，穿的是戏班子里的衣服，很多前往观看的外国人都很愤慨，回国后在当地的报纸上加以批判。

释奠礼所要表达的主题，是对古老的中华文明的敬意，具有鲜明的提倡文教的意义。有人或许会说，祭孔只是汉族的事，少数民族恐怕没有兴趣。但是从"二十四史"可以看到，中国历史上不论哪个民族掌权，都一定要祭孔。无论民族的语言差距多大、民族文化如何不同，在尊重孔子这一点上、在认同孔子所提倡的道德理想上，都是相同的。比如《辽史·宗室传》讲，辽太祖建国时，问下面的人："作为受命之君，应当事天敬神，我想祭祀有大功德者，应该首先祭谁？"侍臣都说应该祭佛。太祖说："佛教不是中国之教。"皇太子说："孔子大圣，万世所尊，应该首先祭祀。"太祖大悦，决定立即建孔子庙，命皇太子春秋行释奠礼。

另据《金史·熙宗本纪》记载，金熙宗到孔庙行拜，发现在孔庙祭的都是有文化的人，都是对中国文化留下贡献的。他无限感慨地对侍臣说："朕幼年游侠，不知志学。岁月逾迈，深以为悔。孔子虽无位，其道可尊，使万世景仰。"金熙宗幡然改过，刻苦学习《尚书》、《论语》及《五代史》、《辽史》等书，"或以夜继焉"。

释奠礼在古代还有一个重要的意义，就是它总是与学术活动不可分。从"二十四史"可以看到，魏晋的时候，皇帝、皇太子为了学习治国之道，都要诵读儒家经典，且有专人给他们讲课，每通一经，为了感谢孔子，都要行释奠礼。比如魏正始二年（241）二月，齐王讲《论语》通，五年（244）五月讲《尚书》通，七年（246）十二月讲《礼记》通，"并使太常释奠，以太牢祀孔子于辟雍"。"辟雍"，即明堂外环绕的圆形水沟，环水为雍，意为圆满无缺，圆形像璧。地方一级不允许用这个规格，只能用半个圈，叫作泮水，地方上很多孔庙都是如此。"辟雍"，在北京国子监还保留着。在国子监，还可以看到当年皇帝读书的资料介绍，或者是皇帝亲自讲"四书"，当时谁坐哪里，都有资料和图片记载。特别优秀的学者，都会被请去讲经。《隋书·礼仪志》记载，后齐为皇帝讲经，先在孔庙选定经书，并确定讲经人选。讲经之日，皇帝戴通天冠，穿玄纱袍，乘"象辂"，即用象牙装饰的车子，到国子学，在庙堂上听讲。讲毕，行释奠礼。《旧唐书·礼仪志》记载，贞观十四年（640）二月丁丑，太宗亲临国子学，观看释奠礼，然后由祭酒孔颖达为之讲《孝经》。《十三经注疏》里有好几部都是孔颖达写的。类似的记载很多，各地州县学也是如此。

到孔庙就会发现，孔庙乃一部浓缩的中国学术史。从孔子开始，哪四位弟子是最好的，哪十二位是很优秀的，哪七十多位是传播儒学、做注做得最好的，在那都能看到。不仅是历朝历代学问做得好的精英，还包括像诸葛亮、韩琦、李纲、文天祥、陆秀夫、黄宗羲、王夫之、顾炎武等有名节、有卓行的人物。

站在这样一群中国历史上最杰出的名人面前，你不能不受到激励和教育，这是祭孔的正面意义之所在。有资料记载，文天祥，今江西吉安人。他在书院学习。书院里祭孔，当地一些非常优秀的人物要陪祭，借此重温他们的贡献，学习他们的事迹。文天祥看后，就发誓要像他们一样。后来，文天祥中过状元，在国破家亡的危急存亡之秋，他很有气节，他的名言"人生自古谁无死，留取丹心照汗青"，传诵千秋。现在有些孔庙，把先贤先儒的介绍都撤掉了，把钟、乐器等摆在那里。

第九讲　风教严整　代代兴旺
——古代的家训与门风

　　东西方文化是两个不同的文明体系。西方是宗教文明，人人都是上帝的儿子，在上帝面前人人平等，四海之内皆兄弟，所以西方人对于家庭的观念不像中国人这么浓厚。外国人学汉语，一听到"伯伯"、"大叔"、"二舅"，头都是晕的，他们没有这么复杂的称谓系统。中国文化不一样，我们是爹妈生的，是高祖、曾祖、祖、父等一脉相承而来的血缘家庭，所以中国人的家庭观念是最重的。家庭是我们社会的细胞。孟子说："人有恒言，皆曰'天下国家'。天下之本在国，国之本在家，家之本在身。""恒言"，就是经常说的话。"天下国家"，是指天下、国、家三个层次。人们常说要"治国平天下"，要想平定天下，要从"国"做起，鲁国、晋国、楚国、吴国……"国"不安定，这"天下"怎么能安定呢？国要安定，根本在家。孟子说的"家"，跟我们今天说的"家"不太一样。那时候，天子有天下，诸侯有国，大夫有家，家的概念很大。如今说的家是指小家庭。

一、家教关乎国祚长短

　　对于普通家庭而言，子女教育是否成功，直接关系到家庭的兴衰。而对于王室而言，太子的教育直接关系到国祚的长短。下面我们来看儒家经典《大戴礼记》中的《保傅》篇：

> 殷为天子三十余世而周受之，周为天子三十余世而秦受之，秦为天子二世而亡，人性非甚相远也，何殷周有道之长而秦无道之暴？其故可知也。

历史的朝代长短不一，殷和周是古代中国存在时间最长的两个王朝。甲骨文研究表明：《史记》所记载的商代的世系基本是可信的，总共传了三十一王，历时约六百年；周朝传了三十八王，历时约八百年。这在人类历史上都是非常罕见的。和它们形成强烈对比的是秦，只传了两代，二世而亡。这是偶然的，还是必然的呢？古人由此提出一个问题："何殷周有道之长而秦无道之暴？"为什么殷周"有道"，而且持续的时间这么长？秦却是"无道"，而且那样短促？"其故可知也"，它的原因是可以知道的。原因当然很多，但归根结底，是在对太子的教育上。

> 昔者，周成王幼，在襁褓之中，召公为太保，周公为太傅，太公为太师。保，保其身体；傅，傅之德义；师，导之教训。此三公之职也。

周人知道，能不能长治久安，在于接班人培养得好不好。武王在克商之后没几年就死了，继位的成王，年龄很小，还在"襁褓之中"，没有能力管理国家，所以由周公代替他来处理国家政务。当时，朝廷里最重要的事情是教育和保护太子，所以，由召公担任太保，周公担任太傅，太公担任太师，也就是人们常说的"三公"。太保的责任，是保护好太子的身体，不能出任何问题。太傅的责任，是"傅之德义"，以德义教育太子。太师的责任，是"导之教训"，教育太子经验教训。

　　于是为置三少，皆上大夫也，曰少保、少傅、少师，是
与太子宴者也。故孩提，三公三少固明孝仁礼义，以导习之
也，遂去邪人，不使见恶行。

　　"三公"是朝廷里职位最高的官员，太忙，需要助手，所以
又有"三少"：少保、少傅、少师，爵位是上大夫。大家知道，
古代大夫有上大夫与下大夫之别，上大夫相当于"卿"，是大夫
里面的上等。少保、少傅、少师，负责"与太子宴者也"，这个
"宴"字与"燕"通，不是跟他吃饭，是指日常起居，要跟太子
在一起。要让他"明孝仁礼义"，要"导习之也"，要引导他什么
叫孝，什么叫仁，什么叫礼，什么叫义，一句话，注重的是德行
教育。先要让他有德行，有德行才能成人，成人才能有作为。相
比之下，如今的儿童教育很糟糕，孩子手上一大摞钢琴、小提琴
的证书，但不知道什么叫"仁义"。为了让太子有一个良好的成
长环境，还要"遂去邪人，不使见恶行"，把他周围的邪人都赶
走，让他眼睛见到的都是正义的东西。大家知道"孟母三迁"的
故事，为什么要三迁？因为小孩子是一汪清泉，又很容易被污
染。最初，孟家住在坟地旁边，每天看到的都是送殡的队伍，哭
哭啼啼、吹吹打打，小孩就跟着学，这样下去，孩子怎么成人？
所以就搬到城里去了。可是每天所见，都是商人斤斤计较，甚至
是欺诈行为，对孩子有负面影响。最后搬到了学宫旁边，每天看
到的是读书人，听到的都是圣贤的教导，对孩子的成长大有帮
助。孟子后来成为圣贤，与环境影响很有关系。

　　于是比选天下端士孝悌闲博有道术者，以辅翼之，使之
与太子居处出入。

　　"比选天下端士"，"端"就是"正"，端士是正派的士，而且
"孝悌闲博有道术者"。文化有两大要素，一个叫"道"，一个叫

"器"。"器"是手段、方法，"道"是灵魂。要有道有术之人。

> 故太子乃目见正事，闻正言，行正道，左视右视，前后皆正人。

这批人行为端正，他们和太子"居处出入"，一起生活，一同出入，使太子"目见正事，闻正言，行正道"，看到的周围的人都是好人，听到的都是正言，走的都是正道，"左视右视"，前后都是正人。

> 夫习与正人居，不能不正也，犹生长于楚，不能不楚言也。故择其所嗜，必先受业，乃得尝之；择其所乐，必先有习，乃得为之。孔子曰："少成若天性，习贯之为常。"此殷周之所以长有道也。

跟端正之人在一起生活，就不可能不正。"犹生长于楚，不能不楚言也"，犹如生长在楚国，不可能不会楚语。

> 及太子少长，知妃色，则入于小学。小者，所学之宫也。《学礼》曰：帝入东学，上亲而贵仁，则亲疏有序，如恩相及矣。帝入南学，上齿而贵信，则长幼有差，如民不诬矣。帝入西学，上贤而贵德，则圣智在位，而功不匮矣。帝入北学，上贵而尊爵，则贵贱有等，而下不逾矣。帝入太学，承师问道，退习而端于太傅，太傅罚其不则而达其不及，则德智长而理道得矣。此五义者既成于上，则百姓黎民化辑于下矣。

太子一天天长大了，慢慢地有了朦胧的性意识，开始"知妃色"了，注意哪个妃子长得好看了。这时候要把他的注意力及时地转移到学习上来，要入"小学"，开始系统的学习。这段引文太长，不一一细讲了。大意是说，太子还要到东学、南学、西学、北学"四学"，以及太学，分门别类地学习道德与知识。因为太子将来要治理天下，要引导天下人都要成为有道德的人，首先你自己要有道德。

> 及太子既冠，成人，免于保傅之严，则有司过之史，有亏膳之宰。

到了太子举行了冠礼，已经成人了，不能再像小时候那么管着他了，但是他还可能会犯错误，所以要及时地发现，很严厉地纠正。为此设了两个官，一个是史官，叫"司过之史"：

> 太子有过，史必书之。史之义，不得不书过，不书过则死。

太子有过错，史官一定要把它记下来。对将来要登基的人的过错，绝对不可马虎。史官不写行不行？不行！不写就是姑息，就是放纵太子，史官就会有杀身之祸。

> 过书，而宰彻去膳。夫膳宰之义，不得不彻膳，不彻膳则死。

把过错书写下来后，还要由膳宰之官进行惩罚，就是让太子少吃一顿饭。适度的惩罚，也是一种教育。一顿饭不吃饿不死，可是会很难受。"不彻膳则死"，如果膳宰悄悄地塞给太子两个馒头，卖个人情，那就是死罪。

> 于是有进膳之旌，有诽谤之木，有敢谏之鼓，鼓夜诵诗。

除此之外，还有一系列及时纠正太子错误的安排。如"有进膳之旌"，民众有善言要进献给你，只要站在"旌"（旌旗）旁边，太子就得过去听取，你要从善如流。"有诽谤之木"，"诽谤"

的原意是批评，现在"诽谤"变成了一种恶意的批评、污蔑；有人站在木旁，你要过去听取批评。"有敢谏之鼓"，有人击打此鼓，你要马上去接见。这样还不算，还有更多的预防太子过错的安排，如"鼓夜诵诗"，"鼓"与"瞽"通，指盲人。古代唱诵劝谏诗歌的人，通常由盲人担任，他们每天晚上要为太子诵所采之诗，里面有歌功颂德的，也有讽刺规谏的。

> 工诵正谏，士传民语。习与智长，故切而不攘；化与心成，故中道若性。是殷周所以长有道也。

"工诵正谏，士传民语"，乐工诵正面的劝谏之言，士转达坊间出现的民谣，老百姓心里有杆秤啊，你要注意。就这样"习与智长，故切而不攘；化与心成，故中道若性"，由于严格的教育，所以太子处处都走在道上，好像他生下来就这样，是他的天性。

> 及秦不然，其俗固非贵辞让也，所尚者告得也；固非贵礼义也，所尚者刑罚也。故赵高傅胡亥而教之狱，所习者，非斩劓人，则夷人三族也。

秦就不一样了。"其俗固非贵辞让也"，秦的风俗"不贵辞让"，人跟人没有礼让，所崇尚的是"告得"，相互告发，为的是得到赏金。秦人也不"贵礼义"，"所尚者刑罚也"，崇尚的是刑罚，不是杀人，就是动用割去鼻子的劓刑，甚至是灭人三族。所以说是"非斩劓人，则夷人三族也"。"故赵高傅胡亥而教之狱"，赵高教育胡亥的，尽是狱讼之类的东西。

> 故今日即位，明日射人，忠谏者谓之诽谤，深为计者谓之訞诬，其视杀人若艾草菅然。岂胡亥之性恶哉？彼其所以习导非其治故也。

所以，胡亥今天即位，明天射人，忠臣去劝谏，他说是污蔑；为国家的长治久安去献计谋，他说你是诽谤。胡亥杀个人，如同割草菅那样轻易。这难道是胡亥的生性就不好？是他从小受到的教育使他没法治国，所以二世就亡。

以上，我们以《大戴礼记》中《保傅》篇为例，说明殷周及秦朝家庭教育的不同导致国祚长短不一。殷周是成功的榜样，秦则是失败的典型。如今的很多家庭，在教孩子上很失败，秦人"二世而亡"的教训极为深刻，为世人敲响了警钟，千万不要重蹈它的覆辙。

二、《礼记》所载儿童教育规范

当今的儿童教育，兴奋点是在各种艺术特长上，至于孩子的德性如何，大家似乎很少关心。我这几年讲中国古代礼仪文明，有学生问我："老师，你讲这些东西有什么用？"我回答说："让你有个人样！"同学们听了都笑了，其实他们知道的，自己身上没有起码的规范，但没有人教给他们。

古人对孩子的教育，重心放在行为规范上。朱熹说，儿童年幼，不懂大道理，但善于模仿，因此，先教他们怎么做，养成习惯；到他们成年后，再告诉他们为什么要这样做。古人关于儿童行为规范教育的内容很丰富，比如《礼记》中的《曲礼》、《内则》、《少仪》，以及《管子》中的《弟子职》等篇，都有集中的介绍，涉及礼仪场合的容体、辞令、应对、侍奉尊长之法等，内容非常丰富。由于时间关系，下面只能挑选《礼记·曲礼》中的几条来讲解。

> 游毋倨，立毋跛，坐毋箕，寝毋伏。

这几句是讲正确的容体。游，是行走；倨，是散漫。在外行走时，体态不要散漫不羁，应当端正。跛，是一足有病。站立时，双腿要并齐挺直，不要一腿直、一腿弯，好像跛子那样。箕，指箕坐，双腿像簸箕那样分开，这是非常不雅的坐姿。就寝的时候，不要趴着，那样不利于健康。

> 夫为人子者，出必告，反必面。

做子女的，要与父母时刻相伴，如果要出门，一定要先跟父母说，并且告知去向，以便他们有事时寻找；返回家里了，也要告诉父母，以免他们无端牵挂。

> 侍坐于先生：先生问焉，终则对。

古人把晚辈为陪同尊长而坐叫"侍坐"。席间，如果先生发问，晚辈要等先生把话说完再回答，这叫"终则对"。如果先生还没有问完，你就抢着回答，就是失礼，没有教养。

> 请业则起，请益则起。

古代老师把要讲授的东西写在一块木板上，这木板叫"业"。所以，老师把学问传授给学生叫"授业"，从老师那里接受了学问叫"受业"。"请业"是向老师请教学业，"益"是"增加"，"请益"，是老师讲的东西没听明白请求老师再讲一遍。无论是"请业"，还是"请益"，都要站起来，以示尊敬。如今，不少孩子坐在位子上随意发问，很是无礼，缺乏起码的教养。

大家如果对诸如此类的礼仪感兴趣，不妨进一步阅读《礼记》，你一定会有更多的惊喜。

三、《颜氏家训》：家训之祖

《礼记》等书的儿童教育内容，没有特定的对象，是针对所有儿童而言的。直到北魏的颜之推，才开始为自己的家庭制订训诫条理，这就是著名的《颜氏家训》。说到颜之推，大家不一定都熟悉，但是说到他的祖先颜回，大概无人不知，是孔子最好的学生。唐朝的颜真卿，是书法中"颜体"的创造者，他就是颜之推的后裔。

颜之推生活在魏晋南北朝时期，当时政局混乱，社会动荡，人民流离失所。他亲眼看到许多家庭大起大落，一夜暴富，又一夜暴亡，可谓惊心动魄。而他自己尽管历尽劫难，却还能有所作为，曾官至黄门侍郎。他把自己的成就，归结为"吾家风教，素为整密"，有良好的家风，幼年受到良好的教育。每天的生活，能做到"晓夕温清，规行矩步，安辞定色，锵锵翼翼，若朝严君"，每天早晚问候长辈，关心他们的起居；走路都方方正正，每个细节都中规中矩；言辞得体，神色安定；他的父亲去世比较早，而长兄如父，每早的朝见，礼节如同去见严父。有了如此严整的家教，无论环境如何变化，都不会作奸犯科，都能守住做人的底线。

作为长辈，颜之推觉得有责任把自己经历的世事，用"家训"的形式告诉后代。《颜氏家训》，全书七卷、二十篇，纵论治家、教子、为人、治学之道，主旨是"整齐门内，提撕子孙"，为颜氏家族垂范立训，让子孙都走正道。

《颜氏家训》的基本特点，是通过真实的故事讲道理，娓娓道来，不作生硬的说教，易于被子孙接受。下面，我稍微举几个例子。

爱孩子是父母的天性，无可厚非，但还要教育才对。一个人掉到水里淹死了叫"溺毙"；把孩子成天浸泡在爱里面，这叫"溺爱"，溺爱也能把人害死。颜之推说，对待孩子的原则是，不能"无教而有爱"。他指出了不少家庭教育的误区，如"饮食运为，恣其所欲"，想吃什么就给什么，任性得很。再如"宜诫翻奖，应呵反笑，至有识知，谓法当尔"，这个"翻"字通"反"，在应该训诫的时候，反而加以奖励；在应该呵斥的时候，却还笑。总觉得孩子大了，慢慢就会改正的。结果是他的骄慢之气逐渐变成了习惯，这才想到要去制约他，已经晚了，"捶挞至死而无威"，父母就是把他打死，威严也立不起来了；相反，"忿怒日隆而增怨"，他对你的怨恨一天比一天强烈。颜之推非常赞同"教妇初来，教儿婴孩"这句古语，"妇"是新妇，就是新娘，新娘初次进门，就要给她讲清楚家里的规矩；婴孩最最单纯，最容易教。所以，对儿童的早期教育非常重要。

《颜氏家训》是我国第一部专门针对自己子孙撰写的家庭教育的著作，是中国教育史上的里程碑，学者的赞誉，史不绝书。陈振孙《直斋书录解题》称"古今家训，以此为祖"；王钺《读书丛残》赞其"篇篇药石，言言龟鉴，凡为人子弟者，可家置一册，奉为明训"；袁衷《庭帏杂录》称："六朝颜之推家法最正，相传最远。"

四、后世家训举要

《颜氏家训》开创了自立家训的社会风气，其后，上自帝王，下至平民百姓，争相效仿，影响世道、人心的家训杰作，代有所出。下面介绍几个最有影响的家训。

1. 唐太宗《帝范》

贞观二十二年（648），唐太宗撰作《帝范》，包括君体、建亲、求贤、审官、纳谏、去谗、诫盈、崇俭、赏罚、务农、阅武、崇文等十二篇，纵论帝王亲政之道，以此赐予子女学习。太宗将此文作为遗训："饬躬阐政之道，皆在其中，朕一旦不讳，更无所言。"训诫之言，尽在其中。

2. 司马光《家范》

司马光是北宋名相，门风高亮，其父司马池清正廉明，官至天章阁待制。司马光之子司马康不妄言笑，与人交谈，口不言财。为了保持家风不坠，司马光亲自撰作《家范》，按照祖、父、母、侄、兄、弟、夫、妻、妇、妾、乳母等不同的家庭身份，引经据典，一一制定行为准则。卷一引《易》、《大学》、《孝经》，论圣人以"家行隆美"为尚，总述治家之要，旨在"轨物范世"、"遗泽后世"。

司马光主张"以义方训其子，以礼法齐其家"。他批评好多长辈"为后世谋"，"广营生计"，给孩子"田畴连阡陌，邸肆连坊曲，粟米盈囷仓，金帛充箧笥"，觉得还不够，"以为子子孙孙累世用之莫能尽也"，几辈子用不完。这些家长只知从物质上满足子孙，如此，"适足以长子孙之恶，而为身祸也"，因为"子孙自幼及长，惟知有利，不知有义故也"。

3. 朱熹《朱子家训》

朱熹是宋代理学的集大成者，是继孔子之后，杰出的思想家，所撰《朱子家训》，出入经史，融会精粹，倡明五伦要则、日用常行之道、尊老爱幼之法。其中如下的句子，被视为金玉良言，广为传播：

> 事师长贵乎礼也，交朋友贵乎信也。
> 勿以善小而不为，勿以恶小而为之。
> 见不义之财勿取，遇合理之事则从。
> 诗书不可不读，礼义不可不知。

子孙不可不教，童仆不可不恤。

斯文不可不敬，患难不可不扶。

4. 朱柏庐《治家格言》

清儒朱柏庐，本名朱用纯，清代著名理学家、教育家，因仰慕晋人王裒攀柏庐墓之义，故自号柏庐。此书以修身、齐家为主旨，用格言警句的形式，教以为人处世之道，精练明快，脍炙人口，深受大众欢迎，如下格言，被后世许多家训所采择：

黎明即起，洒扫庭除。

一粥一饭，当思来处不易。半丝半缕，恒念物力维艰。

宜未雨而绸缪，毋临渴而掘井。

器具质而洁，瓦缶胜金玉。饮食约而精，园蔬胜珍馐。

祖宗虽远，祭祀不可不诚。子孙虽愚，经书不可不读。

勿贪意外之财，莫饮过量之酒。

与肩挑贸易，勿占便宜。见贫苦亲邻，须多温恤。

人有喜庆，不可生妒忌心。人有祸患，不可生喜幸心。

善欲人见，不是真善。恶恐人知，便是大恶。

读书志在圣贤非徒科第，为官心存君国岂计身家？

语言质朴，但说理深刻；小处入手，而所见者大。体现了很高的水平。不少语句流行中国，几乎家喻户晓。

5. 康熙《庭训格言》

康熙是清代入关后十帝中在位时间最长的一位，文治武功，盛极一时，他深知家教、家训的重要，乃从历代经典中精选七十八条富于人生哲理的格言，每条之下均引用经史百家之语加以训诫，并结合自己践行的体会，掰开了、揉碎了地叙说，文字浅近，语言亲切，平易之中不乏深刻，题为《庭训格言》。此书不妨看作康熙人生经历的总结与提炼。下面试举二例。

其一，康熙谈生活中的"坐"：

> 训曰：大凡贵人皆能久坐。朕自幼年登极以至于今日，与诸臣议论政事，或与文臣讲论书史，即与尔等家庭闲暇谈笑，率皆俨然端正。此皆朕躬自幼习成，素日涵养之所致。孔子云："少成若天性，习贯如自然。"其信然乎！

我们常常看到一些孩子坐没有坐相，东倒西歪，一副没有骨头的样子。不少家长对此不以为然，从不管束。可是，康熙却把它提高到将来能否成为"贵人"的高度来认识，说"大凡贵人皆能久坐"。细细品味此言，确实很有道理。能否久坐，可以看出人的毅力、教养、自控能力，乃至身体状况。如果我们能从这个角度看问题，去要求孩子，那么孩子的气象就会不同凡俗。康熙八岁登基，在位六十一年，无论是处理政务，还是家内闲谈，都能"俨然端正"地久坐。这都是得力于"自幼习成，素日涵养"。

其二，康熙戒烟：

> 训曰：如朕为人上者，欲法令之行，惟身先之，而人自从。即如吃烟一节，虽不甚关系，然火烛之起多由此，故朕时时禁止。然朕非不会吃烟，幼时在养母家，颇善于吃烟。今禁人而己用之，将何以服人？因而永不用也。

康熙说，做皇帝的，要让法令推行，只有自己先做到，别人自然会跟着做。就说吸烟，与国家大事似乎没多大关系，然而火灾常由此引起，所以我时时下令禁止吸烟。我并非不会吸烟，年幼时在养母家，我就很会吸烟。现在我下令禁止别人吸烟而自己却不执行，怎么让人信服？所以我就戒了烟，永不再吸。

康熙的家训，既有外在形式，又有深刻内涵，讲解之时，每每把自己的所思所行放进去，格外生动，效果绝佳。

6. 曾国藩家训

曾国藩的家训，非常特殊，它没有如上面所举的固定条文，而是散见于他的家书之中。曾国藩一生忙于政务、军务，他的学术著作并不多，但留下的书信相当之多，目前整理出来的大概只占总数的十分之一。每次写信，他都不忘对家人的教育，谆谆告诫，多方训导，如凡事要勤俭廉劳，不可居官自傲，修身律己，以德求官，礼治为先，以忠谋政等。读之令人耳目一新。下面略举几条：

> 家中要得兴旺，全靠出贤子弟。若子弟不贤不才，虽多积银积钱积谷积产积衣积书，总是枉然。子弟之贤否，六分本于天生，四分由于家教。……子孙虽愚，亦必略有范围也。

一个家要兴旺就要靠出贤子弟，子孙不贤不才，你"多积银积钱积谷积产积衣积书"，也是枉然。子弟能否成才，"六分本于天生，四分由于家教"，既有先天的条件，亦有后天的教育。"子孙虽愚，亦必略有范围也。"这话说得很形象，子孙再愚蠢，不堪教育，也要给他画个"范围"，就是划出底线，不得逾越。

> 以奢为尚，败家气象。
>
> 余生平以大官之家买田起屋为可愧之事。
>
> 凡世家子弟，衣食起居无一不与寒士相同，庶可以成大器。若沾染富贵气习，则难望有成。吾忝为将相，而所有衣服不值三百金。愿尔等常守此俭朴之风，亦惜福之道也。

"以奢为尚，败家气象。"这话说得多深刻！如今不少家长把名牌车、名牌衣服，作为时尚来追求，曾国藩说这是"败家气象"。他痛恨官员热衷于求田问舍之事："余生平以大官之家买田起屋为可愧之事。"我最近看了一个电视纪录片，说曾国藩在北京做官时，不到十年搬过六次家，都是租房子住。曾国藩贵为将相，"而所有衣服不值三百金"，说明他自己是身体力行的。他认为："凡世家子弟，衣食起居无一不与寒士相同，庶可以成大器。""庶"就是差不多，差不多可以成大器。你家再有钱，你不要显摆，相反，要处处与普通人一样，才有可能成大器；如果"沾染富贵气习，则难望有成"。他要求子弟"常守此俭朴之风，亦惜福之道也"。

五、历代家训要点

家训，是自家内部的行为准则，各家情况千差万别，所以家训的形式、内容也各不相同，极其丰富。但是，它们必然会有共同的指向。我做了非常粗浅的归纳，主要有以下几点：

1. 划定行为底线

国有国法，家有家规，做守法之民，是许多家训的基本条款。曾国藩说的"范围"，正是绝对不得触犯的底线。哪些属于底线？许多家训都有具体规定。如福建莆田陈俊卿的家训。陈俊卿是北宋名臣贤相，为官清廉，忠义直谏。他在家训中要求子孙：

> 毋作非法而犯典刑，毋以众而暴寡，毋以富而欺贫，毋以赌博而荡产业，毋以谣辟而坠家声。

不要做非法的事，不要触犯刑律，这是你绝对不能去碰的；不要凭自己人多势众而"暴寡"，就是欺负弱势群体；不要因为自己富有而"欺贫";不要因为参与赌博而"荡产业";"毋以谣辟而坠家声",不要四处造谣而闹得自家的名声坠落。

福建连城培田吴氏《家训十六则》内有"五戒":

戒淫行,戒匪僻,戒刻薄,戒贪饕,戒争讼。

所要力戒的淫行、匪僻、刻薄、贪饕、争讼等,都是为社会所不齿的罪恶,家族成员不得沾染。

福建浦城章仔钧是唐末官员,主持福建军政达三十年之久,声望很高。章氏家训也有防范的目标,表达更为简练:

防家两字,曰盗与奸。
败家两字,曰嫖与赌。
亡家两字,曰暴与凶。

山西祁县乔致庸家族的家训很周备,其中有"六不准":

不准纳妾,不准虐仆,不准酗酒,不准赌博,不准吸毒,不准嫖妓。

乔氏家族恪守"六不准",乔致庸活到89岁,有过六次婚姻,但都是续弦,从未纳妾。第6代乔映奎夫人不能生育,照常理可以纳妾,但是祖宗定了规矩,一辈子不纳妾,于是从哥哥那里过继一个孩子过来。乔家人不兴风作浪,不骄横跋扈,低调自律,都是因为有一个最基本的戒律在。

无锡望族颇多,其中的过氏始于夏代,历代多出名人。过氏家训有"八戒":

戒忤逆,戒嫖赌,戒酗酒,戒刁讼,戒贪婪,戒迷信,戒滥交,戒奢侈。

以上所举,戒目或多或少,但主旨则是一样,都是要把自家的"篱笆"扎紧，绝不允许出现有妨家声的劣迹。

凡是触犯戒条，而又屡教不改者，要送官处置，李光地《家族公约》规定："有犯规条，我惟有从公检举闻于官，而与众共弃之，不能徇私庇护。"有些家族还会用死后不得入宗谱、不得葬于家族墓地的方法，处以"名誉刑"。福建浦城章仔钧家训说：

> 败祖宗之成业，辱父母之家声，乡党为之羞，妻妾为之泣，岂可入吾祠而祀吾莹乎？岂可立于世而名人类乎哉！

但凡因黄、赌、毒、盗等罪行触犯刑律或伤风坏俗者，其恶名足以"败祖宗之成业，辱父母之家声"，故一律不得"入吾祠而祀吾莹"。

2. 教子当严

颜之推还说，梁元帝时有一位聪敏有才的学士，本应很有出息，可是"为父所宠，失于教义"，父亲宠爱得很，居然不再教育。"一言之是，遍于行路，终年誉之"，这孩子冷不丁说了一句让人感到吃惊的话，父亲就满大街夸耀，从年头夸到年尾；"一行之非，掩藏文饰，冀其自改"，孩子有了错误行为，就藏着掖着，或者替他辩解，希冀他自己会改正。可是等他到了可以结婚做官的年纪，"暴慢日滋"，暴慢之性日甚一日，无人敢碰他。结果这位学士终于触犯了一个以暴虐著称的人物：周逖。周逖将学士的肠子抽了出来缠在马腿上，让马跑出去，把学士的肠子全部扯了出来。周逖固然残暴，但为什么就找上了这位学士？颜之推把原因追到学士小时候"失于教义"。

颜之推认为，父母的严格管教，是子女避免犯错误的有力保证。他以梁大司马王僧虔为例加以说明。王僧虔担任征东将军、车骑大将军，收复旧京，功盖天下。他的成功，得益于老母魏夫人。王僧虔在湓城（今江西九江附近）时，已是统领三千人的将军，年纪也过了四十岁，可是魏夫人依然严厉地管着他，"少不如意，犹捶挞之"。

司马光说，"爱子，教之以义方，弗纳于邪"。不少败家之子身上的骄、奢、淫、逸四大邪僻，都是由于宠爱过度而出现的。他赞赏"慈母败子"这句古话，认为把孩子推向不肖境地的，往往不是别人，而是出自只知溺爱的"慈母"之手。

3. 社会公德

国家机构的运作以及公共设施的建造等，都仰赖于税收。而政府征税，民众不予配合者，在在多有。北宋杨亿的家训中，就有"完国课"一条。这里的"课"，不是指功课、国学课程，课是课税，要自觉地按时交纳国家的课税。福建永定客家《胡氏族规》第一条便是："钱粮为国家正供，自应递年完纳，不得拖欠。"《卢氏家训》也有"定钱粮以省催科"的条文。体现了他们自觉的社会责任以及为国家分忧的思想境界，这是非常难能可贵的。

康熙九年（1670），清帝玄烨颁布《圣谕广训》十六条，其中一条为"完银粮以省催科"。一些知识分子起而响应，将其写入家训，作家庭的社会公德来要求。比较早的如朱柏庐《治家格言》中就有"国课早完，即囊橐无余，自得至乐"的条文，将按时交纳国家税收，作为家族应尽的责任。

不少家庭还将帮助族内或者社会上的贫困者，作为自己应尽的义务。福建莆田林英为北宋仁宗、英宗、神宗、哲宗、徽宗五朝名臣，其家训说：

> 凡一子孙有志读书，如本房艰难不能供给，族长即率族人有力量者为资助，以成其学，庶可宣扬祖德。

> 凡族人或遭盗贼、疾病者，及婚不能娶者，族中有力之人扶持周济。

一个家族里面如果子孙有志于读书，但是本房（一个宗族分下来一房）"艰难不能供给"，"族长即率族人有力量者为资助，以成其学"，这样"宣扬祖德"，是有德行的。可见，古代的社会救助，往往是由家族内部自己消化的。

4. 勉学与慕贤

在中国，重视教育是全社会的共识，只有读书，才能明理，才有正确的奋斗方向，才会有不朽的事业。人生的成长还应重交游，向慕和亲近贤者，不断接受正面的影响。《颜氏家训》有《勉学》、《慕贤》各一卷，其中说，梁朝全盛时，"贵游子弟，多无学术"，依靠家族的权势混世，等到战乱时，无法自立，转死沟壑。所以，要有真才实学，颜之推说：

> 若能常保数百卷书，千载终不为小人也。

颜之推还用"墨子悲于染丝"的典故教育子女慎交游：

> 与善人居，如入芝兰之室，久而自芳也；与恶人居，如入鲍鱼之肆，久而自臭也。墨子悲于染丝，是之谓矣。君子必慎交游焉。

"如入芝兰之室，久而自芳也"，兰花是香的，在旁边待久了你身上都有香气；鲍鱼有恶臭，在旁边待久了你身上也有臭气。墨子看人染丝，雪白的丝，浸到染缸之后，马上变黑了，再也洗不干净了。与什么样的人交游，如同选择入芝兰之室，还是入鲍鱼之肆，不可不慎重。

勉学的理念，为后世许多家训所采用。北宋著名理学家杨时作《勉学歌》劝诫子孙，其中说：

> 愿言诸学子，共惜此日光。术业贵及时，勉之在青阳。

福建漳平邓氏家族，为东汉光武帝将军邓禹之后，其《邓氏家训》有"重读书"一节论读书修身、砥砺名节之事：

> 士为四民之首，家声丕振，于是乎赖。故家虽贫，诗书不可弃也。子孙有志儒业，必需勤勉奋发。显亲扬名，乃为克家。令子尤当循理，饬躬砥砺名节，效法圣贤。则处有守，出有为，不独一门之庆，而且为邦家之光也。

朱柏庐《治家格言》说的"子孙虽愚，经书不可不读"一语，更是流传四方，人人耳熟能详。孩子再笨，经书不能不读，经书里面讲的是做人的道理，是我们生活的榜样，是做人的根本。当读书成为千家万户的信念，成为大众的生活方式之时，不仅社会的文明程度得以提高，洞察历史的目光也更为深邃："读经传则根柢深，看史鉴则议论伟。"

5. 价值观教育

生活中的每个人，不管自己是否意识到，他的言行都受到价值观的左右。所谓"价值观"，就是如何"观价值"：你人生的价值在哪里？怎样才算是实现了自身的价值？是从这个世界攫取得越多、人生价值越高，还是为这个世界奉献得越多、人生价值越高？在古代中国的家训里，相关的内容不少。

首先是婚姻观。人都要经历婚姻，择偶的标准是什么？世俗的标准注重对方的金钱地位，儒家则注重对方人品。朱柏庐《治家格言》说：

> 嫁女择佳婿，毋索重聘。

娶媳求淑女，毋计厚奁。

其次是义利观。程颢说："天下之事，唯义利而已。"朱熹说："义利之说，乃儒者第一义。"程颐说："义与利，只是个公与私也。"可见，义利之辨，是人生成长的重大课题。

司马光《家范》主张"以义方训其子，以礼法齐其家"，他批评做长辈的多只知从物质上满足子孙：

> 今之为后世谋者，不过广营生计以遗之，田畴连阡陌，邸肆连坊曲，粟米盈囷仓，金帛充箧笥，慊慊然求之犹未足也，施施然自以为子子孙孙累世用之莫能尽也……然则向之所以利后世者，适足以长子孙之恶，而为身祸也……子孙自幼及长，惟知有利，不知有义故也。

山西祁县乔家家训中，还有关于什么是"功名富贵"、什么是"道德文章"的解读，令人耳目一新：

> 有补于天地者曰功，有益于世教者曰名，有学问曰富，有廉耻曰贵，是谓功名富贵。
>
> 无欲曰德，无为曰道，无习于鄙陋曰文，无近于暧昧曰章，是谓道德文章。
>
> 有功名富贵固佳，无道德文章则俗。

上述文字超凡脱俗，经常诵读，则可不做小人，不做俗儒，保持自身的高洁。乔家之所以能长盛不衰，与他们立意高远的家训有重要关系。

六、家风建设的当代意义

一个家庭的家训家教一旦确立，人人恪守，代代相传，便可以形成良好的家风和家声。在传统中国，如果家声不好，十里八村都知道，孩子连媳妇都找不到。所以，从一个家到一村一县，风正气清，民风自然就好。我们读《汉书·地理志》，它介绍一地的山川之后，紧接着就说这个地方民风好不好，并分析原因何在。汉代政府重视民风民情，定期派遣有学问有声望的人担任风俗使下基层考察，以移风易俗，提振民风。

良好的家教家风建设，乃是人才辈出的肥沃土壤。全国上下，出现过许多文化世族，代代有英才出现。这里举北方和南方的两个典范。

北方是山西晋南闻喜的裴氏。闻喜有一个裴柏村，是裴姓的发源地，民间有"天下无二裴"之说，只要你姓裴，就一定是从这里出去的。裴氏家族训诫严正，家风整肃，人才辈出，在历史上出过五十九位宰相、五十九位大将军，事迹见于"二十四史"的有六百多位之多，可谓举国罕见。

南方是福建莆田的林氏。明清两朝的五百多年，政府举行科举考试二百零一次，一共录取了五万多人，莆田林氏一家有六百四十四人，出过五名状元、四名榜眼、六名探花。在同一科里金榜题名的林姓，有六次达到十名以上，坊间传为美谈。

家教是民众自我教育的最好形式，既是出于家庭自身建设的需要，也是整体培养全民道德风貌的社会土壤，有助于确立大众的道德底线以及人生观、价值观，既不需要政府投资，也不需要学者立项，成本最低，见效最快，何乐而不为？

由于传统家训长期断裂，家教领域几乎一片空白，造成教育的重大缺陷，使得"官二代"、"富二代"、"星二代"出事的负面报道大量出现，引起全社会的忧虑与反思。有一位领导说得好："如今的干部那么难管，说到底，是从小没有良好的家教！"我们认为，重建家训，树立好的家风，已经到了刻不容缓的地步！

第十讲　自谦敬人　温文尔雅
——书信中的礼仪

这一讲，我们来讲中国传统书信中的礼仪知识。

生活中常有这样的情况，双方不在同一个空间内，彼此无法相见，有时就需要借助书信来交流。尽管彼此不能见面，但在写信时，依然要像俩人面对面那样，该有的礼数一项也不能少，包括怎么称呼、怎么问候，乃至怎么收尾、落款，都大有讲究。非但如此，由于是书面形式，有修改或补充的余地，所以要求遣词用句更加温文尔雅，彰显写信者的文化素养。

一、书信的起源

中国的书信史，可谓源远流长，最早的书信出现于何时已无法考究。《尚书》的《君奭》篇，通篇记载周公勉励召公奭辅佐成王之言，有学者认为该篇应当就是周公致召公奭的信件。如果此说不误，它就是现存年代最早的书信。从东周到两汉，书信的运用日益广泛，涌现了许多著名的书信，像乐毅的《报燕惠王书》、鲁仲连的《遗燕将书》、李斯的《谏逐客书》、司马迁的《报任安书》、刘歆的《移让太常博士书》等，文学性与思想性兼具，篇篇脍炙人口，传诵千年而不衰。

下面，先介绍古代书信的基本常识。在纸张发明之前，先秦时书写的材料主要是竹、木与丝帛。把一棵大树按照需要的长度截成几段，再剖成片，这木片称为"牍"。写书信用的牍，长度为一尺，所以，人们通常称书信为"尺牍"。无论是私人信件，还是政府公文，内容大多需要保密。即使是今天，除了明信片，公私信函也都是密封的。为了掩盖书信内容，古人用另一片木板覆盖在"牍"上，这木片称为"检"。在"检"的正面写上收信人的地址和姓名等，这叫"署"。然后，用绳子把"牍"和"检"捆扎为一体。为了固定，在木板上下方分别刻两个凹槽，再将绳子嵌入后交叉扎紧、打结，这绳子称为"缄"。今天，不少人写信封，尤其是政府机关的信封上，还经常使用"缄"字，它是古意的遗存，意思相当于封口的"封"，不过今天已很少有人知道它的本意。绳子扎紧之后，保密的问题还是没有解决，只要把绳子解掉就可看信件内容，然后再合上、扎起来就是。于是，古人用一团黏土把绳结包裹住，这泥称为"封泥"，再在"封泥"上加盖印章。私函用私印，公函用官印。要是有人偷拆信件，"封泥"上的印章就会被破坏，而且无法复原，这样就很好地解决了信件内容保密的难题。信件拆封后，封泥就被丢弃在地上，所以考古发掘每每见到封泥的实物，有的背面还可以清晰地看到绳结的痕迹。清代有学者专门搜集出土的封泥加以研究，或者结集出版的，如吴式芬、陈介祺的《封泥考略》，共收录 849 方封泥，刘鹗也撰有《铁云藏封泥》一卷。

书信又称为"书简"，因为书信还往往写在竹简上，写完之后，把竹简卷起来、扎好，放在布囊里，再把口上的绳子收紧，然后用封泥把绳结封住，再钤上印。

二、书信的范式与构成

早期的书信，形式比较随意，把要说的话写出来就行。如此写法，太过突兀，没有委婉的过渡。后来，慢慢出现了一套书信的格式，开头要有称呼，之后要有问候，比如说，"深秋已临，天气渐寒，不知阁下身体如何，很是想念"云云，先叙情意，然后再说事，娓娓道来。最后还要写恭敬语和落款。

迄今所知年代最早的介绍书信格式的作品，是晋代索靖的《月仪》，介绍在不同的月份写信，如何根据天气、物候、人事等切入，读者可以套用。古代书信的格式日益严密，当时有内、外书仪，写给内眷与写给外人的用语不可混杂，以至还有《妇人书仪》、《僧家书仪》，文体与词语更趋专门。敦煌文献中有上百件"书仪"类文书。书信的格式用错了，就是失礼，会被嘲笑，说明修养不足，连封信都写不好。

一封严格意义上的传统书信，由以下五个部分构成。

1. 称谓语

无论给谁写信，都要有称谓。称呼对方，一般要用敬称。老北京人很讲究礼貌，用"您"称呼对方。南方人不然，无论老少都称"你"。在日语、韩语中，至今保留着中国人用敬语的传统，比如"你好"一词，对老年人、对父母、对平辈、对晚辈，说法都不一样。如果对老年人没有用敬语，老年人可以不理你。

中国文化重伦理，讲究名分、尊卑，彼此交往，习惯上总是把对方放在高于自己的位置，以便使用敬称、敬语。人们常用的尊称方式很多，比较常见的有以下几种：

（1）以君、公、卿等原本属于爵称的字称呼对方

君。古代领有土地的人都可称为君，一国的元首称为"国君"。后来，君被用于尊称，这在古诗词中时有所见，如"问君能有几多愁"、"问君西游何时还"，"君问归期未有期"等，都是用"君"指代对方。

公。古代天子三公，地位极高。诸侯也称"公"，如《诗经》内称鲁侯为"鲁公"，《春秋》凡是提及鲁君，都称"鲁公"。后来使用很泛，连刘邦都称"沛公"。再后来成为尊称，彼此相呼亦称公，如《战国策》毛遂说："公等碌碌。"这种用法在现当代还有，如上个世纪30年代，各地前往重庆的文艺界人士多称周恩来为"周公"；不久前刚过世的著名学者庞朴先生，北京学术圈内也多以"庞公"相称。

卿。"卿"原本也是爵称，大夫有上大夫与下大夫之分，前者又称为"卿"。后来演变为尊称，如荀子，人称"荀卿"，就是一例。电视里，皇帝称呼众臣为"诸爱卿"，也含有尊重的意思。今天人们常说的"卿卿我我"，也是用卿指代第二人称。

侯。在古代的书面语言里，"侯"字用得比较多，比如称对方父亲为"尊侯"。今天的日常生活中则很少有人用。

夫人。我们读《礼记》可以知道，古代天子的嫡配称"后"，母亲称"母后"，祖母称"太后"，这些称呼专属于天子，其他人不得使用。诸侯的配偶称"夫人"，后来用来尊称对方的配偶，如"尊夫人"、"嫂夫人"等。今人不明此理，常有人当众称自己的配偶为"夫人"，贻笑大方。

公子。古代诸侯的嫡长子以外的其他儿子，统称"公子"。后来，人们用以尊称对方的孩子，对方的女儿则称"女公子"。

（2）用表敬字来传达敬意

令。令有美、好的意思，所以称对方的父亲为"令尊大人"，

母亲为"令堂大人"、"令慈"，儿子为"令郎"，女儿为"令爱"、"令媛"。

贤。中国人仰慕圣贤，贤是德行高尚者，地位仅次于圣，所以尊称对方兄弟为"贤兄"、"贤弟"，尊称对方夫妇为"贤伉俪"。

台。古人以星空比喻人世，在帝星的附近有"三台"星，人们将其比附为朝廷中的司徒、司马、司空三公，故书信中常用的"台鉴"、"台览"、"兄台"，正是为了夸赞对方尊比三公之意。有一点要注意，千万不要把此处的"台"写成"臺"，"臺"和"台"原本是两个字，内地文字改革后把它们合并成了一个字。浙江有个台州市，"台"念〔tāi〕，不能写成"臺州"；更不能把"台鉴"写成"臺鉴"。

（3）用陛下、殿下、阁下、左右等词表敬

陛下。有个成语叫"分庭抗礼"。如果两人的身份一样，像毛泽东和尼克松，一个是中华人民共和国主席，一个是美国总统，那么这俩人的礼数完全对等，谈判时各坐一边。如果是普通官员，没有资格与皇帝平起平坐。"陛下"是表示知道自己身份的委婉说法，有话只能请站在宫殿的丹陛之下的下级官吏转达。

殿下。天子之位，由嫡长子继承，其余诸子分封各地，这一类贵族，清代称"亲王"，或称"殿下"。大家熟知的柬埔寨前元首西哈努克亲王访华时，周恩来总理即尊称他为"殿下"。

阁下。不言而喻，阁，是低于陛、殿的建筑。普通人之间，一般不用陛下、殿下相互称呼，而常常用"阁下"指代对方。

左右。书信中称"某某左右"，字面意思是指收信人左右的秘书之类的工作人员。其实对方是普通人，身边并没有助手。之所以这样说，纯粹属于表达敬意的辞令，诸位不要误解。

（4）通过表字、官衔、籍贯等方式称呼对方

表字。古代男子生下来三个月，父亲为之取名；年满二十举行成人礼，为之取表字。名，只有父母、长辈才能呼喊。此外，皇帝是天下的至尊，对任何人都可以直呼其名。古代但凡有些文化的人，在姓名之外都有字，甚至还有号。例如：孔丘字仲尼，班固字孟坚，郑玄字康成，钱大昕字竹汀，魏源字默深，王国维字静安，钱穆字宾四，毛泽东字润之。普通人之间，直呼对方姓名，是一件非常失礼的事情。称对方的表字，不仅是尊重对方，也是自己尊重传统文化的表现。

官衔。中国古代选拔人才的理念是"学而优则仕"，能够出仕之人，一般都是学有成就，或者政绩卓著者，所以，人们习惯上又以对方的官衔为尊称，例如：杜甫做过工部侍郎，故人称杜工部。王羲之当过右丞，故人称王右丞。陈子昂当过名为"拾遗"的官，故人称陈拾遗。颜真卿死后封为鲁国公，故人称颜鲁公等。

籍贯。有些人成就很高，声名远扬，故人们以他的籍贯或出生地作为尊称，例如戊戌变法领袖康有为，广东南海人，故人称康南海。洋务运动领袖张之洞，直隶南皮人，故人称张南皮。

此外，称呼与对方有关的事物，也要用敬语、美称。

感谢对方宴请：承蒙赐宴、承蒙赐席。

感谢对方馈赠：厚赠、厚赐、厚贶。

尊称对方文章：大作、华章、瑶章。

尊称对方信函：大函、大翰、琅函、惠示、大示、大教、手示。

书信中对于自己的称谓要用谦称，有敬则有谦。《老子》上讲：

> 人之所恶，唯孤、寡、不穀，而王公以为称。

人往往不喜欢孤寡，即没有配偶、很孤独的那样。"寡"指老而无夫，"孤"是没有父母，"穀"就是善，"不穀"就是谦称自己不善。古代的王公，称自己为"孤家"、"寡人"，称孤道寡，这都是谦称。《礼记·曲礼》中也有关于谦称的说法：

> 天子之妃曰后，诸侯曰夫人，大夫曰孺人，士曰妇人，庶人曰妻。……夫人自称于天子曰老妇，自称于诸侯曰寡小君，自称于其君曰小童，自世妇以下自称曰婢子。

古代这种严格的叫法，可以衡量一个人有没有教养。依我看，关于称谓，其实算不得高深，像"不学诗，无以言"才是厉害的。

下面有一些关于谦称的例子。比如"臣妾"、"老朽"、"老拙"。

此外，司马迁在《报任安书》谦称自己为"牛马走"，意为自己像牛和马一样供人驱使。作为普通人可以谦称自己为"在下"，或称自己为"晚"。有些人虽然年龄与对方差不多，但自称为"晚学"，闻道也晚，写信落款经常落"晚"。都是谦虚的说法。

对自己的家人要用谦称。称自己的父亲就是"家父"、"家君"、"家严"，称自己的母亲为"家母"、"家慈"，严父慈母。另外还有"家伯"、"家伯母"，"家叔"、"家叔母"，"家兄"、"家嫂"，"舍弟"、"舍妹"，称自己的配偶为"内人"，或者"内子"。

对自己一方的事物也要用谦语。《红楼梦》里提到，送给别人一件物品，说是"聊表芹献"。芹菜是不值钱的东西。"寸志"就是小小的一点心意。请人家吃饭，叫"略备菲酌"，"菲"是菲薄，或者叫"薄酒"。称自己的作品可说"拙作"，就是很拙劣，然后请人家"斧正"，为了体现人家的水平高，叫作"郢政"。《庄子》讲，在古代"郢"这个地方，有个人可以用斧子把对方鼻子上一点点白的地方弄掉，却毫发无伤，这就叫"郢政"。称自己的家为"寒舍"。总之，要把自己说得很低调、很谦虚。

2. 提称语

光有称谓不够，为了充分表达敬意，后面还要缀以"提称语"。提称语可以用一个或者两个，也可以几个词叠加使用。如毛泽东写给他的老师符定一（字澄宇）的信，称"澄宇先生夫子道席"。因为是老师，不能直呼其名，先称老师的字，后面先是"先生"，再是"夫子"，又是"道席"，足见其郑重。"道席"，是有道之人的"席"。我们读王静安先生的书信，他常用的称呼是"某某先生有道"。这些提称语不要用得太随便，得看对方的学养够不够。

提称语要与称谓匹配，应该根据对方的身份来选用，不能混搭。日常书信中最常用的提称语有如下：

用于父母：膝下、膝前、尊前、道鉴。

用于长辈：几前、尊前、尊鉴、赐鉴、尊右、道鉴。

用于老师：函丈、坛席、讲座、尊鉴、道席、撰席、史席。

用于平辈：足下、阁下、台鉴、大鉴、惠鉴。

用于同学：砚右、文几、台鉴。

用于晚辈：如晤、如面、如握、青览。

用于女性：慧鉴、妆鉴、芳鉴、淑览。

上列提称语，诸位大多能看懂，有少数几个需要略作解释。

先说"几前"。魏晋南北朝以前，人们席地而坐，每人的席位是一张席子。若是有贵客到来，则要在他的席位上再铺一层席子，叫"加席"。特殊身份的人来临，则要铺三层席子，以示客人的尊荣。客人一定会谦虚地表示，必须撤去一层席子才敢坐。跪着坐不好受，坐久了就想靠一靠。"几"，就是摆在身体左右用来依靠的。出土文物中有不少"几"，大致呈矩形方框，类似沙发的扶手。天子有"左右玉几"，即两边都有用玉镶嵌的几。普通人只有一个。师长年纪大了，身边当有几，称"几前"，也是委婉的说法，表示不敢直接交给师长。

再说"膝下"。我们小时候总是绕着父母的膝盖玩耍，如今虽已长大成人，但在父母面前永远是小辈，故仍以"膝下"为称。相对而言，"膝下"、"膝前"，强调的是家庭的亲情；"尊前"、"道鉴"，强调的是师长的尊严。

再说"函丈"。古代学生听老师讲课，要在靠近老师的地方坐，但又不能离得太近，彼此的坐席之间要留有一定的空间，以便老师讲课时用手杖指划，所以自古有"席间函丈"，"函"是涵容，"丈"与"杖"通。这是讲堂里的规矩，所以称老师为"函丈"。

最后，"慧"字通常用于女性。女性最完美的形象是秀外慧中，故以此字突出其内在的美德。"妆鉴"、"芳鉴"、"淑览"，也是女性专用的词语。

3. 思慕语

中国人自古重情义，《诗经》说："一日不见，如三秋兮。"离别，给人带来是绵绵不绝的思念。这样一种情怀，必然体现在书信中。而在文化高度发达的国度里，这种思慕之情，借优美的文学语言，每每被表达得淋漓尽致，双方的距离由此被拉近。

思慕语的写法，没有一定之规，可以从不同的角度切入，亲近而自然，下面是集中最常见的切入语。

从回忆上次分别切入：

> 京华快晤，畅聆麈论。
> 自赋河梁，又成阔别。
> 握别经时，每萦梦寐。
> 不睹芝仪，瞬又半载。
> 自违芳仪，荏苒数月。

从眼前景物切入：

> 云天在望，心切依驰。
> 相思之切，与日俱增。
> 望风怀想，时切依依。
> 仰望山斗，向往尤深。
> 风雨晦明，时殷企念。
> 寒灯夜雨，殊切依驰。
> 瘦影当窗，怀人倍切。
> 数行锦字，万叠情波。

从仰慕对方风范切入：

> 久仰仁风，未亲德范。
> 大雅圭璋，向慕无似。
> 仰望雅范，用倾葵向。

从诉说自己的思念切入：

> 十年契阔，只雁未通。
> 千里相思，一苇难溯。

从自责懒惰切入：

> 茂陵善病，久芜砚田。
> 叔夜多疏，终成懒辟。

从祝愿对方安康切入：

> 久违大教，想起居佳胜，定符私祈。
> 久疏问候，伏念宝眷平安，阖府康旺。

上引文句，有些是典故，如"茂陵善病"、"叔夜多疏"等。这里挑几个常用的词语略作解释。"不睹芝仪"与"自违芳仪"，古人欣赏芝兰，故用"芝仪"赞美对方的仪容，"芳仪"的意思也是一样；"睹"是见，不睹就是不见；违也是不见，"自违"，就是自从分别以来。"时殷企念"，"殷"是深深地，"企"就是踮着脚企望、企盼，合起来的意思，是说时时都在深深地思念你。"久违大教"，是委婉的说法，很久没有听到您的重要教导，实际上是说很久不见了；"想起居佳胜，定符私祈"，可是我猜想您的起居都很好，与我私下所祈祷的一定相符。

思慕语结束之后，便可以进入正文。正文是书信的主体部分，叙述具体事宜，各抒胸臆，这里就不做介绍了。

4. 祝愿语

书信正文写毕，要写祝愿语，犹如俩人将要分手，彼此要互道珍重，此时还可以写几句表示内心不舍以及书不尽言的话语，如：

> 话长纸短，欲言不尽。
> 临风修牍，不尽依依。

最后才写祝愿语。因写信人和收信人的背景、性别、职业的不同而有区别，选择得体的祝愿语，也很有讲究。以下，照例为大家提供一些常用的词语（下文中"〇"后面的字要另起一行，顶格书写）：

用于父母：恭请〇福安，叩请〇金安，叩请〇禔安。

用于长辈：恭请〇崇安，敬请〇福祉，敬颂〇颐安。

用于师长：敬请〇教安，敬请〇教祺，敬颂〇诲安。

用于同辈：顺祝〇时绥，即问〇近安，敬祝〇春祺。

用于同学：即颂〇文祺，顺颂〇台安，恭候〇刻安。

用于女性：敬颂〇阃福，恭请〇懿安，即祝〇壶安。

"颐安"是什么意思？在汉字里，"页"字旁的字都跟头有关系，如"须"、"项"、"颈"、"额"。"颐"是指脸颊，相关的成语有"解颐之笑"、"大快朵颐"、"颐指气使"等。颐和园是为庆贺慈禧太后六十大寿而建，心情好，颐就和了，故以"颐和"为园名。壼〔kǔn〕，本意是宫女走的小路，文言中借指女性。

祝愿语还可以用更为文气的语言，使书信的表达再显典雅：

潭第延釐，俪祉集祜。

遥企文晖，弥殷千祝。

恭请履安。

恭请麈安。

"釐"即福祉。麈〔zhǔ〕，古书上指鹿一类的动物，尾巴可以做拂尘，魏晋名士喜执麈尾，故或称名士为"麈"。

5. 启禀语

传统书信在落款之后，一般还要根据彼此关系写敬语或启禀词，如：

对长辈：叩禀，敬叩，拜上。

对平辈：谨启，鞠启，手书。

对晚辈：字，示，白，谕。

"叩"是叩首，俗称磕头。鞠，鞠躬。长辈对晚辈可以不用任何敬语，曾国藩致儿子曾纪泽的信，就用"手示"、"父白"、"父谕"之类。

二、"平"和"阙"

"平"和"阙"是传统书信中表达敬意的特别格式之一。平时说话，对长辈要称"您"，对晚辈说"你"就可以了。同样的道理，写给父母或者师长的信，与写给同辈或者晚辈的信要有所区别。在书信正文中，提及自己的父母、祖先或者尊长时，在书写形式上要有所变化。书信的第一行，如果是称呼父母，要顶格写，高出下面各行文字一格，称为"双抬"。正文中，凡是提及父母、尊长，或与之有关的地方，为了表示尊重，有两种处理方法：一种叫"平抬"，就是另起一行书写，与上一行的开头齐平；另一种叫"挪抬"，或称"阙"，就是空一格书写。

先来看一封儿子写给父母的书信：

父母亲大人膝下：谨禀者：男离家后，一路顺利，平安抵达
　学校，可纾
麈念。惟思
双亲年齿渐高，男在千里之外，有缺孺子之职。伏望
训令弟妹，俾知料理家务，或有以补乃兄之过。王阿姨家
已去看望过，家中老幼平安，嘱笔问好。专此谨禀，恭请
福安。

男某某谨禀　某月某日

这封信的第一行"父母亲大人膝下"顶格书写，比以下各行文字都高出一格，这就是"双抬"。后面各行的文字往往没有写到头就另起一行再写，这是传统书信的惯例：在书信的正文当中，凡是提及高祖、曾祖、祖、双亲，或者慈颜、尊体、起居、桑梓、坟垄等与之相关的字样时，采用前述两种处理方法：一种叫"平抬"，在上面所举的这封信件中，凡涉及父母亲的词语如麈念（犹言挂念）、双亲、训令、福安等，都采取了平抬的方式。另一种叫"挪抬"，即遇到上述词语时，就空一格书写，以示敬意。

至迟在唐代，"平抬"和"挪抬"的形式就已经出现，敦煌文书中将"平抬"称为"平"，"挪抬"称为"阙"。近代以后，传统书信中"平抬"的方式逐渐减少，"挪抬"在今日港澳台地

区还普遍使用，下面我们来看 1978 年钱穆访问香港回到台湾后写给新亚书院同仁的信：

> 新亚教职员诸同仁公鉴：敬启者：穆夫妇此次返校，蒙　诸
> 同仁集体欢谑，结队郊游，又馈赠珍礼，永资留念。　盛
> 情殷渥，铭感难忘。又承机场接送，多劳奔波，私心歉
> 疚，非言可宣。当日傍晚安抵台北寓舍，贱况粗适，幸堪
> 释念。顷已休养两宵，诸事如常，特修芜函，略申谢
> 忱，言不尽意。诸希鉴谅　专肃　顺颂
>
> 公祺
> 　此函由穆亲笔并请
> 　金院长转致
>
> 　　　　　　　　　　钱穆偕内人同叩　十一月十日

为了表达敬意，信中凡是涉及对方或者行为主体为对方之处，如"诸同仁"、"盛情"、"释念"等之前，都空一格，这就是"阙"。

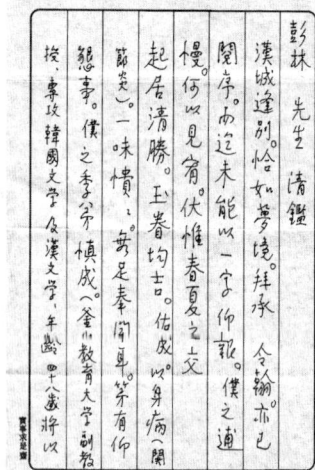

韩国学者写给作者的信

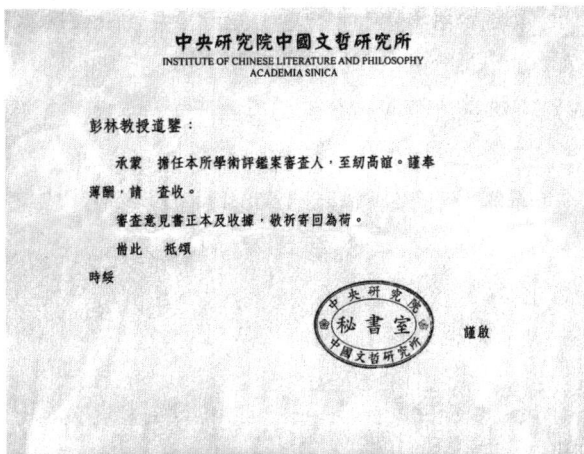

中央研究院中国文哲研究所
INSTITUTE OF CHINESE LITERATURE AND PHILOSOPHY
ACADEMIA SINICA

彭林教授道鑒：

承蒙　擔任本所學術評鑑某審查人，至紉高誼。謹奉

薄贐，請　查收。

審查意見書正本及收據，敬祈寄回為荷。

尚此　祗頌

時綏

謹啟

台湾"中央"研究院中国文哲研究所写给作者的信

四、信封用语

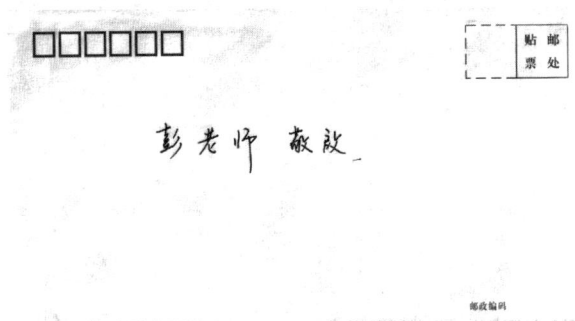

□□□□□□

彭老师 敬啟

邮政编码

贴 邮
票 处

学生写给作者的信封

有同学写信给我，说"彭老师敬启"。他写得对不对？不对。
他的错误不在于称呼我老师还是教授，而是后面的"敬启"二
字。有同学会说："敬启是尊敬您啊，怎么就错了呢？"下面我们
来分析这句话的语法。主语是"彭老师"，谓语是"启"，启是开

启，这封信只有彭老师才能打开。怎么"启"呢？"敬启"，彭老师，你恭恭敬敬地把信打开！其实，我相信这位同学的本意不是这样，他确实想表达对我的尊重，但由于缺乏常识，适得其反。

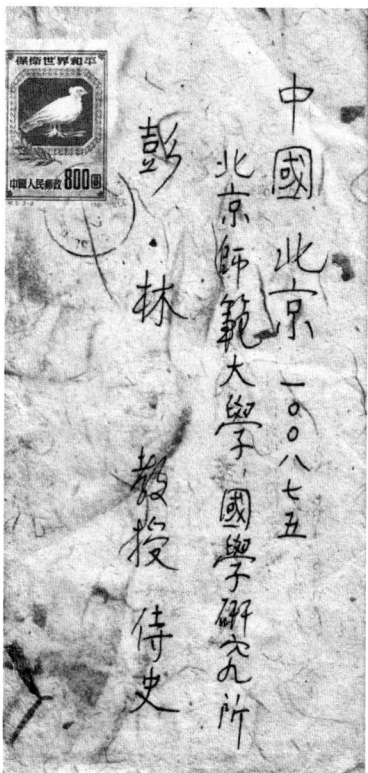

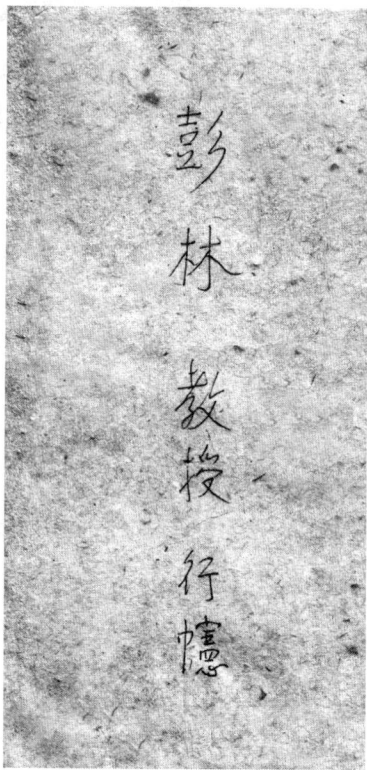

一位外国学者写给作者的信封（一）　一位外国学者写给作者的信封（二）

那么，给尊长写信，信封怎么写才得体呢？一般可以写"赐启"或"俯收"。赐，是上对下的动作。我们求人书法时，会说"请赐墨宝"；请人指教时，会说"请赐教"；请人读自己的信而说"赐启"，属于同一种用法。俯，也是上对下的体态。我们给尊长写信，总是会在信末写"某某仰呈"，对方高大，你才需要仰面递呈。同理，对方收信，需要俯身。有一位文墨很深的外国教授写给我两封信，一封上写着"彭林　教授　侍史"，另一封写着"彭林　教授　行幰［xiǎn］"。估计大家不一定能看懂。"侍史"是什么意思？这里有个典故。战国有四公子：平原君、信陵君、春申君以及孟尝君。《史记·孟尝君列传》说，孟尝君会见客人，与之谈话时，旁边有一屏风，后面有人记录谈话内容，这人的身份是"侍史"。以后，"侍史"就成了助手的代称。写信的人自谦，表示这信不敢让对方亲自收，助手收下就行了。

"行幰"，古代使者出行外访时乘坐的车子，外面围着的布帘称为"幰"。我当时在该国访问，写信人把我看作中国文化的使者，所以用"行幰"一词，表示请车外边的工作人员收下即可，都是谦退自抑的表达方式。

五、书信范文选讲

古代有许多情文俱佳的书信，可以作为范文来学习与鉴赏。关羽《辞曹丞相书》就是其中之一。原文如下：

窃以
日在天之上，心在人之内。
日在天之上，普照万方；心在人之内，以表丹诚。丹诚者，信义也。某昔受降之日有言曰：主亡，则辅；主存，则归。
新受
曹公之宠顾，久蒙刘主之恩光。
丞相新恩，刘公旧义。恩有所报，义无所断。今主之耗，某已知，望形立相，觅迹求功。刺颜良于白马，诛文丑于南坡，丞相厚恩，满有所报。每留所赐之资，尽在府库封缄，伏望

台慈，俯垂

　　照鉴

　　　关某顿首再拜

　　丞相府下

　　这封信的背景，大家都耳熟能详，是《三国演义》里的一段佳话。关羽与刘备结义，情同手足。后在一次战乱中，刘备不知下落，甘、糜二夫人被曹操俘虏。关羽为了保护她们也跟去了。曹操赞赏关羽之才，所以想尽各种办法引诱他：馈赠厚金，关羽分文不动；晚上安排他与甘、糜二夫人同住一屋，关公何等义气，让二夫人内寝，自己在门口站岗；关羽衣服破旧，曹操送他锦衣，关羽将锦衣穿在内，旧衣穿在外，因为旧衣乃是刘备所赠，见衣思人。关羽最初与曹操有约：如果得到刘备的死讯，我就待在你这里；如果他还活着，而且有确切的所在，我立马走人。这封书信就是关羽在得知刘备下落后，临走之前写给曹操的，从中可以强烈地感受到关羽的侠义肝胆。

　　古汉语中的"窃"，往往是指第一人称的我。"窃以"，我以为。"日在天之上，心在人之内。日在天之上，普照万方；心在人之内，以表丹诚。丹诚者，信义也。"读到这里，可知关羽乃是千秋忠义之士。这里要注意，信中提到"日"，都另起一行顶格书写，以示崇敬，因为日为天之本。"某"，关羽自指。"有言曰：主亡，则辅；主存，则归。"我们之前说过的：主（刘备）亡，我就辅佐你；主存，我必须回他那里去。"新受曹公之宠顾"，最近一段时间，我一直受到曹公您的宠顾。"久蒙刘主之恩光"，但是我跟刘备的恩情要久远得多。"丞相新恩，刘公旧义。"一个是新恩，一个是旧义，关羽比较两者，"恩有所报"，您给我的恩请，我可以回报；"义无所断"，我与刘备的大义，却是无法了断的。"今主之耗，某已知"，"耗"，消息，如今我已经得到刘备还在的消息。"望形立相，觅迹求功。刺颜良于白马，诛文丑于南坡，丞相厚恩，满有所报。"为了回报曹操的厚恩，关羽在白马、南城把袁绍两名大将颜良、文丑给杀了。"每留所赐之资，尽在府库封缄"，您每次赐予的钱财，我分文未动，都封存在府库。"伏望台慈，俯垂照鉴"，恳切希望您明察我心，与刘备的义无法割断。"关某顿首再拜丞相府下"，"关某"二字不顶格，是谦退自抑。"丞相"、"曹公"、"伏望"、"台慈"都另起一行顶格，表示敬意。

关羽这封信，不卑不亢，有理有节，既不失对曹操的礼数，又明快地表达了自己无愧于天地、忠贞于大义的意志。全文寥寥150余字，字字掷地有声，忠肝义胆，如白虹贯日。读之，令人热血奔涌，慨叹不已。

六、如何学习写传统书信

书信，是文化修养与内心世界最直白的表露。往昔的文人，大多能写出典雅而得体的书信。学习撰写具有中国传统特色的书信，不是一件容易的事情，需要长期积累。对于初学者而言，可以从以下几个方面来努力。

首先，要多读古文，提高古汉语的素养。传统书信一般使用浅近的文言。文言与白话相比，后者比较随意，文字往往拖沓、冗长；前者则注重修辞，字斟句酌，凝练精准，好用典故，甚至注意平仄，读之抑扬顿挫，富于韵律感，感染力很强。因此，用文言作书信语言，更能彰显中华文化的高雅与湛深。

传统书信字字讲究，例如你、我、他等口语化的词，一般不许在行文中出现，要作变通处理：用"阁下"、"仁兄"、"先生"

等称呼对方；提及自己时，用"在下"、"小弟"、"晚生"等词；提及第三方时，用"彼"或者"渠"表示。与对方沟通时，用语委婉，易于被对方接受，如希望对方认真考虑自己的意见，说"惟希亮詧"，"詧"同"察"，尊重之中又不失自尊。

传统书信往往可以体现出作者文墨的深浅。如用"令阃"称呼对方妻室，阃的本意是门槛，女眷常居于阃内，固有此称。再如称对方母亲为"令萱"，萱，指萱草，此字《诗经》写作"谖"。《诗·卫风·伯兮》："焉得谖草，言树之背?"背，是"北"的假借字。北堂是母亲的居处，母亲在北堂种植萱草。故文人写信，每每以"萱堂"指代母亲。

还有称对方的家庭为"府"、"邸"或者"潭府"。"潭"是水潭，很深。写信到最后祝对方"潭安"，犹如夸赞对方的宅邸"侯门深似海"，含有恭维的成分。

若是自己一方平安无事，请对方不要记挂，则说"请释锦注"，用"锦"字修饰对方的关注，也显得用语的雅致。

凡此，都需要长期的学习、揣摩与积累，天长日久，自然就会得心应手。

其次，要学习古代礼仪知识。中国人注重伦理、辈分，以及主客关系，要求做到自谦而敬人，对长辈、客人要用敬称、说敬语，对自己则要用谦称与谦语。没有这种常识，就会闹笑话。清华大学新闻传播学院前院长、《人民日报》前总编辑范敬宜先生，早年毕业于唐文治先生主持的无锡国学专修学校，学养很好。他曾收到 位中学校长的来信，台头就写"敬宜愚兄"，这令他很不快，你怎么知道我"愚"呢？这位写信人显然缺乏礼仪常识，认为自己落款是"愚弟"，收信人就应该称"愚兄"。殊不知，落款是谦称，对收信人一定要用尊称。

书信中提及对方的意见要说"高见"、"尊意"，提及自己则要说"鄙见"、"鄙意"；向对方请教要说"仰问高明"，对方答应自己的请求要说"承蒙俯允"。都含有清晰分辨敬谦的意思。

最后，要多读名家的信函，若能暗诵数十篇，则尤其有益。

不少名人非常注重对子女的指导，让他们在日后的书信交往中，能游刃有余。这里只举一个例子，著名史学家陈垣（援庵）先生，早年每次收到儿子来信，都会在信纸上悉心批改，大到行款格式，小到用词分寸，无不一一点拨。甚至某一句中出现三个"的"字，他会删去其一，并批示说：用两个"的"字即可。再如，信纸如何折叠，几乎没有人提及，往往胡折乱叠，没有章法。陈先生指示说：先将信纸纵向对折整齐，然后再在信纸的下半部分往上翻折。翻折多少，要看信封的长度而定，大体要使信纸装入信封之后，上下都有一个合理的间隔。

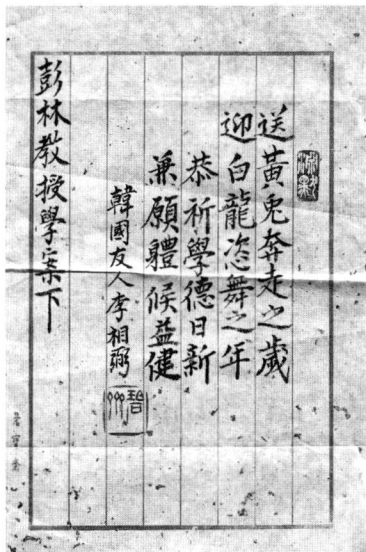

韩国学者李相弼教授写给作者的信（一）

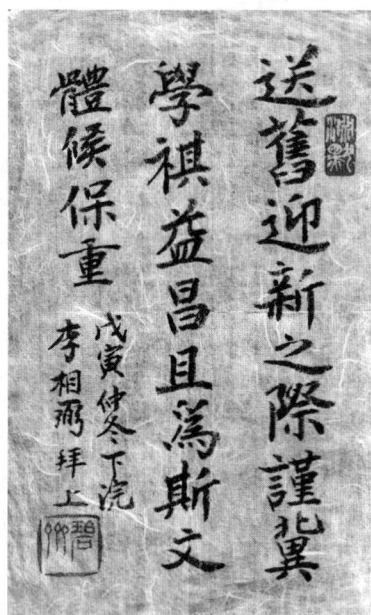

韩国学者李相弼教授写给作者的信（二）

第十一讲　洒扫应对　培根固本
——日常礼仪

这一讲我们介绍一些在日常生活中经常会碰到的礼仪常识。以前我们说过颜之推、司马光、朱熹，他们当时就意识到，圣人教育民众有一套很巧妙的办法，就是在洒扫应对这类生活细节中贯穿道德理性的教育。一个人要成圣成贤，不是一蹴而就的，要通过许许多多、点点滴滴的实践才能完成这样一个过程。朱熹曾经说，南宋社会非常混乱、腐败，根本原因是人们在小时候没有受到好的教育。朱熹还写了一篇《小学》，通篇都是小孩子应该学的一些礼仪知识。跟小孩子讲大道理，他听不懂，只能告诉他应该怎么做，等他年龄大了再告诉他为什么要这么做，这样的教育才是有效的。朱熹说童蒙教育对于人的一生来讲极其重要，叫作"培其根，固其本"。我们种一棵树，最重要的是刚栽下去的时候，有没有把根弄端正，有没有把它的本弄牢固。如果这棵树苗种下去的时候就是歪的、斜的，它怎么能成材呢？道理非常简单。所以我们要从家庭里面最琐碎，也是最基本的规矩讲起。

一、孝亲

我们曾经反复强调中国礼仪的人文精神。中国是一个超越宗教的国家，自古以来就是以道德立国。那么以道德立国，怎样做到？许多的工作要靠每个人去做，其中最基础的工作就是要让每个人都具有仁爱之心。大家知道，孔子提倡"仁"，但在《论语》里面，孔子几乎没有称赞哪一个人是仁者。"仁"者要具有一颗广博的爱心，并贯穿他一生所有的方面，这是很高的标准，所以孔子很少用"仁"这个字来许人，即使讲到他最喜欢的颜渊，也只是"三月不违仁"，其他的人就更说不上了。虽然你在行为上做得很好，但你是不是一个仁者，还不好说。仁者爱人，仁就是一颗爱心。现在我们社会上到处都在讲爱心，可是一讲爱心就认为是舶来品，认为法国大革命首次提出"自由、平等、博爱"的口号，我们受到它的洗礼，才懂得了爱。这都是大错特错的看法。南京是"博爱之都"，中山先生选择紫金山作他的陵墓，整个陵墓的设计都贯穿着博爱精神，有"博爱坊"，上书"天下为公"，什么样的人能做到天下为公呢？唯有具备博爱之心的人。中山陵还有一个青铜制作的"孝经鼎"，上面铭刻着《孝经》的全文，它是两千多年前先人留给我们的精神财富。中国人最有爱心、最有博爱情怀。中华民族成功地把爱心培养到人的内心深处，并把它推广到全社会。在《论语》里面、在郭店楚简里面都能看到这样的论述："孝弟（悌）也者，其为仁之本与！"孝是上下关系，子女对父母；悌是左右关系，对兄弟姊妹。培养爱心要从孝悌起步，它好比是人内心的一个根，通过培养对父母兄弟姊妹的孝悌，把爱心牢固地树立在自己身上，然后"老吾老以及人之老，幼吾幼以及人之幼"，一层一层地往外扩展，逐步做到天下大同，四海一家，这是中国人的终极奋斗目标。两千多年前的中国经典《礼记》也讲："立爱自亲始，教民睦也。""立爱"，就是树立爱心。树立爱心要"自亲始"，这里"亲"，在古文献里面特指父母亲，树立爱心要从爱自己的父母开始。为什么要这样做呢？"教民睦也"，人与人和睦相处、和谐相处，是需要互相爱的，互相爱不是从爱邻居开始，而是从爱父母亲开始，这是最容易做到的。"孝"在金文里写作"𡥈"，非常形象，上半部分是一个头发很长的老人，老人行动不便，下面有个孩子扶着他，这就是"孝"。父母老了，做子女的要扶持、关爱他们。孝是人类最自然的一种亲情，孝敬父母是最容易培养的，所以古人认为，孝心要从这里开始。家家都这样做，整个社会都推行这样的风气，老百姓就会和睦了。我们今天叫和谐社会，意思是一样的。如果家家都出孽子，人人对父母都没有情感，这样的社会能和谐吗？

古人看一个事情会把它分析得很透，怎么样让大家有爱心？要一步步来，首先找到一个人人都不难做到的起点，由此培养孝心，然后让孝行成为一个可以操作的体系。从早到晚子女应该怎么做？《礼记·祭义》中讲："凡为人子之礼，冬温而夏清，昏定而晨省。"冬天要看看父母亲的被窝是否暖和，夏天要看看他们的床铺是否凉快；要关心父母的温饱、痛痒。晚上帮助父母亲把卧具铺好，早晨要"省"，就是问安，这个请安不是嘴上讲的，而是要去做，每时每刻都要把父母的健康放在心上，所以《论语》里面有句话："父母之年，不可不知也。一则以喜，一则以惧。"要记得父母的年纪，一方面为他们的高寿感到高兴，另一方面因他们随着年纪越来越衰而感到恐惧，心中常常很矛盾、很复杂。

爱心要见诸行动，体现在生活的每一天。《礼记·曲礼上》讲到父母有疾时应该怎么做："父母有疾，冠者不栉，行不翔，言不惰，琴瑟不御，食肉不至变味，饮酒不至变貌，笑不至矧，怒不至詈，疾止复故。"父母生病的时候，子女的心情会随之发生变化，本来每天早晨起来要花很多时间梳头，现在头也不梳了；古人衣袖的长宽是一样的，叫"端服"，走路的时候，两臂平举，风吹过来像鸟儿在飞翔，在心情很好的时候，走路会有很优雅的姿态，可是父母亲生病之后就没有这种心思了；话也不多了；琴也不弹了；肉稍微吃一两块就不想吃了，吃不出味道来；饮酒不会弄到"变貌"，就是出丑；等等。父母的健康出了问题，造成他的行为举止都发生变化，一直要到父母的病好了，自己才恢复常态，一个孝子应该是这样的。

《礼记·曲礼上》讲："夫为人子者，出必告，反必面。所游必有常，所习必有业。恒言不称老。"这段其实是《弟子规》中"出必告，反必面"的出处，《弟子规》很多话都来自《礼记》。

有人说，我在家里每天三顿饭给我父母，让他们衣食无忧，我算不算一个孝子？孔子就批评说："今之孝者，是谓能养。至于犬马，皆能有养；不敬，何以别乎？"（《论语·为政》）在春秋战国时代，有些人就是这样，一天三顿饭给父母吃饱，自以为就是所谓孝了？家里养犬、养马，不也是一天三顿给它们吃得好好的吗？这与养自己父母的区别在哪里？就在你对父母有没有恭敬之心，如果不敬，那还有什么区别呢？这里就提出一个要求，不仅仅要一天三顿给父母吃好，而且对他们怀有敬爱之心。怀有敬爱之心的孝子是什么样的呢？《礼记·祭义》中讲："孝子之有深爱者，必有和气；有和气者，必有愉色；有愉色者，必有婉容。"对父母是深爱还是浅爱？如果是浅爱，只是一天三顿给父母吃饱，不饿着；如果深爱，除了给父母吃饱、吃好，必有和气、愉色与婉容。自古以来"百善孝为先"，大孝无大恶，如果一个人是大孝子，那他一定善良。由于他深深地爱他的父母，什么事情该做，什么事情不该做，他都会考虑得很周全。

古人讲"孝治"，孝为什么能治天下？孝是一个人爱心的基点，但仅仅停留在这个层面是不够的，儒家不断地提高孝的层次，赋予它新的内涵，使得孝对一个人终生的成长、对于社会的安定都能起到积极作用。《礼记·祭义》中讲到的"五不孝"，已经把孝扩充到社会层面上："居处不庄，非孝也"，一个人日常居处吊儿郎当，和一些不三不四的人交往，站没有站相，坐没有坐相，让周围的邻居都笑话，这就是不孝，孝就要维护父母亲的尊严，而不能让父母亲蒙羞。"事君不忠，非孝也"，国君通常是国家的象征，但古人所说的"君"，不一定完全就是指国君，凡有一片领地，手下有众人，就可以叫君。一个人对于自己的上级或国家不忠，一旦有什么变故叛徒，这会让自己的父母亲蒙羞，也是不孝。"莅官不敬，非孝也"，如果做官不敬业，被罢官，父母出门抬不起头来，也是不孝。"朋友不信，非孝也"，与他人交往总是撒谎，说一套做一套，谁都怕跟他打交道，他说的话谁都不相信，这种人也是不孝。"战阵无勇，非孝也"，打仗不勇敢，做了"贲军之将、亡国之大夫"，对国家的灭亡负有重大责任，也是不孝。"五者不遂，灾及于亲，敢不敬乎？"如果这五个方面有一个方面做不好，这个"灾"，作为一种名誉上的损失，就会波及自己的父母。一个深爱自己父母的人，绝对不会让父母因自己而蒙羞，所以他始终怀有恭敬之心，把各种事情做好。我们前面讲过"礼主敬"，礼让人对待每一件事情都有恭敬心，生活检点，工作努力，恭敬待人，诚信交往，打仗勇敢。能够把这几点做到了，就是一个相当不错的人。意味深长的是，这几点都是在孝的名义下要求大家做的。中国人常说"孝行"，孝是要见诸行为的，说大话、说空话无补于事，人要有操守，无论把你放在什么岗位上，要让人民放心、父母放心。

《礼记·祭义》感慨："亨孰膻芗，尝而荐之，非孝也，养也。君子之所谓孝也者，国人称愿然曰：'幸哉有子如此！'"把一碗肉烧熟了，香喷喷的，尝一口，觉得做得不错，然后举荐给父母吃，但这只是抚养他们而已。在君子看来，真正的孝是大孝，是对国家、对民族有担当，并做出成绩，得到社会肯定。一国之民都会为之感到羡慕，由衷地感叹说："这家人真幸福啊，有这么个儿子！"真正的孝是把对父母的孝和对国家的忠紧密连在一起的。当然，在特定的历史时刻，在国家危急存亡之秋，可以移孝作忠，牺牲小我，成就大我。但是这个基础要一层一层地培养出来，我们不要小看了对父母的态度，要做一个有人格的人，一定要从爱父母开始。

孝有三等。《礼记·祭义》讲："孝有三，大孝尊亲，其次弗辱，其下能养。""大孝尊亲"，就是能够使父母能够享到尊荣，你为国家、为民族所做的贡献越大，你父母所享受的尊荣就越高；"其次弗辱"，次一等的孝，是虽然对国家没有特别大的贡献，但父母没有因为自己蒙羞；最差的是"能养"，就是一天三顿让父母吃饱。我们现在不要把孝理解为工作后每月寄两百元给父母，那是最低一等的孝；把工作做好才是最好的孝。

培养孝心是真情实感不断累积的过程。《礼记·祭义》中讲："君子有终身之丧，忌日之谓也。"我们爱父母要爱到什么时候？有的人认为爱到他们去世为止。这是不够的。中国人认为爱心是在你心里、在你身上的。父母在的时候，你善待他们，孔子说："生，事之以礼，死，葬之以礼，祭之以礼。"（《论语·为政》）祭祀，要做到"祭如在"。祭祀父母，好像他们就在身边，把筷子摆好，把饭摆好，把菜摆好，把酒摆好，整整齐齐，好像他们就坐在那里，全家人恭恭敬敬地侍候在一旁，该敬酒了，就上前敬酒，酒喝得差不多了，再敬第二次、第三次。酒喝得差不多了，该喝汤了，就再把汤盛上去。汤喝得差不多了，还有茶。一切都像父母真的在用餐，这就叫"祭如在"，内心很恭敬，就像他们坐在那里一样。"事死如事生"，尽管去世了，但他还像一个有生命的人在那里；"祭神如神在"，祭神，就好像神就在那里。

子女对于父母的思念是伴随自己一生的。"二十四史"从魏晋南北朝开始有"孝友传"，其中有一位叫王裒，是个孝子，他的父亲是被司马氏害死的，所以他一生不朝司马氏所在的朝廷方向坐。后来他的母亲去世了，他就搬到墓边住去了。他母亲胆子特别小，怕打雷，所以每到风雨交加、天上打雷的时候，王裒都会情不自禁地冲出来，一边喊："母亲别怕，孩儿在呢！"他小时候，每次打雷，他都会过去陪伴她。母亲去世很多年了，他还会像母亲在世时那样情不自禁地跑出去，因为母亲一直在他心里。他出来以后，方知母亲已经永远离开自己了，就趴在旁边的树上哭，伤心得不得了，那棵树因沾满他的眼泪、鼻涕死掉了。《诗经·小雅》有一篇《蓼莪》，讲孝子思念父母亲，他与学生在一起学习的时候，一读到这首诗时就想起母亲，所有的人都看到他泪流满面，最后大家都不敢读这一篇了，这就是终身之孝。所以每到忌日，子女都要在家里致祭，以此纪念故去的亲人。我在韩国看过这样一个忌日祭祀，这一天是父母亲去世的日子，祭祀是在半夜一点钟开始。鬼神喜欢幽暗，在院子里供桌上放满祭品，全家人都跪着，正在哺乳期的婴儿也不缺席，被母亲绑在背上。家里一位长者念祭文，文字很平实、亲切，内容围绕给孩子说说我们的爷爷展开，包括爷爷叫什么名字，祖籍是哪里，在他年轻的时候正逢战乱，当时怎么奔波，怎么打拼，为了这个家庭吃过什么样的苦。爷爷对我们子女是怎样的慈爱，某年某月某日，有谁病了，他晚上连夜跑了多少里路，找医院，找大夫，邻居有困难了，他怎么去帮助别人，如此讲了很多事情，特别是家里亲情的故事。跪在下面的人有的是见过爷爷的，有的没见过。没见过的听了这么一说，对他一生都有了了解。而那些跟爷爷相处过的人，趴在地上号啕大哭，想起爷爷的种种好处。然后就说我们今天过上幸福的日子，可是爷爷一天也没过上，所以我们心里特别怀念他、特别感激他，我们所有的子孙都要为爷爷争光，不要去做任何有辱于我们爷爷的事情。这种祭祀是封建迷信吗？这是一种很好的教育啊！我们一方面要向英雄人物学习，另一方面，我们的父亲、我们的爷爷、我们的曾祖，尽管是普通人，可是他们身上都有值得我们去继承、去学习、去弘扬的优秀品德。一个家族的发展，需要这种精神上的继承，而这种继承需要通过一定的形式，这其中的道理不是很简单吗？我主张在保留一些民间习俗的同时，能够把它升华，在清明节的时候，全家能够坐下来，跟孩子们说一说我们的爷爷。宋代要求每一个子孙能说出四代祖先的名字，要做到这一点，一年要通过一两次活动，比如说过年、扫墓时的祭祀，这是一种教育方式。其实，古人不是不知道人死后不能饮食，但还是会把水果等祭品摆在那里，没有一定的形式就没有一定的内涵，通过这样的一种形式教育后人。每年回顾一下、缅怀一下自己家庭的传统。这种方式对于激励孩子的成长，有积极作用。

二、尊老敬长

"老吾老以及人之老"，尊老敬长，要从自家做起，推广到天下的长者、老者。有人说，中国自古以来没有养老制度，现代的养老制度是跟西方人学的。这种说法不符合史实。中国的养老制度在《礼记》里面就有记载，中国人认为老年人要受到社会的尊重和关爱。《礼记》里面讲到虞、夏、商、周四代都用不同的养老礼，已经上升到国家制度层面。《礼记·王制》中是这样记载的："凡养老：有虞氏以燕礼，夏后氏以飨礼，殷人以食礼，周人修而兼用之。……五十异粮，六十宿肉，七十贰膳，八十常珍，九十饮食不离寝，膳饮从于游可也。"有虞氏是用燕礼，夏后氏是飨礼，殷人是食礼，这些礼的具体内容我们今天已经说不太清楚了，但有一点不容怀疑，就是每个时代都有自己特色的养老礼仪。到了周"修而兼用之"，兼采并包了这几代的礼。在那个时候，五十岁的人可以吃不同样的粮食，要为他们提供可以选择的食品。古人讲，人老了不吃肉吃不饱，所以到了六十岁，要为之提供肉类食品，而且不只是一顿有得吃，第二天也有得吃。到了七十岁，两餐之间还要加膳。八十岁，要给他提供果品，无论他走到哪里，如果饿了、想吃了，都有食品可吃。九十岁时，饮食随时摆在他旁边，走到哪里饮食都有照顾。这是什么原因呢？因为："五十始衰，六十非肉不饱，七十非帛不暖，八十非人不暖，九十虽得人不暖矣。"那时候注重的，一个是饱，一个是暖。六十岁的人不吃肉就不饱，所以开始准备肉食，让他每天都有肉吃；七十岁的时候人身上没有火气，不穿丝帛就不暖和；八十岁的时候，要有人先把被子睡暖和了以后让他睡，九十岁时，用人先暖了被窝都不行了，所以就要更特殊的关照了。

《礼记·曲礼》中讲："年长以倍，则父事之；十年以长，则兄事之；五年以长，则肩随之。"这人与我没有血缘关系，可是他的年龄是我的一倍，那我要像对待自己的父亲一样去对待他；大我十岁的人，我要像对待兄长一样对待他；与大我五岁的人一起走路，我要走在他后面一点点，就像家里的兄弟一样。

《礼记·曲礼》中还有许多关于尊老敬长的具体要求。

"恒言不称老"，在老年人面前不要总是把"老"字摆在嘴上，你那么年轻就说自己老了，老年人会觉得很伤感。人一旦到了那个年龄，特别怕老，所以我们在老人面前千万不要说自己老了，这也是一种尊重。

"从于先生，不越路而与人言。"跟随尊长出去，不要隔着马路跟别人打招呼，把尊长冷落在一边。"见父之执，不谓之进不敢进，不谓之退不敢退，不问不敢对。"跟着父母亲出去，遇见他们的朋友，在他们交谈时，要站在旁边，父母喊你过去你就过去，没喊你就别过去，没让你走你也别走，没有问你时不要插嘴说话。

"长者问，不辞让而对，非礼也。"长者问你知识上、学问上的问题，你要辞让、谦虚，表示回答不好这个问题。这里我们要说到一个常识。比如我们在前面讲士冠礼请嘉宾，第一次请要说，我们家孩子要举行成人仪式了，想请您做嘉宾，被请的嘉宾要谦辞，说我的德行不配呀，你们家公子如此隆重的礼仪，让我做嘉宾只怕是有辱于你们的门庭。这是第一遍推辞，叫作"礼辞"。凡是有人出于对你的尊敬而请你做什么事，你一定要谦辞。古代有个规定，先要谦辞一次，为什么谦辞呢？因为可能有更好的人选，如果你马上答应下来，显得不谦虚。然后对方再次说，我们反复商量过，您是最合适的人选。被请者再次谦辞。这叫"固辞"。受邀请者是否真的有事或是有别的原因不能来，此时不能确定，所以还要第三次邀请。第三次邀请之后，如果他还是推辞，说明他确实不愿意或者不便受邀，这就叫"终辞"，这时就不要再请了，应该说对不起，打扰了，这事实在是不好意思，我们另外再请合适的人选。如果被请的这位嘉宾觉得可以答应，此时就不要再推辞，可以答应下来。这不是啰嗦，有学养的人才会如此。清华校内的第一名胜是王静安先生纪念碑，称为"三绝碑"，这碑是梁思成先生设计的，碑文由陈寅恪先生撰写，碑上的篆额是故宫博物院前院长马衡先生亲笔写的。陈寅恪先生的碑

礼乐文明与中国文化精神

文大意是，王静安先生自沉两年了，师生都非常怀念他，决定要建立一个纪念碑来表达大家的哀思。纪念碑的碑文，大家商量要让寅恪来担任，寅恪说自己"数辞而不获"，推辞了数次还是不能获得大家的同意，只好勉为其难。陈寅恪这么大的学问，与王静安先生关系那么好都要谦辞。将来大家到社会上也要做到这一点。比如你们陆挺老师请我到东南大学来演讲，我也要辞，至少要辞一次吧？做人一定要谦虚，要低调。所以长者问你，你不辞而对，抢着回答，这样不好。知识在你肚子里，不必着急，要低调，在老年人面前尤其要谦虚。

"从长者而上丘陵，则必乡长者所视。"陪同长者上丘陵，要处处以长者为中心，长者看哪里，你的目光也要赶快看哪里，以备长者有所提问。

"侍坐于所尊敬，毋余席。"必尽其所近尊者之端，勿使有空余之席。欲得亲近先生，备拟顾问，且拟后人之来，故缺其下空处以待之。"见同等不起。"同等后来，不为之起，尊敬先生，不敢曲为私敬也。我们在一个四面都是沙发的屋子里陪坐一位尊敬的老先生时，应该坐哪里？一定要"尽其所近尊者之端"，坐在他端头，离他比较近，因为如果希望得以亲近先生而且以备他有什么事情需要自己做；另外还有一个目的，就是把前面的位置坐满，把后面的位置空着，以便后来的人能够顺序坐下。这里有两种情况，比如我们到老师家里去，老师在和你谈话时，突然敲门有人进来，如果进来的是一位年龄很大的、老师的朋友，这个时候我们要先站起来，老师也肯定要起立，说某教授，请坐，好久不见，我们若是坐在那里不动，就是自大了；如果进来的是同学，就不用站起来，因为他是专为老师而来，主人跟他打招呼就可以了。

"凡为长者粪之礼，必加帚于箕上。"这个"粪"是指垃圾，如果客人来了，不知道什么原因地上有了垃圾，自己必须去扫，在扫的时候，扫帚要朝着自己的方向，不要朝着老人的方向，扫完以后还要用扫帚把垃圾盖住。

"长者不及，毋儳言。"长者没有同你谈话，就不要插话。

"侍坐于先生，先生问焉，终则对。"在老师跟前陪坐，老师提问，要等他把话说完了，再回答。

"请业则起，请益则起。""业"在古代是一块木板，老师在上课的时候，把讲义、要点写上去，照着木板上讲，把上面的知识传授给学生，叫作授业，韩愈说的"传道、受业、解惑"，就是这个意思，"请业"就是向老师请教学问，要站起来讲，不要坐着讲。"请益则起"，老师在课堂上讲了很多，还是没听懂，请老师再讲一遍，这就叫"请益"。我们平时经常讲，改日到老师的办公室"请益"时，一定要站起来，这是对老师的尊重。

"侍坐于君子，君子欠伸，撰杖屦，视日蚤莫，侍坐者请出矣。"在君子身边陪坐，尤其是到老人家里去，不要没完没了，要适时告退。"君子欠伸"，君子在那里打哈欠、伸懒腰了；"撰杖屦"，君子找自己的拐杖、鞋了，表示他准备站起来，要走了；"视日蚤莫"，看外面的太阳到哪里了，这个"蚤"是早晚的早，"莫"实际上是暮（太阳落到草里）。老人的这些动作，表示他已倦累，此时，访者要及时告退。

"君子式黄发，下卿位，入国不驰，入里必式。"正常的人是黑发，黑发长到一定的时候就成白头发了，白了以后还要变，就变黄了，所以"黄发"表明这个人的岁数相当大了，君子在车上看到黄发老人，要"式"，就是扶着车前面的横木，低头致意，这是古代的行礼之一。见到老人家要有礼貌，即使在车上，也要打招呼。

三、日常礼仪规范

在日常生活中也有很多礼仪规范。

"常视毋诳。""视"即"示","诳"的意思是撒谎，对孩子的教育要经常指示他不要撒谎。正派的人表里如一，所以应该经常教育孩子不要骗人，要诚信。

"立必正方。"一个人站立一定要正，我们常说一个人为人方正，这一方面要体现在内心，另一方面要体现在外表。不能说一个人品质高尚，但给人的外表观感却很懒散，站也站不直，坐也坐不稳。君子的风范应该中直方正。

"游毋倨，立毋跂，坐毋箕，寝毋伏。"平日行走，身体应当恭敬，不可倨慢。站立时双脚要并重，不可一轻一重，像个跂子。坐着的时候，双腿向外侧舒展地打开，如同簸箕那样。寝卧之时，应该仰睡，或者侧向一方，不可伏于席上。"寝毋伏"就是睡觉的时候不要趴着，中国人很讲养生，在古代就要求坐有坐相，睡觉不要趴在那里。食不言，寝不语，吃饭时不要说话，睡觉之前不要讨论问题，不然睡不着，言和语这两者不一样，自己说叫言，与别人讨论叫语。

"劳毋袒，暑毋褰裳。"文明时代的人，即使是参加劳作，也不袒胸露背。钱穆先生曾经说，礼是以对方的存在作为前提的，而且对对方多少怀有一点敬意。"暑毋褰裳"，古人上衣下裳，有一点像裙子，男人也穿这种衣服，天气再热，也不要往上撩下裳，否则显得不雅。

"凡视，上于面则放，下于带则忧，倾则奸。"看人时，我们的视线往上不要高于对方的脸部，否则就显得放肆。与人说话一定要看着对方的眼睛。往下看，一定不能低于对方的腰部以下，否则就显得忧虑。眼睛倾斜，目光游移，会显得心术不正。一个人给他人留下最深印象的就是他的眼睛。眼睛是温柔的，还是忧郁的，都在眼睛里面。

"凡与大人言，始视面，中视抱，卒视面，毋改。"和长辈说话，一直盯着他的眼睛会很累，怎么办？"始视面"，一开始的时候看着他的眼睛和面部；"中视抱"，看久看累了不能看地上或者看外面，这时目光可以稍微下来一点，看他的双手合抱的高度；然后"卒视面，毋改"，看了一会以后再上来看他的面部，这样就不要改了，目光不能一会上一会下。

"并坐不横肱。"大家坐在一起的时候需要考虑旁边的人，如果桌子很小，还趴在桌子上的话，就会影响两旁的人。

"居不主奥，坐不中席，行不中道，立不中门。"要读懂这句话的意思，首先要了解古代房子的结构。古代的房子，从大门进去之后是一个院子，院子靠北的部分有一座夯土高台。台子上的前部是堂，堂北面盖房屋，东面叫房，西面叫室。古代把老师的学问比作一个房子。《论语》里面讲，孔子的学生称赞老师的学问如宫室之富，自称学得不好的学生说自己不过是站在老师的门墙下面，还没入门，里面的学问都谈不上。最优秀的学生是登堂入室的弟子。登堂入室了还不够，房里面有四个角，西南方的角叫奥，奥是主人坐的，离门比较远，不是一进门就能看到的，是房间里面最深、最重要的位置。所以，在学问上登堂入室之后还有一个更高的层次，就是"深入堂奥"。在礼仪上，"居不主奥"，就是不要坐在主人坐的地方。每一家都有一个主人经常坐的位置，客人是不能坐的。古人是坐席子的，通常席子可以三个人一起坐，"坐不中席"就是不要一下子坐在正中间。中国人的席位不可以乱坐，两个人并坐，右为上，三个人并坐，中为上，右次之，左又次之，这都有讲究。"行不中道"，在马路上走路时不要在中间走，要靠边走。"立不中门"，不要在门中间站立，一是显得自大，二是会影响他人通过。

"奉者当心，提者当带。""当"是对的意思，捧东西的时候，双手要对着心的地方。提东西的时候不要在地上拖着，手要在对着腰带的位置。

与长辈握手要用双手。《礼记》中讲，长辈和小孩子见面的时候，要很亲近小孩，拉他的手，小孩子要用双手紧握长辈的手。中国古代礼仪里面没有握手礼，《诗经》"执子之手，与子偕老"，执手是亲近时的一种自然动作，但不属于礼仪。后来西方的握手礼传进来，成为最常见的礼节。我觉得握手要糅进中国的礼仪元素，平辈之间握手伸出一只手即可，晚辈与长辈之间握手则要用两只手。

与长辈说话时，尤其是在近距离，为防止口气冲到对方脸上，要掩口，要用手掩住口腔的一侧，而且说话的时候声音要小，这都是一种礼貌。

下面讲一讲饮食礼仪。现在我们一讲饮食礼仪好像就是西方的，哪只手拿刀？哪只手拿叉？怎么样要像一个贵族？这套礼仪是16—18世纪西方人才琢磨出来的，中国人在两千多年前就懂得吃饭要有吃相，要优雅、要文明，并且提出了成套的餐桌上的礼仪规范。

《礼记·曲礼上》讲："毋抟饭，毋放饭，毋流歠，毋咤食，毋啮骨，毋反鱼肉，毋投与狗骨，毋固获，毋扬饭。饭黍毋以箸，毋嚃羹，毋絮羹，毋刺齿，毋歠醢。"古人吃饭是用手抓的。坐在一起吃饭，有一个基本精神，就是要考虑别人。前面说过，钱穆先生讲，礼仪是以对方的存在作为前提，对对方多少要有点敬意。古代吃饭菜是一人一份，饭摆在中间，和今天差不多，一大盆米饭放在中间，供大家取用。这时最怕的是有人去抟饭，搓一个大饭团，不顾后面的人还有没有饭可吃。这种自私自利的行为为人所不取。所以要求用餐者"毋抟饭"。不要去抢，虽然在抓饭之前要洗干净手，但抓饭之后，切不可再将粘在手上的饭粒放回饭盆，这叫"毋放饭"。"毋流歠"，"歠"的意思是饮，古代做菜是不放盐的，比如烧的肉是没有盐的，所以要沾着酱吃，否则一点味道都没有，"毋流歠"，就是不要像喝汤一样，把酱给喝下去，那样显得太贪心。"毋咤食"，吃饭的时候不要发出响声。"毋啮骨"，骨头吃得差不多就可以了，不要再继续啮，甚至啮出声音来。"毋反鱼肉"，鱼和肉有的块儿比较大，不要吃了一口再放回到碗里去，然后再夹起来吃。"毋投与狗骨"，吃完之后骨头要放在桌子上，不要扔给狗，否则主人会很生气，以为客人把饭菜当成狗食。"毋固获"，不要总在同一个碗里夹菜，因为碗里的菜是给所有的人吃的，不是给一个人吃的。一般来说，要吃自己面前的菜，不能站起来夹别人面前碗里的菜。"毋扬饭"，刚做出来的饭很热，不要太着急，甚至用手去扇一扇。"饭黍毋以箸"，粒比米还小的黍，在吃的时候，不要用两根筷子并起来抄着吃。"毋嚃羹"，羹是浓汤，不是清汤寡水的那种汤，而且里面有菜，有豆腐，有肉等，"嚃羹"是连汤带菜地吞食。到别人家吃饭的时候不要说这个汤味道不好，太淡，拿点盐来或者拿点糖来，这会让主人会觉得尴尬。"毋刺齿"，牙齿里面塞东西，不要拿根鱼骨头，或者其他什么骨头，当着大家的面剔牙，更不要用筷子往嘴里掏。我看过一篇小说，说有位老公务员办公室里面调来一位女大学生，老公务员牙齿不好，吃什么东西塞什么东西，吃完饭之后经常拿个牙签张大嘴在那里挑，而这位女大学生有洁癖，忍受不了，又不好说，最后要求调走，别人误以为老公务员对她非礼了，弄了个大笑话。那必须要剔牙怎么办？应该用手掩着，身体要侧一点，慢慢处理，也可以到外面去用水漱漱口。"毋歠醢"，"醢"指肉酱，是用来调味道的，不要"歠"，味较咸，不可大口地吃，那样有贪婪之嫌。

"虚坐尽后，食坐尽前。"假如没有吃饭，椅子不要靠桌子太近；如果在吃饭，椅子不要离桌子太远，否则夹饭菜不方便。

"主人亲馈，则拜而食；主人不亲馈，则不拜而食。"主人来敬餐，被敬的人先要拜谢。如果不亲馈你，则可以不拜谢主人就吃。

"当食不叹。"大家在一起聚餐是一件很高兴的事情，不要在吃饭的时候唉声叹气的，搞得举座不欢。

"尊客之前不叱狗。"家里来了客人，如果进来一条狗，不要喝叱狗让狗滚开，否则客人会以为主人在指桑骂槐。

"共食不饱。"与大家在一起吃饭的时候要先想着别人，不要总想着要先让自己吃饱。

"君子不尽人之欢，不竭人之忠，以全交也。"这句话暗含了许多意思，到别人家里去，主人端出来的东西不要吃光，因为吃光了以后主人家还得再端。一般在外面吃东西，不要把每只盘子都吃得底朝天，好像客人准备的菜不够、很小气似的。

关于宾客之礼，《礼记·曲礼上》讲："凡与客入者，每门让于客。客至于寝门，则主人请入为席，然后出迎客。客固辞，主人肃客而入。"古代有大门、二门，入堂、室等几道门，迎接客人，每次要进门的时候，要请客人先走，客人也要谦让，请主人先走，包括上楼梯的时候也要谦让。原则上谦让之后，主人要先走，含有给客人引路的意思。走到寝门前，也就是到了要让客人坐的地方，主人要很郑重地说，对不起，请留步，我先进去一下。然后入内，把客人坐的地方重新整理一番，如果是重要的客人，还要加席，然后出门迎客。客固辞，主人肃客而入，把客人引进来。"户外有二屦，言闻则入，言不闻则不入。"门和户今人不太有分别。但古人分得很清楚，两扇的叫门，单扇的叫户，大门、小门都打开叫"门户开放"。"户外有二屦"，有两双鞋子，表明有两个人在里面，如果能听到两个人的说话，这时可以进去；如果里面声音很低，隐隐约约的，根本听不清，这时就不要进去。"将入户，视必下。"进去的时候要看着地。古代进别人家都是要脱鞋的。"户开亦开，户阖亦阖。有后入者，阖而毋遂。"进门的时候门是什么样的，就让它保持那个状态，如果是开着的就让它开着，如果是合着的，后进门的人也要把门关上。如果后边还有人跟着要进来，关门时就要慢慢地而不可随即把门关上。"毋践屦"，自己的鞋不要踩着别人的鞋。

人还要有同情心。"邻有丧，春不相。里有殡，不巷歌。"街坊邻里家中有丧事，春米的时候不要唱歌。古代春米的时候唱得一首歌叫作《相》，《荀子·成相》讲的就是这个意思。"邻"、"里"是互文见义的，邻居人家"有殡"，"殡"是停灵柩的地方，邻居人家在办丧事，此时不要在巷子里唱歌，否则会有幸灾乐祸之嫌。

"临丧则必有哀色，执绋不笑。"古代所有的礼仪里面，丧礼是最隆重的，成人礼或者婚礼一般只用半天，或者再加一个晚上，第二天上午就结束了，唯独丧礼要三年。中国人很讲人情，一旦发现老人身体不行了，就赶紧把他抬到家里的正寝，这叫"寿终正寝"。人没有死在荒郊野外，异国他乡，最后很圆满在正寝结束自己的一生。古代判断一个人是否还有生命迹象的方法，是用丝絮，就是蚕茧最外面特别薄的那层，放在他的鼻子底下，由于丝絮很轻，只要有一丝气，都会飘动。如果放在鼻子下面不动了，就说明不幸的事情已经发生了。万一是假死呢？古人认为，人的肉体里面有魂，如果魂在体魄之内，生命是活的，灵魂要是出窍，人会发烧，说胡话，时间久了就会死亡，孝子不忍心马上就把他当死者来处理，就爬到屋顶上，拿着他的衣服朝着北边喊三遍名字，因为魂喜欢朝幽暗的地方走。如果魂看到他的衣服回来了，就把他的衣服盖在它的身体上，这叫"复"。只要有一线希望，也要试一下，不这样做，会觉得不忍心。把衣服盖着之后还是不行，家里就开始准备丧事。但是孝子还是不忍心立即把亲人当死人对待，每天吃饭的时候就想到老人家，还是把饭菜端过去摆在他床头，这叫"奠"。古人一天吃两顿，所以每天两次摆在他床头，这叫"朝夕奠"，一直摆到最后要出殡了。为什么今天花圈的中间要写一个"奠"字？今仪当中有古仪，今天我们不摆饭菜了，摆花圈了，这是古代"朝夕奠"的遗意。之后，要把死者身上洗干净后穿衣服，这叫小殓。最后把遗体放到棺材里，叫大殓。大殓之后，要将灵柩送到墓地埋葬。灵柩是很重的，要用车子载，在棺的两侧系上两根麻绳，这叫绋，亲朋好友都要去执绋，就是协助拉灵车，并送他最后一程。执绋仪式在葬礼中很重要。20世纪60年代初，十大元帅第一位去世的是罗荣桓，我去翻当时的报纸了解到，罗荣桓元帅的灵柩停放在太庙，现在叫劳动人民文化宫，灵柩出来的时候，两边各有一根很长的黑色带子，党和国家领导人都站在带子的旁边，两边各一排，其中有周恩来总理等为罗荣桓同志执绋。在葬礼上送的对联叫挽联、挽幛。"临丧则必有哀色"，参加丧礼要有哀痛之色，不可说笑。穿的外衣应该是黑色，里面是白色，领带也是黑的，只有这两种颜色。服装和礼仪的场合要一致。"执绋不笑"，执绋的时候心情都很沉重，在送逝者最后一程，怎么能笑呢？

日常礼仪的内容太多，我们只能挑一些生活中可能会遇到的，今天就给大家讲这么多。

第十二讲　儒者德性　冠世风范
——品读《礼记·儒行》

礼的基本精神，是使人成为完人。从一个普通人走向完人，需要外在与内在这两方面的推力。外在的推力，主要是指礼仪，言谈举止都要中规中矩，合于礼；内在的推力，则是要有正确的道德理想和人生信念。就重要性而言，后者高于前者，或者说后者决定前者。有怎样的人生理念，就有怎样的生命气象。我们今天要讲的《礼记·儒行》，从全方位的角度向我们展示了真正的儒者的风范。

一、《儒行》解题

《儒行》是《礼记》的第四十一篇，它的写作年代，文中没有正面提到，但是开头有"鲁哀公问于孔子"一句，东汉著名经学家郑玄据此推断，当是在"孔子自卫初反鲁之时"。根据《史记·孔子世家》的记载，孔子怀抱淑世救民的理想，从鲁定公十三年（前497）起，与众弟子周游卫、陈、匡、蒲、曹、宋、郑、蔡、楚等国，宣传他的政治主张，历时十四年之久，但处处遭受冷遇。哀公十一年（前484），季康子迎接孔子返回鲁国，此时孔子年届六十八，五年后孔子病逝，《儒行》所记，正是孔子晚年的言论。

孔子归鲁之后，鲁哀公到他家看望，孔子借此机会论及儒者品行，总共十七条。有人记录之，篇名为《儒行》。陆德明《经典释文》说，"儒行"之"行"，用反切标引，要读"下孟反"，就是读"衡"音。郑玄《三礼目录》云："名曰《儒行》者，以其记有道德者所行。儒之言优也，柔也。能安人、能服人。又儒者，濡也，以先王之道能濡其身。"

《孔子家语》有《儒行解》一篇，核心内容与《礼记·儒行》大体一致，有兴趣的同学可以对照着读一读。

二、《儒行》讲读

下面，我依文序对《儒行》篇的文字进行讲解。

> 鲁哀公问于孔子曰："夫子之服，其儒服与？"孔子对曰："丘少居鲁，衣逢掖之衣；长居宋，冠章甫之冠。丘闻之也，君子之学也博，其服也乡。丘不知儒服。"哀公曰："敢问儒行？"孔子对曰："遽数之不能终其物，悉数之乃留。更仆，未可终也。"

鲁哀公看到孔子的衣服与士大夫相异，又与庶人不同，怀疑这就是儒服，因而请问孔子。孔子回答说：我生于鲁，所以穿的是鲁地常见的"逢掖之衣"。"逢"，通"蓬"，在古汉语里有"大"的意思，例如《诗经·小雅·采菽》的"维柞之枝，其叶蓬蓬"，柞树树干上有枝条，所生的叶子蓬蓬然。蓬，是形容树叶盛大的样子。掖，是古"腋"字。逢掖之衣，就是肘腋处比较宽大的衣服。"章甫之冠"，是殷人所戴之冠，宋是殷的旧都所在，依旧戴这种冠。孔子长大后移居于宋，也戴章甫之冠。

哀公身为一国之君，孔子是大儒，哀公见面当急切地请教儒者的道德品行，不料却是问衣服。《荀子·哀公》说，哀公向孔子问舜冠，而不问舜德，令孔子感到不快。哀公连问两次，孔子都"不答"，与此文说"不知"，意思完全相同。孔子说："君子学识广博，遍知今古之事，但穿戴简朴，穿少年所居之地的衣服，戴长大后所居之地的冠，随其乡人的常服而已。我不知道什么是儒服！"哀公听后有些愧意，便说："我想斗胆请教儒者的德行是怎样的？"孔子回答说："儒行深远，若是仓促地列举，一时很难穷尽；如果非要将它数完，需要的时间就久了，恐怕太仆数都数不动了，更换一位接着数还是数不完。"有一句成语叫"更仆难数"，就是从这里来的。

> 哀公命席，孔子侍，曰："儒有席上之珍以待聘，夙夜强学以待问，怀忠信以待举，力行以待取。其自立有如此者。

鲁哀公命掌筵者在堂上为孔子铺设座席，让他在一旁侍坐。大家或许会问，明明是在孔子家里，哀公怎么反客为主，令孔子侍坐？哀公没错。按照古代礼制，诸侯是一国之主，到任何臣下家里，都可以以主人的身份自居。于是孔子开始纵论儒者的自立之事。

"席"是铺陈。"珍"是美善。"聘"是大问，是有关治国之道的询问。"举"是举用。"取"是进取官位。儒者是通过自己的知识来为社会服务的，他们祖述尧、舜，宪章文、武，能历数其美善之道，以等待人主垂询；他们日夜强学，以等待人主的请教；他们怀抱对国家的忠信，以等待政府的举用；他们修身励行，等待进取荣位。儒者不媚权势，拒绝逢迎，全凭渊博的知识与高尚的品行，等待为社会服务的机会。

这一节是讲儒者的人格的自立。

> 儒有衣冠中，动作慎。其大让如慢，小让如伪；大则如
> 威，小则如愧。其难进而易退。粥粥若无能。其容貌有如
> 此者。

"儒有衣冠中，动作慎"，儒者所服衣冠，取寻常人的中间，中于礼，不严励自异，举动谨慎。"如慢"、"如伪"，言之不愊[bì]怛[dá]。"如威"、"如愧"，如有所畏。

人性好利。儒者不然，面对各种物质诱惑，儒者从容以待，不为所动。"其大让如慢，小让如伪"，大让，如让国、让位，如慢、如伪，郑玄说都是言语不愊怛，意思是不急切，似乎很是不屑。辞让时的言辞宽缓，似乎显得怠慢。以小物相送也是如此，好像显得做作。这句是说儒不以利动。"大则如威，小则如愧"，有大事之时，形貌似乎有所畏惧；行小事之时，则似乎有所惭愧。"如威如愧"，都是重慎自贬损。

"难进而易退"，这是以古礼相比况，古代宾客往访，要先后三次与主人揖让，然后才上堂，所以说"难进"；宾客告别主人，仅需辞别一次即可退下，主人拜送，客去而不顾，所以说"易退"。

"粥粥若无能"，粥，有的刻本写作"鬻"，卑谦之貌。粥粥，柔弱专愚的样子，好像一无所能。

这一节是讲儒者的容貌。

> 儒有居处齐难，其坐起恭敬；言必先信，行必中正。道
> 涂不争险易之利，冬夏不争阴阳之和。爱其死以有待，养
> 其身以有为。其备豫有如此者。

"齐"通"斋"，当"齐庄"讲。齐庄是先秦恒语，意思是恭

敬，《中庸》说"齐庄中正，足以有敬也"，就是例证。难，是
"戁"的假借字。《说文解字》："戁，敬。"可见"齐难"就是恭
敬。"居处齐难，其坐起恭敬"，儒者平素居处，容貌齐庄，坐起
恭敬，他人无从怠慢之。"言必先信，行必中正"，是说言语一定
以信为先，行为一定中正。

涂，道路。"道涂不争险易之利，冬夏不争阴阳之和"，君子
走路，不会为了便利自己，而与人争平易之地；冬暖夏凉之处得
阴阳之和，世人多喜欢抢占，儒者让而不争，意在远离斗讼，避
免无谓的伤害。儒者如此"爱其死"，并非贪生，而是爱惜生命，
等待明君的出现；"养其身"是为了在明君出现时有一个好身体
来行其道德。

这一节是讲儒者为等待明君的出现而做的准备。

> 儒有不宝金玉，而忠信以为宝；不祈土地，立义以为土
> 地；不祈多积，多文以为富；难得而易禄也，易禄而难畜
> 也。非时不见，不亦难得乎？非义不合，不亦难畜乎？先劳
> 而后禄，不亦易禄乎？其近人有如此者。

这段话是说儒者亲近于人的表现。世俗之人多以金玉为至
宝，儒者不贪金玉利禄以与人竞争，而以忠信仁义为至宝，以此
与人交往，所以人们乐意与之亲近。儒者不祈求广占土地，而将
义作为安身立命之地；不祈求多多积聚财物，而以多学文章技艺
为富。

儒者"难得而易禄也，易禄而难畜也"，非有道之世不出仕，
这不是很"难得"吗？先做事而后接受俸禄，这不是很"易禄"
吗？人君有义则与之合作，无义则断然离去，这不是很"难
畜"吗？

这一节是讲儒者亲近于人的表现。

儒有委之以货财，淹之以乐好，见利，不亏其义；劫之以众，沮之以兵，见死，不更其守；鸷虫攫搏，不程勇者；引重鼎，不程其力；往者不悔，来者不豫；过言不再，流言不极；不断其威，不习其谋。其特立有如此者。

"儒有委之以货财，淹之以乐好，见利，不亏其义"，淹，是沉溺、浸渍。有人给予大量钱财，使之终日沉溺于爱乐玩好之中。面对这种利欲的包围，儒者不做有损于自己道义的事。

"劫之以众，沮之以兵，见死，不更其守"，劫，是劫胁。沮，是恐吓。有人以军众相劫胁，以兵刃相恐吓，面对死亡的威胁，儒者始终不更改其操守，绝不为了免死而屈从之。

"鸷虫攫搏，不程勇者；引重鼎，不程其力"，鸷，猛禽。虫，猛兽。程，揣量。清人王念孙说，"不程勇者"，当作"不程其勇"，与下句"不程其力"对文。儒者若是遭遇鸷禽猛兽，则义无反顾地上前攫搏，而不揣量自己的武勇能否抵挡；举引重鼎，也不预先考量自己的气力是否能胜任。此处的搏猛与引重不过是借喻，面对艰难之事，儒者只考虑该不该上前，而不考虑后果如何，见义勇为，该往则往，即使失败，也绝不后悔。

"往者不悔，来者不豫"，儒者过去可能有失败的经历，但不会总是耻愧、忧虑；对将来的事，也不会瞻前顾后，预先防备。总之，不管是过去还是未来，一切都从容自若。

"过言不再，流言不极；不断其威，不习其谋"，说了错话，坦率承认，以后不会再说；听到流传之言，闻之则解，不屑去穷究出处。儒者始终保持其威严，容貌举止常令人感到可畏；遇事则谋，口及则言，不预先盘算。这就是《论语》所说："不逆诈，不亿不信，抑亦先觉者，是贤乎！"

这一节是讲儒者的特立独行。

儒有可亲而不可劫也，可近而不可迫也，可杀而不可辱也。其居处不淫，其饮食不溽，其过失可微辨而不可面数也。其刚毅有如此者。

淫，倾邪。溽，滋味浓厚。儒者性格刚毅，可以亲近而不可胁迫，可以杀戮而不可迫辱。其居处不倾邪，饮食简单而不求浓厚。他若有过错，旁人可以略作暗示，他就会痛改，但不可以当面数落，令他难堪。

这一节是讲儒者的刚毅。

儒有忠信以为甲胄，礼义以为干橹；戴仁而行，抱义而处；虽有暴政，不更其所。其自立有如此者。

甲，铠甲。胄，头盔。干橹，小盾、大盾。甲胄与干橹，是普通人用以抵御患难的器械。儒者以忠信礼义抵御患难，人有忠信礼义则他人不敢侵侮。

"戴仁而行，抱义而处"，是仁义不离身。"虽有暴政，不更其所"，即使有暴政，不改变其志操，迥然自立。

虽与前"自立"文同，其意异于上。"其自立有如此者"，初第一儒言"自立"，指强学力行而自修立，此条"自立"，指独怀仁义忠信。

这一节讲儒者的自立。

儒有一亩之宫，环堵之室；筚门圭窬，蓬户瓮牖；易衣而出，并日而食；上答之不敢以疑，上不答不敢以诌。其仕有如此者。

"儒有一亩之宫，环堵之室；筚门圭窬，蓬户瓮牖"，一亩，宽一步、长百步为亩。宫，墙垣。"一亩之宫"，墙方六丈。方丈为堵。环堵，东西南北四面都只有一堵。筚门，用荆竹编织的门。窬，洞。圭窬，正门旁边穿墙而成的小门，上锐下方，形状像圭。蓬户，编蓬为户，又以蓬塞门。瓮牖，牖窗圆如瓮口，一说是以破败的瓮口做牖。

"易衣而出，并日而食"，全家共用一套衣服，出门者更换穿着。不日日得食，有时两三天，只能得到一天的粮食。

"上答之不敢以疑，上不答不敢以谄"，上，君。自己有建言，君上应答而用之，自己不敢以二心服侍君上。反之，自己的建言未能为君上所用，自己静默以待，不敢靠谄媚求进。言儒者有大德而仕小官，贫穷屈道而不改初衷。

这一节说儒者仕宦能自执其操。即使贫穷屈道，仕为小官，也不改变志节。

> 儒有今人与居，古人与稽；今世行之，后世以为楷；适弗逢世，上弗援，下弗推。谗谄之民，有比党而危之者，身可危也，而志不可夺也。虽危，起居竟信其志，犹将不忘百姓之病。其忧思有如此者。

"今人与居，古人与稽；今世行之，后世以为楷"，稽，合。儒者与今世小人共居，而言行与古之君子相合。楷，法式。儒者行事方式，足以成为后世的楷模。

"适弗逢世，上弗援，下弗推。谗谄之民，有比党而危之者，身可危也，而志不可夺也"，援，引、取。自己生不逢时，既不为君上所取用，又不为民下所推举。而"谗谄之民"，结党连群，合伙危害自己。身已岌岌可危，而心志始终不变。《论语》云"守死善道"与"匹夫不可夺志"。

"虽危，起居竟信其志，犹将不忘百姓之病"，起居，举动。竟，终。信，是"伸"的假借字。尽管谗谄之民结党危害自己，而自己行事举动，依然能伸展固有的志操；如果有所图谋，依然不忘百姓的忧病。

这一节说儒者虽身不居明世，其忧思犹及于人之事。

> 儒有博学而不穷，笃行而不倦；幽居而不淫，上通而不困；礼之以和为贵，忠信之美，优游之法；慕贤而容众，毁方而瓦合。其宽裕有如此者。

"博学而不穷，笃行而不倦"，广博问学而不穷止，笃实践行而不知疲倦。

"幽居而不淫，上通而不困"，幽居，独处。淫，倾邪。君子虽居于隐处，而能常自修整，言行不倾邪。有道德上通于君。在其位，必行其正，德位相称，不会困弊不足。

"礼之以和为贵，忠信之美，优游之法"，儒者用礼致和，贵贱有礼而无隔膜。见人有忠信，则赞美之。见人和软，则效法之。

"慕贤而容众，毁方而瓦合"，见贤思齐是"慕贤"，泛爱一切是"容众"。方，物之方正者，都有圭角锋芒。儒者立身方正，犹如物有圭角。然而君子为道不远人，所以在某些小节方面，毁屈自己的圭角，下与小民（瓦器）相合。

这一节说儒者的宽裕之事。

> 儒有内称不辟亲，外举不辟怨；程功积事，推贤而进达之，不望其报；君得其志，苟利国家，不求富贵。其举贤援能有如此者。

"儒有内称不辟亲，外举不辟怨"，称，荐举。儒者举荐他人，全凭事理，而不考虑亲疏情仇。大家都很熟悉，晋国大夫祁奚（字黄羊）"外举不避仇，内举不避亲"的典故。《左传》襄公三年记载，祁奚年逾七十，请求"致仕"，就是退休。晋悼公问祁奚，由谁来接替他。祁奚推荐解狐。晋悼公很奇怪："解狐是你的仇人，你为何要推荐他?"祁奚说:"你只问谁适合接替我，没有问他是不是我的仇人。"不料，解狐尚未接任就死了。晋悼公又问祁奚，谁来接任合适。祁奚回答说:"祁午可以。"悼公觉得奇怪:"祁午是你的儿子啊!"祁奚说:"你只问谁适合接位，没有问他是不是我的儿子。"祁奚举荐自己的仇人，不是为了谄媚;推荐自己的儿子，不是为了结党。完全出以公心，为国选贤。

"程功积事，推贤而进达之，不望其报"，儒者拟举荐人才之时，一定考量此人所做过的功业，累计所做过的事情，确知他能胜任某一职务，才推举而进达之，绝不妄加举荐。尽力将贤人进达于国君，而从不期待回报。

"君得其志，苟利国家，不求富贵"，儒者辅助国君，务使国君治国的志愿成为现实;儒者推举贤达士子，唯在有利于国家，而不在身上自求富贵。

这一节说儒者的举贤引能之事。

> 儒有闻善以相告也，见善以相示也，爵位相先也，患难相死也，久相待也，远相致也。其任举有如此者。

"爵位相先也，患难相死也"，相先，相让。儒者见爵位之事，必先相让于朋友。儒者有患难，相为致死。

"久相待也，远相致也"，朋友久在下位不升，己则待之而乃进。己得明君而仕，友在小国不得志，则远相招致其侍明君。

这一节说儒者举任同类之事。上一节的"举贤援能"指关系疏远者，此节"任举"指关系亲近者。

> 儒有澡身而浴德，陈言而伏，静而正之，上弗知也;粗而翘之，又不急为也;不临深而为高，不加少而为多;世治不轻，世乱不沮;同弗与，异弗非也。其特立独行有如此者。

"澡身而浴德"，儒者能澡洁其身，不沾染污浊之事；能沐浴于德，以德自清。

"陈言而伏，静而正之，上弗知也；粗而翘之，又不急为也"，儒者向国君上陈治国之言，伏地敬候君命；静退自居，像平时那样恪守正道，而不焦躁。自己有善言正行，而君上不知，则寻找机会略微启发，使之领会。但不可操之过急，否则君上过快采纳，则容易令众人诧异，甚至嫉妒也随之而生。

"不临深而为高，不加少而为多"，儒者谦卑自守，不站在低深之处显示自己高大。面对众人，不以自己位高势尊而自振其贵；谋虑事情，不因偶得小胜而自我矜大。

"世治不轻，世乱不沮"，人之常情，见众人无知，自己独贤，则尽心用力。反之，如果众人皆贤，往往妄自菲薄。儒者始终自重自爱，世治之时，与群贤并处不自轻；世道衰坏，自己的志向绝不沮坏。

"同弗与，异弗非也"，儒者在仕，有人官位与自己齐同而行为不善，则不与之相亲合；有人与自己疏异而行为皆善，则不去非毁。

前面说到儒者的"特立"，此节又提及"特立独行"，两处的"特立"各有侧重：前者侧重在儒者一身勇武，没有涉及行为；此节所说，强调自身特立的同时，又有"独行"，即独有的行为。

> 儒有上不臣天子，下不事诸侯；慎静而尚宽，强毅以与人；博学以知服，近文章，砥厉廉隅；虽分国如锱铢，不臣不仕。其规为有如此者。

"上不臣天子"，如伯夷、叔齐；"下不事诸侯"，如长沮、桀溺。都是人格独立的人。

"慎静而尚宽，强毅以与人"，既慎而静，所尚宽缓。若有人与己辩争言行，而彼人道不正，则自己绝不苟且屈挠而顺从之，必定"强毅以与人"。

"博学以知服，近文章，砥厉廉隅"，廉，指堂的侧边，是堂的有棱角之处。《汉书·贾谊传》："廉远地则堂高。"隅，屋角，室内的方正之处。廉隅，比喻人品方正。广博学问，而知畏服先代贤人；习近文章，自我砥砺，成就自己的廉隅。

"虽分国如锱铢，不臣不仕"，一锱的重量，古书有六两、八两、六铢、十二铢等不同的说法。此文锱铢并称，可知两者轻重相近，则六铢为锱比较符合史实。这一节是说，即使君王将国家剖分给我作为俸禄，亦轻视如锱铢，自觉把握好所做之事，不以为臣求仕为目的。

这一节说儒者的规为。

> 儒有合志同方，营道同术；并立则乐，相下不厌；久不相见，闻流言不信。其行本方立义，同而进，不同而退。其交友有如此者。

"合志同方，营道同术"，清华的"同方"一词的出处就在这一句里。方，是趣向。儒者交友，彼此志意相合。术，方法。经营道艺，法则相同。"并立则乐，相下不厌"，与知友并立于官则欢乐，递相卑下也不厌贱。"久不相见，闻流言不信"，有朋友久不相见，听到谮毁朋友的流谤之言，自己绝不轻信。

"其行本方立义"，儒者之行，所本必方正，所立必在义。"同而进，不同而退"，朋友所为与自己相同，则进而从之，不同则退而避之。

这一节说儒者结交朋友之事。

> 温良者，仁之本也。敬慎者，仁之地也。宽裕者，仁之作也。孙接者，仁之能也。礼节者，仁之貌也。言谈者，仁

之文也。歌乐者，仁之和也。分散者，仁之施也。儒皆兼此而有之，犹且不敢言仁也。其尊让有如此者。

圣人之儒兼备以上儒之行，孔子恐有自我表白之嫌，所以借由谈仁者之儒的话题而叙述之。

温良为仁之性，是仁儒行之本。敬慎是持身之本，仁者之儒居止敬慎，故以之为地。仁儒动作宽裕。孙，与逊通，逊辞接物是仁儒的技能。礼仪搏节是仁儒的形象。言语谈说是仁儒的文章。歌舞喜乐是仁儒的和悦。分散蓄积而赈贫穷是仁儒的恩施。

"儒皆兼此而有之，犹且不敢言仁也"，儒者上述诸行皆备，犹然逊让，不敢自称是仁者，其恭敬、谦让、卑谦如此。

> 儒有不陨穫于贫贱，不充诎于富贵，不慁君王，不累长上，不闵有司，故曰儒。

"不陨穫于贫贱，不充诎于富贵"，怀才不遇，往往是士最感郁闷，甚至是愤慨的事情，有些人因此而落魄无状，"陨穫"是"困迫失志之貌"。"充诎"，本是古代秦晋之间的方言，指没有缘的衣服。衣服的领口、袖口、下摆处，一定缝有缘，就是边。否则，时间一长，就会散乱。人如果不知自我检束，就像无缘之衣，不成体貌，后人把因富贵而"欢喜失节"称为"充诎"。自己若身处贫贱，能如岁寒松柏，不陨穫失志，是君子的贫而乐；若身处富贵，也不失节。

"不慁君王，不累长上，不闵有司"，慁，辱。累，系。长上，指卿大夫。闵，病。有司，指群吏。这几句话合起来的意思是说，儒者无论是臣事天子、诸侯、卿大夫，还是受制于群吏，都能执持操守，绝不失志。这一节在众儒之末、圣人儒之后，与孔子事迹相符。《史记·孔子世家》说，孔子在鲁，哀公不用；在齐，被犁钼谗毁；入楚，子西又进谮言；适晋，赵鞅欲加害；

畏于匡，厄于陈。而孔子矢志不渝，始终不变其志。所以郑玄认为这一节是"孔子自谓"。

> 今众人之命儒也妄，常以儒相诟病。"

孔子历数儒行之后，遂说及如今世俗轻贱儒者，以此讥讽哀公。命，是"名"，有"定义"的意思。世俗所说的儒者，虚妄不经，常常将"儒"作为互相羞辱的称呼，连哀公也不例外。此句的注文"以儒靳故相戏"不太好懂，我们来看《左传》里的一个典故就明白了。鲁庄公十一年（前684），宋与鲁战于乘丘，宋大夫长万被鲁人俘虏。宋人请求释放他，鲁人便放长万回去了。宋闵公说："我以前很尊敬你，如今你做了鲁国的阶下囚，我以后不再尊敬你了。"《左传》在这几句话前面用了"宋公靳之"四个字，杜预解释说："戏而相愧曰靳。""靳"，就是用戏谑之言羞辱人。

> 孔子至舍，哀公馆之，闻此言也，言加信，行加义，"终没吾世，不敢以儒为戏"。

孔子从卫国返归鲁国，回到自己家，哀公就而馆之，听了孔子这番话之后，顿时觉得儒者确实可敬，从此"言加信，行加义"，还感慨地说："终没吾出，不敢以儒为戏。"哀公之言，只是一时被孔子折服，并非发自内心敬重儒者，所以最终还是没有起用孔子。孔子卒后，哀公写诔文哀悼之，说"旻天不吊，不慭遗一老，俾屏予一人以在位，茕茕余在疚"云云。子贡讥讽说："生不能用，死而诔之，非礼也。"

三、《儒行》的文化意义

《儒行》从容貌、备豫、近人、特立、刚毅、自立、仕宦、忧思、宽裕、举贤引能、任举、特立独行、规为、交友、尊让等十五个方面讲述儒行，向我们展示了儒者在面临不同处境、不同现实问题时的价值判断，具有很强的警世意义。我很喜欢《儒行》，多次读过，每次读完，都能从中汲取精神上的力量，感觉内心世界得到了提振，人生的方向更加明确。

这几年，我一直在思考一个问题：陈寅恪在为王静安先生纪念碑撰写的碑文中高度颂扬"独立之精神，自由之思想"，说它能"与天壤而同久，共三光而永光"。陈先生所说的"独立"与"自由"应该作何理解？有人解释为"自由无羁的思想和独立不倚的人格"，这种解释只强调自由，其实我行我素的自由与独立，并不一定有好的境界，陈先生的本意恐怕并非如此。也有不少大学生说，独立、自由，就是脑袋长在自己的肩膀上，我的人生我做主，不受任何人影响。可是，现实生活中遁世独行的人并不少见，而他们的言行却难以令人苟同，是绝对不能"共三光而永光"的。仔细读过《儒行》后，我对陈先生的话有了新的理解。从词义上讲，所谓独立，是指不依傍于外物的自立；自由，是从心所欲而不逾矩的理性行走。人之所以不能独立、自由，主要受制于两个因素："物"与"我"。古汉语里面的"物"，可以训为"事"，所以中国人经常以"事物"并举。"物"包括外部世界的一切物质与人事。"我"，特指自我，是相对于"大我"而言的"小我"，"大我"代表的是社会与群体公利，"小我"代表的则是一己私利。人生在世，常常为物、我所累，既摆脱不了外物的诱惑，又跳不出私己的窠臼，不是受制于物，便是受制于心，念念不忘的是个人的贫富、仕途，人生的喜怒哀乐都是缘此两者而生，这哪里还谈得上有真正的独立与自由？范仲淹《岳阳楼记》说"不以物喜，不以己悲"，"宠辱偕忘"，自己的悲喜、荣辱，都与外物、私己无关，念兹在兹的乃是"先天下之忧而忧，后天下之乐而乐"。

我这样理解《岳阳楼记》，是不是误读了范仲淹，把自己的意见强加于他了呢？不是的。我们来看欧阳修撰写的《范公神道碑铭序》对范仲淹的介绍，说他"少年大节，其于富贵贫贱、毁誉欢戚，不一动其心，而慨然有天下之志"。可见他的人生之志是在"天下"，所以他的心超然物外，从不为个人的"富贵贫贱、毁誉欢戚"而有"一动"。我认为，这才是陈先生所说的能"共三光而永光"的，精神上的真正的独立与自由。

我们读《儒行》，可以明确地感受到，它所称颂的，正是超然于物、我的真儒，与陈寅恪先生所言完全一致，而更为具体、形象。下面我谈几点看法，来与大家讨论。

第一，"待"而不求。传统中国是四民社会：士、农、工、商。士，不务农、不做工、不经商，是以学识服务于社会的。中国自古有"学而优则仕"之说，但是，由于非常复杂的原因，优者未必能入仕，入仕者未必就优。面对这种令人无奈的现实，有些人"看破红尘"，变得消沉、颓废；也有人找门路、托关系，四处钻营，以求入仕。《儒行》的立场是，"夙夜强学以待问，怀忠信以待举，力行以待取"，这三句话中都有一个"待"字，需要特别指出。"待"，就是等待，是被动态，是人格独立的重要体现。与"待"相反的是"求"，为入仕而谄媚、行贿、攀附权贵，这是主动态。如果官位是求来的，势必会形成上下级之间的依附关系，今后在官场里就会失去应有的尊严，看人脸色说话，哪里还谈得上独立与自由？

要做到待而不求，需要有良好的心态，不要将入仕与否看得太重。孔子、孟子都有经天纬地之才，可是都没有被国家重用，这有什么大不了的？姜太公垂钓磻溪，诸葛亮躬耕陇亩，不也是一种很好的生活方式吗？《论语》里孔子称赞颜回有从容自若的心态，"用之则行，舍之则藏"（《述而》）：你用我，我就把道拿出来推行；你舍弃我，不用我了，我就把它卷而藏之，等待机会。你不用我，我没有什么损失，损失的是你。孔子、孟子、朱子等都转而将目光转向教育，传播真知，由此产生的社会影响，要比入仕更为久远！

我们要相信"天生我才必有用"，要有"锥处囊中，脱颖而出"的信心，只要有真才实学，早晚都会有报效国家的机会。当然，这并非消极等待，而是通过强学、力行等手段练好内功，保持"博学而不穷，笃行而不倦"的进取势头。

第二，甘于清贫。真正追求精神独立的人，一定能甘于清贫，在淡泊中明志。《论语》提到"一箪食，一瓢饮，在陋巷，人不堪其忧，回也不改其乐"（《雍也》）的颜渊，还有"衣敝缊袍"（《子罕》）而不耻的子路，都是典型的范例。《儒行》提到的不仕者的清寒（"一亩之宫，环堵之室；筚门圭窬，蓬户瓮牖；易衣而出，并日而食"）以及处境的险恶（有人"劫之以众，沮之以兵"，"上弗援，下弗推。谗谄之民，有比党而危之"），这是一般人很难忍受的。孔子曾经在陈绝粮，他说："君子固穷，小人穷斯滥矣。"（《论语·卫灵公》）这里的"穷"不是贫穷的"穷"，而是"山穷水尽"的"穷"，而是指境遇的窘困。君子固然会有窘困之时，但他依然能保持本色；小人不然，他们会变得下三滥，无所不为。《儒行》之儒，此时犹能高标独立，"不陨穫于贫贱，不充诎于富贵"，虽危，"犹将不忘百姓之病"，其志不可夺。孟子说的"富贵不能淫，贫贱不能移，威武不能屈"（《孟子·滕文公下》），是对儒者的人生境界的进一步阐发。我们这一代人，经历过社会动荡的年代，切身感受过以威武相胁、以贫贱相逼、以富贵相诱的滋味。在各种恶劣的境遇中不屈不挠，守住人格的底线，保持自己的清白之身，比什么都重要。当我们渐入老境，回首往事的时候，就会为自己拥有这样一份人生最宝贵的财富而感到由衷的自豪与欣慰。

　　第三，重义轻利。在现实生活中，我们常常要面对"义"与"利"的抉择，真正的儒者无论是面对"大让"还是"小让"，都能做到如畏如愧，不起心动念；一旦面对大是大非，即使需要搏猛引重，只要是义之所在，都能勇往直前，以身报国。重义轻利是中国文化的重要内涵，是知识精英的价值观的重要体现，需要我们每个人继承。遗憾的是，在近些年流行于中国高校的西方经济学理论中，人人都是自私的，每个人都想把个人利益最大化。受这种理论的影响，我们有些人变得非常自私，一事当前，不问是非，只问是赢还是亏。那些生产毒奶粉、地沟油的人之所以无耻，正是他们的人生观、价值观出了问题。如果我们周围都是极端自私无耻的人，我们会觉得舒服吗？这样的社会，难道是我们追求的理想社会吗？

　　我读《儒行》的感受是，儒者的人生追求、特立独行的人格品性、生命的伟大尊严，历历在目，文字挺拔峻峭，掷地有金石之声，读之有荡气回肠之感，对于培育我们"独立之精神，自由之思想"，成为完人，具有非常积极的意义，值得反复吟咏。

　　北宋初年，国家积贫积弱，边患频起，为了激励士风，推崇气节，宋太祖赵匡胤将《儒行》印发给大臣以及新科进士。进入近代以后，山河飘零，国势颓微，又有一些知识精英出来推戴《儒行》。章太炎先生大力提倡《儒行》："儒者修己之道，备见于《儒行》。""《儒行》所说十五儒，大抵坚苦卓绝，奋厉慷慨。""奇节伟行之提倡，《儒行》一篇，触处皆是。"熊十力先生在其《读经示要》一书中，将《儒行》与《大学》并列而加以表彰："《大学》、《儒行》二篇，皆贯穿群经，而撮其要最，详其条贯，揭其宗旨，博大宏深。""经旨广博，《大学》为之总括，三纲八目，范围天地，乾坤可毁，此理不易。续述《儒行》，皆人生之至正至常，不可不力践者。"

最后要说到的一个问题是，从唐代开始，学术界出现一种"疑古"、"惑经"的思潮，怀疑某些经典的可信性，《儒行》也在其中。如吕大临说："此篇之说，有矜大胜人之气，少雍容深厚之风，似与不知者力争于一旦。窃意末世儒者将以自尊其教，有道者不为也。"程颐也说："《儒行》之篇，此书全无义理，如后世游说之士所为夸大之说。观孔子平日语言，有如是者否？"他们怀疑《儒行》为孔子所作的主要理由，是《儒行》内有搏猛引重之类的话，认为这分明就是孔子批评过的"暴虎"（赤手空拳打老虎）之事，不可能是孔子所言。这种怀疑似是而非，站不住脚。我们读《论语》、《礼记》、《左传》等文献，可以知道，早在孔子之前，社会上就非常强调"智"、"仁"、"勇"，孔子亦然，《中庸》称之为"三达德"。孔子所说的勇，绝对不是匹夫之勇，而是为了正义的壮举，他说："见义不为，无勇也。"（《论语·为政》）人们常说的"见义勇为"，就是从这里来的。孔子自己就是一名见义勇为者。《左传》定公十年，齐鲁有夹谷之会，孔子为鲁定公相礼。齐人认为孔子"知礼而无勇"，试图让莱人用武力威胁鲁侯。孔子不顾个人安危保护鲁定公往后退，一边命令士兵快拿起武器冲上去，一边用大义正道之辞折服齐景公，景公只得罢休。盟誓时，齐人在盟书上添加盟辞，要求鲁国在齐师出境作战时，必须派甲车三百乘从行。孔子针锋相对地要求齐归还所侵占的汶水北岸之地。冬天，齐人将所侵之地全部归还鲁国。《孟子》说的"富贵不能淫，贫贱不能移，威武不能屈"，不也是包含了"勇"在内吗？

第十三讲　夫子遗训　弟子仪轨
——《弟子规》讲论

好，上课了！

大约十年前，深圳出现一条非常轰动的新闻：有一位酷爱国学的企业家，要招聘一位员工，年薪二十万，唯一的要求是，能背一篇儒家的通俗读物，结果居然没有人应聘，整个社会震惊了！有哪位同学能告诉我，要求背诵的是哪篇通俗读物？我提示一下，那是一篇讲儿童行为规范的东西，哪位能告诉我？我告诉大家，是《弟子规》。这是一篇孩童读物，并不高深，也不难背，若是再不提倡，恐怕要失笑于古人了。今天，我就来介绍《弟子规》。

一、《弟子规》简介

《弟子规》原名叫作《训蒙文》，作者是李毓秀。李毓秀生前没有什么名声和地位，所以文献中有关他的记载非常之少，我们只知道他字子潜，号采三，山西绛州人，清朝康熙年间考中秀才，此后一直在乡间当塾师。儿童上学之前，天智未开，处于蒙昧的状态。幼儿教育的任务，一是要授给儿童进入社会所必需的知识，二是要使他们的行为合于社会期待的要求。关于知识教育，前人编写过很多教材，例如《三字经》、《百家姓》、《千字文》、《龙文鞭影》等，到了康熙时代，又出现了两本非常著名的教材——李渔的《笠翁对韵》、车万育的《声律启蒙》——教孩子学音韵，以便能写诗作联。关于行为教育的教材，曾经有过《颜氏家训》、《小学》等，但由于内容不够系统，流传不很理想。

李毓秀是一位很有理念的人，他在长期的童蒙教育中体会到，教孩子行为端正，要比教孩子知识更为重要。于是，他以《论语》"弟子入则孝，出则弟，谨而信，泛爱众，而亲仁。行有余力，则以学文"一语作为核心，将《论语》、《礼记》、《孝经》以及朱熹的语录中有关的文句糅为一体，仿照《三字经》的体例，三字一句，两句一韵，朗朗上口，变成一篇文字浅近、内容丰富、便于记诵的韵文，总共 360 句，1 080 字，但包含了弟子在家、出外、待人、接物、读书等方面应恪守的规范，涉及儿童行为教育的主要方面。《训蒙文》编成后，极受欢迎，被誉为"开蒙养正之最上乘"。后来，清儒贾有仁对此文加以改编，并且更名为《弟子规》。

在我国历代用韵语编成、传授伦理道德的蒙学读物中，《弟子规》的影响后来居上，几乎没有任何一部蒙学读物比它更受欢迎，即便是自宋代以来风靡于世的《三字经》，也几乎因《弟子规》的出现而被替代。清代许多地方政府都曾饬令所属州县，将《弟子规》列为私塾或义学的童蒙必读书籍。李毓秀逝世之后，他的牌位被供奉于绛州的先贤祠内，受到后人的纪念。

二、 《弟子规》讲解

《弟子规》的内容，分为"总叙"、"入则孝出则弟"、"谨而信"、"泛爱众而亲仁"、"行有余力则以学文"等五个部分。也有人将"谨而信"分解为"谨"和"信",将"泛爱众而亲仁"分解为"泛爱众"与"亲仁"的,但本质上并没有区别。

1. 总叙

> 弟子规,圣人训。首孝弟,次谨信。
> 泛爱众,而亲仁。有余力,则学文。

总叙的八句话,是把《论语·学而》中孔子"弟子入则孝,出则弟,谨而信,泛爱众,而亲仁。行有余力,则以学文"的话略作处理而成的,开首便点明本文是根据圣人孔子的教训制订的,而孝悌、谨信、爱众、亲仁、学文,是有志于道的少年应该奠定的人生基础。

总叙的这段话很平易,似乎没有什么需要注意的问题,对不对?不过,在我看来,至少有两处值得注意。首先,"弟子规"中的"规"字,孔子原话中没有,是李毓秀加上去的,这个字加得非常之好。"规"是规矩、规范,古人说"没有规矩不成方圆",没有规范岂能成人?这个"规"字统领了全文所有的各种规范。其次,孔子所要求的孝悌、谨信、爱众、亲仁、学文等德目,是平行的关系,还是先后的关系?宋代的学者认为,它们属于本末关系,孝悌、谨信、爱众、亲仁,属于做人的本分,学会孝敬父母、友爱兄弟,这是第一位的;然后是约束言行,行为要谨慎,说话要诚信;接着,要博爱大众,亲近仁者。这些都属于"本"。如果这些都做到了,还有余力闲暇,就应该去学习"文",也就是《礼》、《乐》、《诗》、《书》。为学的根本是树立德性,是弟子必须力行的科目。但是,仅仅力行而不学文,就不了解圣贤的理论,不懂得事理,一切都是跟着感觉走,就不能成为理性的人。书本知识的学习属于"末"。明白这一点,对于正确理解孔子的话非常重要。《弟子规》正是秉承了宋人的理解，用"首孝弟，次谨信"的话点明了圣人训的内在逻辑，旨在突出为学的次第：力行与读书，力行为先。

2. 入则孝出则弟

父母呼，应勿缓。父母命，行勿懒。

父母教，须敬听。父母责，须顺承。

"入"是指在家内，"入则孝"，是讲与父母相处时怎样贯彻"孝"的原则。孝，是儒家思想的起点，没有孝，就没有儒家思想，这一点，我在前面已经比较系统地介绍过，这里只简单地提几句。有人问孔子："你为什么不去从政？"孔子回答说："《尚书》里赞扬君臣能孝敬双亲、善待兄弟，并且能推广此心，作为一家之政。推行孝悌，不就是在从政吗？何必一定要位居官府才叫从政呢？"在孔子看来，如果天下的人都奉行孝悌之道，那么王道就已经实现了。所以，孔子把孝悌作为"仁之本"，是很有深意的。

孝悌不是放在嘴上叫喊的口号，而是要体现在每一个细小的行动上的。"父母呼，应勿缓"，父母有事呼唤，子女要"应勿缓"，应，是答应、回应；缓，是迟缓；回答父母的叫唤，不能拖延、懒散，而应该及时、迅速。我们常常看到，有的孩子听到父母的叫唤，不加理睬，继续看电视、做游戏；或者嘴上答应了，但同时又说："等会儿，等我打完游戏！"这是不把父母的叫唤当一回事的表现。万一父母是有紧急的事情，你这么做，你不怕误了大事吗？"父母命，行勿懒"，父母命你去做事，比如扫地、洗碗等，你应该积极去做，不要偷懒，草草应付。

"父母教，须敬听"，父母对你有所教导时，你不光要听，而且必须"敬听"，就是恭恭敬敬地听。"敬"是孝的表现，父母教我，总是为了我好，我没有理由不敬听。如果自己做错了事，被父母责备，这时要"顺承"，就是虚心接受批评，不要巧言利口地为自己辩护，甚至顶撞父母。

> 冬则温，夏则清。晨则省，昏则定。
> 出必告，反必面。居有常，业无变。

"冬则温，夏则清。晨则省，昏则定"，说的是要关心父母的起居。这两句话是从《礼记》的"凡为人子之礼，冬温而夏清，昏定而晨省"一语转化而来的。做子女的，要关心父母的"温"与"清"。温是温暖，"清"与"温"对应，注意这个字不是从水的"清"，而是从"冰"，意思是凉快。冬天，父母的衣被是否暖和；夏天，父母的床席是否凉快。古人很看重培养孩子的这一习惯，也留下不少佳话，例如《三字经》上说的"香九龄，能温席"，黄香才九岁，就懂得关心父母，他用自己小小的身躯为他们温暖卧席，以便让父母睡得舒服一些，这是何等的感人！这样做还不够，每天早晨起来，先要向父母请安，询问他们晚上是否休息好了。每天晚上，也要向父母道晚安，为他们铺好床褥。

"出必告，反必面。居有常，业无变"，前两句说，行将出门，一定要把自己的去向告诉父母，以便父母有事的时候可以找见；回到家里，一定要先与父母见过，让父母放心。后两句是说，日常居家要有规律，不要黑白颠倒，玩到深夜，上午呼呼大睡；学业不要随便变换，比如今天学武术，明天改学美术，后天又学诗歌，这样什么也学不好。

> 事虽小，勿擅为。苟擅为，子道亏。
> 物虽小，勿私藏。苟私藏，亲心伤。

"事虽小，勿擅为。苟擅为，子道亏"，是说凡事要征求父母意见，不可自作主张。事情再小，没有得到父母的同意，就不要擅自去做。如果你瞒着父母私自去做，你就违背了为子之道。如今有人提倡"独立性"，认为这是有独立人格的表现。殊不知，年轻人阅历浅，思想上也不成熟，遇事容易冲动，所以往往会做出错误的决定。因此，尊重父母的意见是非常必要的。一个深爱自己父母的人，一定不会背着父母去决定一些事情。想瞒着父母去做的事，通常不是什么好事。由于长期自行其是，现在不少大学生找女朋友，甚至结婚，事前都不征求父母的意见，令父母神伤。有的直接把妻子带回家见父母，说是要给父母一个惊喜！其实，这是为自己擅自决定人生大事寻找借口而已。

"物虽小，勿私藏。苟私藏，亲心伤"，是说在物质上不要有私心。家里的每一件东西都是父母辛辛苦苦购置，让全家人共同使用的。如果你因为喜欢，就私藏独用，不愿意与大家分享，你小小年纪，私心就这么重，将来能顾及他人吗？如果家里人人都私藏物件，那还像个家吗？所以，物件虽小，父母由此看到你私心很重，将来难以成人，会很伤心的。

> 亲所好，力为具。亲所恶，谨为去。
> 身有伤，贻亲忧。德有伤，贻亲羞。

"亲所好，力为具。亲所恶，谨为去"，父母喜欢的东西，要尽力去准备；父母所不喜欢的东西，要小心把它去掉。在好恶的问题上尽量与父母一致，这是关爱父母的表现。例如，父母喜欢看京剧，子女就想方设法去买票，满足他们的爱好。如果父母讨厌打麻将，就千万不要招人来家"修长城"，最好自己能拒绝打麻将。

"身有伤，贻亲忧。德有伤，贻亲羞"，是说不要让父母为自己的身体德性担忧。孩子是父母的心头肉，最记挂的就是子女的安全和人品。因此，孩子不要去做有危险性的游戏，把身体弄伤残了，会让父母忧愁的。此外，要注意培养自己健全的人格，如果做了有损于德性的坏事，会让父母蒙羞，这种伤害，一点也不比身体所受的损伤差，尤其要注意。

> 亲爱我，孝何难。亲憎我，孝方贤。
> 亲有过，谏使更。怡吾色，柔吾声。
> 谏不入，悦复谏。号泣随，挞无怨。

"亲爱我，孝何难。亲憎我，孝方贤"，是说为什么要孝。父母是给予我们生命的人，他们时刻都在呵护我们，是世界上最爱我们的人，我们用孝心来回报父母，这有什么难的？如果父母亲不喜欢我、讨厌我，那一定是自己做得不好，没有让父母感到欣悦，在这种情况下，自己坚持不懈地致孝于父母，才是贤者应有的表现。

那么，做子女的是否应该对父母百依百顺，即使他们做得不对，也要随声附和呢？不是的。人非圣贤，孰能无过？父母也会有犯错误的时候。做子女的，应该及时向父母指出来。所以说"亲有过，谏使更"。但是，要注意劝谏的态度，要"怡吾色，柔吾声"，说话时容色要怡和，声音要柔和，有话好好说。但是，自己脸上的黑，自己是看不到的，你给父母指出来了，父母可能还不高兴，认为你是在丑化他们，因而拒绝接受你的规劝。此时，你如果紧追不舍，不依不饶，就会激化矛盾。所以，不妨暂且放下，等他们心情愉悦的时候再重新提起，这样效果会更好。还有一种情况，父母不仅不听劝告，甚至认为你损害了他的尊严，怒而挞伐你，揍你一顿，这时你不能得理不让人，从此跟父母翻脸了，亲子之情是不能割舍的，你应该"号泣随"，哭着喊着，还是处处跟随着父母。

> 亲有疾，药先尝。昼夜侍，不离床。

这四句是说父母有病时你如何侍奉。父母生病，说明健康出现了问题，子女要认真对待。《礼记》上说："医不三世，不服其药。"看病是性命攸关的事情，积累的经验不足，胡乱开药，会贻误生机的。因此，要选择那些世代相传、声誉好的医生。汤药熬好后，要亲自尝尝，看看温度是否合适，以免烫着了父母。病人忍受着病痛的折磨，体质也很虚弱，不仅需要人照顾，而且需要亲人的安慰，所以，子女应该昼夜在床边服侍，一刻也不离开。

> 丧三年，常悲咽。居处变，酒肉绝。
> 丧尽礼，祭尽诚。事死者，如事生。

这八句是说如何处理父母的丧事。古代丧礼规定，子女为父母服丧，时间为三年。为什么要三年？因为你生下来之后，父母哺育、照料你，要经过三年，你才能离开父母之怀，独立行走。服三年之丧，是为了报答父母的养育之恩。这三年当中，你只要回忆起父母的亲情，就会"常悲咽"，就会为永远失去骨肉至亲而哭泣。此外，根据丧礼的要求，服丧期间应该搬到简陋的丧庐里居住，由于心情悲伤，不吃酒肉。三年之丧很长，中间的礼节和祭祀很多，做子女的，一定要恭恭敬敬地行礼，诚心诚意地致祭。尽管亲人已经逝去，没有了知觉，可是，我们应该像他们还活着一样侍奉他们，尽我们的孝心。

以上是谈"入则孝"，是说父母与子女的关系。

> 兄道友，弟道恭。兄弟睦，孝在中。
> 财物轻，怨何生？言语忍，忿自泯。

这八句谈"出则弟"，是说兄弟姊妹之间的关系。这里说的兄弟姊妹，并不限于家庭之内，古人说："四海之内皆兄弟也。"天下人的父母都是自己的父母，天下人的兄弟都是自己的兄弟，可见我们中国人是具有博大的胸怀的。

"兄道友，弟道恭。兄弟睦，孝在中"，兄弟是同辈，但年龄有大小，古代没有计划生育，兄弟往往可以多至七八人，甚至更多。如何处理好彼此的关系，是保持家庭和谐的重要课题。古人给出的兄弟之道的原则是"兄友弟恭"，友，是善待、爱护；恭，是尊敬、顺从。兄长要爱护弟弟，如果父亲去世了，那么长兄要负责抚养弟弟，所以古人说："长兄为父。"因此，做兄长的从小就要树立起爱护弟弟的责任心。而作为弟弟，则要敬重兄长，他们的年龄比自己大，知道的事情比自己多。兄友弟恭，就可以达到彼此和睦相处。兄弟和睦，父母看到了最高兴，所以孝也就在其中了。

兄弟迟早要分家，分家就要分财产，兄弟之间为了争财而反目，是家庭的不幸。如果人人都能重亲情、轻财物，怨恨从何而来？此外，兄弟之间或者朋友之间，由于语言的冲撞而大打出手的现象大家都见到过，后果很不好。为此，要教育孩子从小学会忍让，即使对方言语冲动，也不要反唇相讥，过一会儿他就会冷静，事情也会平息下来的。

> 或饮食，或坐走。长者先，幼者后。
> 长呼人，即代叫。人不在，己即到。

"或饮食，或坐走。长者先，幼者后"，说的是日常生活中的秩序问题。如今，公共汽车一到站，大家就蜂拥而上，抢座位，类似的无序现象很多，大家非常厌恶，但就是解决不了。其实，社会秩序看起来很复杂，其实很简单，不过是先后顺序而已。如果没有一个被大家认同的顺序，人人争先恐后，秩序从何而来？古人认为，无论是饮食，还是入座、行走，都应该做到"长者先，幼者后"。长幼有序是中华民族尊老传统的体现。老年人一生为家庭、为社会做贡献，年轻人与老人争先，岂不是太过无礼？老人体弱，年轻人与老人争先，未免太没道德。"长者先，幼者后"这六个字看似简单，只要大家都照着做，社会风气就可以好一半。

"长呼人，即代叫。人不在，己即到"，长者有所呼唤，被呼唤的人不在场，这时不能因为不是叫自己就置之不理，而应该"即代叫"，即，是及时、马上，要马上帮着去叫。这样做，是把他人的事情看作自己的事的表现，也是与"父母唤，应勿缓"的做法一致的。如果没有找见，那么自己就应该上前，请问长者，自己是否可以效力？在现今的生活里，我们经常可以看到与《弟子规》相反的现象，老师在呼喊某个同学，其他同学就像没有听见一样，也没有人主动去问问老师：有什么事？那位同学不在，要不让我来试试？

> 称尊长，勿呼名。对尊长，勿见能。
> 路遇长，疾趋揖。长无言，退恭立。

我们在介绍成人礼时谈到，晚辈见长辈时直呼其名，是非常失礼的行为，也是缺乏家教的表现。晚辈对长辈，应该称大爷、奶奶、伯伯、叔叔，或者称老师等。此外，晚辈在长辈面前，"勿见能"，见，同"现"，是显耀、逞能的意思。为人要低调，要懂得"满招损，谦受益"的道理，在长辈面前尤其是如此。例如，你学过书法，便想在长辈面前显示一番，这样就有骄傲自大之嫌，而且，长辈的书法说不定比你要好得多，弄不好就成了在"关公面前耍大刀"。

> 骑下马，乘下车。过犹待，百步余。
> 长者立，幼勿坐。长者坐，命乃坐。

对长辈，要处处有礼，以示尊重。古代有身份的人外出骑马或者乘车，如果在路上遇见老人，不能只是在马上、车中点点头，而应该"骑下马，乘下车"，对老人问安、行礼之后，再上马、上车，继续前进。如果是送别老人，则不能自己先转身离去，而应该等老人先走，"过犹待，百步余"，意思是目送老人远去，大约离开了一百步，然后才能转身回去。这种送客的习惯，早在先秦时代就已经出现，叫作"客不顾"，意思是说，送客要送到客人不再回头顾望为止。如今有些人送客，客人刚出门，他就重重地将门关上了，十分失礼。

"长者立，幼勿坐。长者坐，命乃坐"，说的是长幼之间坐立的礼数。中国人自古尊老，因此，一般情况下，晚辈是不能与长辈平起平坐的。如果长者站着，晚辈是不可以坐着的，那样有自大之嫌。长者坐下之后，晚辈还是应该站着，这样一是表示谦恭，二是预备在长者有所使唤的时候及时行动。如果发话让晚辈坐下，这才可以就座。

> 尊长前，声要低。低不闻，却非宜。
> 近必趋，退必迟。问起对，视勿移。

"尊长前，声要低。低不闻，却非宜"，是说与长辈说话声音要适宜。与人说话，对方能清楚地听到就可以了。声音过大，就是噪声，谁都不喜欢。与长辈说话大声嚷嚷，不仅令人讨厌，而且给人以旁若无人的影响，尤其不可以。但是，切不可走向反面，声音小得像蚊蝇，只见嘴动，不知说什么，这同样不可以。

"近必趋，退必迟"，是说走近或者离别长辈的方式。古人走路，按照步幅的大小、频率，可以分为步、趋、走、奔等几种状态。步，相当于今人说的走，是一种比较轻松、从容的走法。趋，是快步走，步伐的节奏比较快。走，古人说的走与今天的不同，它相当于小跑。奔，相当于今人说的奔跑。晚辈去见长辈，不能信步走上前去，那样显得心不在焉，而应该趋，就是快步走上前去，这叫"近必趋"。有一次，我在香港大学参加一个学术会议，闭幕式上，东道主邀请金庸先生到场，为与会的各大学代表赠送书籍。被大会主席叫到名字的代表走上主席台领书，有两种情况，一种是慢条斯理地走上台，另一种是快步走向主席台，这两种情况，哪种合礼？哪种失礼了？因为后一种是用"趋"的方式走近尊者的，所以合于礼。但是，在见过尊者之后，却不能快步退下，而是要徐徐退下。这里要说明的是，离开时要"退"下，而不是转身离开。这个问题，如今大家都不注意，古人认为，背对着尊长走路是失礼的，为了避免这种现象出现，故都是一边与尊长道别，一边倒退着走向门口。这种习惯在今天的日本、韩国还可以看到。

"问起对，视勿移"，是说如何与长辈说话。长辈有所询问，一定要先起立，然后再回答。回答的时候，视线要注视尊长，不要上下、左右移动。这些规定，如今的中小学生还能做到，大学生反而做不到，不知是什么道理？不少大学生在课堂上提问，或者回答老师的问题，都不愿意起立，而是在座位上指手画脚，非常没有教养。视线对着尊长，是尊重的表现，希望大家注意，不要"王顾左右而言它"！

> 事诸父，如事父。事诸兄，如事兄。

"诸父"是指伯伯、叔叔，他们都是父亲的同胞兄弟，所以古人以伯父、叔父相称，晚辈对待诸父，应该像对待亲生父亲一样。"诸兄"是诸父的孩子，今人称为堂兄弟，与他们相处，应该与亲兄弟一样。

3. 谨而信

谨，是谨慎，是小心、认真。谨慎可以让人少犯错误。孔子说："多闻阙疑，慎言其余。"就是要人多听、慎言。大家知道诸葛亮很聪明，其实，"诸葛一生唯谨慎"，所以才很少犯错误。对于缺乏生活经历的孩子来说，他们还理解不了谨慎的深意，因此，只要培养他们做事小心、从容的习惯，不做"冒失鬼"就可以了。

> 朝起早，夜眠迟。老易至，惜此时。

严谨的作风要从严肃的人生态度开始。每天要刻苦学习，读书明理，但是，人"生也有涯，学也无涯"，以有限的生命去学无边的知识，深感人生苦短，所以说"老易至，惜此时"，珍惜时间就是珍惜生命。为此，要"朝起早，夜眠迟"，要有积极的人生态度，有效地延长读书求知的时间。

> 晨必盥，兼漱口。便溺回，辄净手。
> 冠必正，纽必结。袜与履，俱紧切。

作为文明时代的人，每天早晨起来，首先要做的事情就是盥洗、刷牙，"晨必盥，兼漱口"，这样做的好处，一是卫生，有利于健康；二是可以让你精神抖擞地开始一天的生活。晨起还有一件必做的事，就是便溺。为了消除便溺后的不洁，同时为了清洁地用餐，古人要求"便溺回，辄净手"，把手洗干净。

"冠必正，纽必结。袜与履，俱紧切"，是说穿衣戴帽的守则：冠帽要戴正。有些演艺界的人士在接受媒体采访时，故意帽子歪着、反着戴，显得很没有教养。衣帽上的纽扣，原则上都要扣好。我们看军人着装，一定要扣好风纪扣，这是作为军容风纪来规定的，只有把它扣上了，人才会显出精神来。如今流行宽松式的服装，这种服装属于休闲装，适合在非正式的场合穿着，千万不能穿到礼仪场合去。袜子与鞋，都要穿得"紧切"，不要松松垮垮、拖拖沓沓。我们有些同学，分不清场合，把寝室里的那一身穿到教室里来了，女同学有穿拖鞋来的，还有穿背心来的，很不严肃，希望我们今天讲了之后，不再出现这类现象。

> 置冠服，有定位。勿乱顿，致污秽。
> 衣贵洁，不贵华。上循分，下称家。

孩子脱下来的衣服、帽子，要放在固定的地方，叫作"有定位"。如果随手乱放，不仅找起来麻烦，而且容易沾上污秽，更重要的是，不能养成严谨的生活方式。下面的四句，是说要正确对待服装。衣服的基本作用是御寒与遮羞，但是，有些浅薄之人却将它当作炫耀身份的工具，务求华贵。这种风气流传到今天，大有愈演愈烈之势，连小孩子都穿名牌，这是非常无谓的。《弟子规》提出"衣贵洁，不贵华"的原则，值得我们深思。衣服整洁，是朴素自爱者的所为；穿着华贵，却是浮华虚荣者的表现。如果自己有某种公务身份，需要穿得符合规定，但家里又困难，全套置办有困难，这时可以按照"上循分，下称家"的原则处理，就是上衣与自己的身份一致，下衣不妨与自己的家庭经济状况相称。

> 对饮食，勿拣择。食适可，勿过则。
> 年方少，勿饮酒。饮酒醉，最为丑。

饮食是人的基本需要，必须得到满足。但是，如果过分讲究食品的精美，享用无度，就会引发人的贪欲甚至疾病。因此，要正确看待饮食，"对饮食，勿拣择"，随遇而安，有什么吃什么。家境贫寒，吃得简单，却能甘之如饴，这是一种境界。粗茶淡饭乐陶陶，萝卜白菜保平安，焉知非福？相反，天天山珍海味、膏粱厚味，是要吃出毛病来的。"食适可，勿过则"，饮食要适量，不要超过法则，暴饮暴食，那样会伤身体的。"年方少，勿饮酒"，少年缺乏自制力，所以千万不要饮酒，以免做出酒后乱性的事情。"饮酒醉，最为丑"，酒醉之后，又吐又呕，胡说八道，丑态百出，所以千万要戒绝。

> 步从容，立端正。揖深圆，拜恭敬。
> 勿践阈，勿跛倚。勿箕踞，勿摇髀。

这八句是说与人交往的仪态。"步从容，立端正"，是说自身的体态：走路要从容自若，不要慌里慌张；立定时身体要端正。儒家主张做人要走中正之道，它既要体现在内心的中正上，也要体现在外表的中正上。体态端正，是君子的风范。"揖深圆，拜恭敬"，是说行礼时的体态。揖和拜，都是古代的礼节，这里要注意外和内两个方面：所谓外，是说动作要到位，作揖时要深深弯下，双手要圆抱；所谓内，是说内心要有恭敬之心，否则礼就是虚仪。

"勿践阈"，阈〔yù〕，今人叫门槛，是人们经常要过往的地方，因此，不要踩在上面，以免影响大家行走。"勿跛倚"，是说站要有站相，不要跛着或者倚着站立。"勿箕踞"，是说坐着的时候，不要把双腿呈八字形向两侧打开，那样有点像簸箕，非常不雅。"勿摇髀"，髀是大腿，与人对坐的时候不停地摇动大腿，这种现象我们经常看到，有些领导接见客人时也是如此，大家都见怪不怪，习以为常了，而不知这是非常失礼的。"站如松，坐如钟"，这样才显得稳重。

> 缓揭帘，勿有声。宽转弯，勿触棱。
> 执虚器，如执盈。入虚室，如有人。

南方人夏天喜欢用竹帘，北方人冬天爱用棉帘子。我们看到，有些人揭帘进门的时候，使劲拉开，然后松手甩开，动静很大，弄得室内的人都被惊动，非常唐突。因此，要"缓揭帘，勿有声"，动作要轻缓，勿使发出响声。此外，走路遇到有转弯的地方，要"宽转弯，勿触棱"，为什么要这样规定？大家经常看到，在胡同的拐弯处，常常会发生两个人或者两辆车相撞的事情，原因是彼此都没有宽转弯，都没有想到对面会有人过来。还有的孩子，从方桌的这一边转向另一边时，忘了宽转弯的原则，结果被桌子的棱角碰痛了。缓揭帘，宽转弯，看似小事，却是提醒孩子做事要细心，不要做"冒失鬼"的紧要之处。

"执虚器，如执盈"，是说执持空的器皿，要像执持盛满东西的器皿那样小心，而不要随随便便地拎着、提着，这也是为了培养自己谨慎、仔细的习惯。"入虚室，如有人"，走进没有人的屋子，不可因此而放肆，要像里面有人一样守规矩。

> 事勿忙，忙多错。勿畏难，勿轻略。
> 斗闹场，绝勿近。邪僻事，绝勿问。

要想将来成就大事业，就要培养自己做事的计划性，以及一往无前的行事风格。事情要按照轻重缓急，一件一件去做，一切都要心中有数。"事勿忙，忙多错"，不要忙乱，那样容易出错。有些事自己没有做过，没有把握，这时要做到"勿畏难"，须知这正是历练自己的好机会，不妨学者去做；有些事做过多次，轻车熟路，胸有成竹，这时要谨记"勿轻略"，须知"大意失荆州"的古训，依然认真对待。

作为孩子，绝对不要接近斗殴胡闹的场所。在这些地方，一是很可能被误伤，吃无谓的苦头，二是容易受到不良影响。此外，社会上往往有不少邪僻之事，例如抽烟、吸毒、看黄色录像等，有些孩子觉得新鲜、刺激，便不知不觉地卷了进去，日后难以自拔，悔恨无比。因此，要从一开头就把握住自己，"绝勿问"，不要轻易去打听。

> 将入门，问孰存。将上堂，声必扬。

人问谁？对以名。吾与我，不分明。

"将入门，问孰存。将上堂，声必扬"，是说进门的礼节。我国传统的建筑，进入大门之后是庭，庭后面是堂，堂上有室，是家庭活动的主要场所。将要进入对方的大门，不可径直闯进去，先要问：某某某在家吗？将要上堂的时候，则要故意放大声音，为的是让室内的人知道有客人来了。

"人问谁？对以名。吾与我，不分明"，是说如何回答主人的问话。主人问："是谁啊？"回答者一定要报自己的名字，不能说："是我！"或者说："我啊！"这样回答，不仅主人听后还是不明究竟是谁，而且有自大之嫌，似乎自己名声很大，不需要说出自己的名字来。

以上是说"谨"。

> 用人物，须明求。倘不问，即为偷。
> 借人物，及时还。后有急，借不难。
> 凡出言，信为先。诈与妄，奚可焉。
> 话说多，不如少。惟其是，勿佞巧。

此段说"信"。儒家非常强调"信"，就是今人说的诚信，认为它是人之所以为人的基本品质。孔子说："人而无信，不知其可也。大车无輗，小车无軏，其何以行之哉？"大车之所以能行走，是因为它辕端有连接、固定横木或车轭的"輗"；小车之所以能行走，是因为它有连接车辕与横木的"軏"。如果大车没有了輗，小车没有了軏，那还怎么走啊？人要是没有诚信，不也是这个道理吗？曾子每天"三省吾身"，其中一条就是与"信"有关的："与朋友交而不信乎？"不知诸位每天有没有像曾子那样反省过自己的"诚信度"？

"凡出言，信为先。诈与妄，奚可焉"，说话之前，先要掂量一下自己能否把这话兑现？如果做不到，就不要说出来，这就是诚信。孔子说："古者言之不出，耻躬之不逮也。"古代的君子很少说话，不是因为说话有多困难，而是深知做起来不容易。说到、做不到，他们认为是可耻的事情。后世的人很少去做，所以说话就很随便。至于欺诈与妄言，就更要不得了。"话说多，不如少。惟其是，勿佞巧"，为什么说话多不如说话少呢？因为言多必草率，言多必出错。孔子说："君子欲讷于言而敏于行。"讷，是木讷，不太会说话的样子。敏，是勤敏。为什么言要讷、行要敏呢？因为说大话太容易，所以要自我约束，要少说；而力行非常不容易，所以要非常努力地去实践，要多做。毛泽东很欣赏孔子的这句话，所以他的两个女儿，姐姐取名李讷，妹妹取名李敏。俗话说："沉默是金。"说话少的人，往往深思熟虑而后言；滔滔不绝的人，往往不假思索就开口。鲁迅先生说，所谓"急不择言"，并不是没有时间想，而是有时间的时候没有想。因此，"话说多，不如少"，不是要大家刻意少说话，而是要大家多思考，慎出言。说话一定要实事求是，千万不要用佞巧之言去讨好他人。

> 奸巧语，秽污词。市井气，切戒之。
> 见未真，勿轻言。知未的，勿轻传。

"奸巧语，秽污词。市井气，切戒之"，是说言谈要戒绝奸巧之语、污秽之词、市井之气，这些毛病与君子的儒雅之风是背道而驰的，千万不能沾染。如今不少的年轻人要么满口"国骂"、"京骂"，要么张嘴就是市井俚语，俗不可耐，而且不以为耻，反以为荣，真是不可思议。

"见未真，勿轻言。知未的，勿轻传"，是说出言要慎重。某件事情，你只是听到传说，自己并没有亲眼目睹，或者并没有看真切，此时就不要轻易出言。某一传言，自己知道得并不清楚，就不要轻易地去传播，不要被人当枪使。当知任何不负责任的耳语传闻，都会对当事人造成伤害。所以，大家要记住一句格言："谣言止于智者。"我们应该做智者，不要做蠢事。

> 事非宜，勿轻诺。苟轻诺，进退错。

这四句是说，不要轻易答应别人做什么事。尤其是不应该做的事情，一定不要随便允诺。例如，有同学要你协助考试作弊、要你出面作伪证等，这类事情有损于你的德性，岂能轻易承诺？如果你头脑发热，冲动答应下来，那么就会进退失据，一旦出了问题，你就要承担相应的后果，到时追悔莫及。此外，不少孩子看了武侠小说，认为江湖义气很有豪气，因而遇到某些事情时，经不起别人的鼓动，马上表示要两肋插刀，甚至以命相许。这些幼稚的行为可能会让你终身后悔的。

> 凡道字，重且舒。勿急疾，勿模糊。

这四句是讲说话时要注意的问题。说话要从容、镇定，发声吐字，一定要"重且舒"，不仅要有力，而且要舒缓，字正腔圆，让人能听清楚。千万不要"急疾"、"模糊"，说得又快又含糊，别人怎么与你沟通？

> 彼说长，此说短。不关己，莫闲管。

人际关系很复杂，有些人喜欢说三道四、飞短流长，听到这样的话，一定要有分辨能力，不要被人利用。有些与自己无关的事情，自己年纪还小，没有能力去调查、解决，最好不要去介入，以免卷入无谓的争端，浪费精力。

> 见人善，即思齐。纵去远，以渐跻。
> 见人恶，即内省。有则改，无加警。

这八句话是从《论语》"见贤思齐焉，见不贤而内自省也"一语脱化而来的。无论看到别人善还是不善，都能反省自己，这是一种很高的境界。看到别人有良善的品行，并不只是羡慕，而是想着怎样向他学习，希冀能与之比肩。纵然与他的差距遥远，只要不断努力，最终也可以跻身于他的行列之中。看到他人的恶言恶行，并非只是加以指责，而忘了反省自己是否也有同样的毛病。如果有，就应该迅即改正；如果没有，就应该引以为戒，绝不重蹈其覆辙。

> 惟德学，惟才艺，不如人，当自励。
> 若衣服，若饮食，不如人，勿生戚。

在社会上生活，与周围的人比什么？这是我们每个人天天遇到的问题。君子认为，应该与人相比的，只有德性、学问、才能、技艺，如果确实不如他人，则"当自励"，以之作为榜样，迎头赶上。至于衣服不如人华贵、饮食不如人精美，就不必心生戚戚，终日郁郁，须知那是外在的东西，并不能令自己的人格增色。孔子说："士志于道，而耻恶衣恶食者，未足与议也。"你既然有志于道，就应该专心思虑与道有关的问题，你的心怎么可以被物质所役使、斤斤于衣食的好坏？你的志趣如此低下，还能与你讨论什么呢？

> 闻过怒，闻誉乐，损友来，益友却。
> 闻誉恐，闻过欣，直谅士，渐相亲。

这八句是说怎样对待别人的毁誉。一种态度是"闻过怒，闻誉乐"，听到批评意见就发怒，听到阿谀奉承的话就乐不可支。其结果是"损友来，益友却"，有损于你的进步的朋友都上来了，而有益于你的进步的朋友都退却了。人要有自知之明，有人赞誉你，并非你真有那么好，往往是出于各种私心，有事求你才这样说，所以千万不能当真。如果有人指出你的过错，那肯定不是有求于你，而是确实为你好，你应该感到欣喜。如果你能这样对待毁誉，那么，正直之人就会与你日益亲近。

> 无心非，名为错。有心非，名为恶。
>
> 过能改，归于无。倘掩饰，增一辜。

人非圣贤，总会有犯错误的时候。错误有两种，一种是出于无心，另一种则是蓄意而为。两者性质不同，"无心非，名为错。有心非，名为恶"，无心犯了过失称为"错"，有心犯的过错就是"恶"。有了过失并不可怕，问题是能否知错就改。"过能改，归于无。倘掩饰，增一辜"，有了过错能及时改正，过错就消除了，就归零了。倘若讳疾忌医，文过饰非，就又添了新的"辜"，就是罪行。

4. 泛爱众而亲仁

> 凡是人，皆须爱。天同覆，地同载。

有人认为，西方文化讲"博爱"，中国人讲家族亲情，两者的关怀存在巨大的差别。持这种说法的人，一定没有很好读过儒家的文献，或者是连《弟子规》这样的普及读物都没有看过。《弟子规》说："凡是人，皆须爱。天同覆，地同载。"凡是载在我们同一个地球上、被同一个蓝天覆盖的人，都应该彼此关爱，这句话表达的意思有不同理解吗？它要表达的人类之爱是非常清楚的。

在这里，我还要强调的是，这种人类的普遍之爱的思想，并不是到了清朝写《弟子规》的时代才出现的，它早在先秦时代就已经形成了。请大家注意我的用词，我说的不是"萌生"了，而是"形成"了。为什么这样说？因为孔子在《礼运》里就把"天下为公"的"大同世界"作为理想社会来提倡，从此以后，"老吾老以及人之老，幼吾幼以及人之幼"，"四海之内皆兄弟"成为儒家的普世价值，《孝经》里甚至出现了"博爱"一词。今天，大家喜欢唱"让世界充满爱"的歌，认为这是只有我们今天这个时代才可能有的思想。其实不然，古代中国人不仅有博爱的理念，而且不尚空谈，见诸行动，你要不信，就看下面这些句子。

> 行高者，名自高。人所重，非貌高。
> 才大者，望自大。人所服，非言大。

人都想出名，这并不是坏事，问题是想出什么样的名？怎样出名？要是为了出名而出名，甚至使用不正当的手段来出名，不仅出不了名，还会声名狼藉。《弟子规》的这八句话揭示了出名的真谛。"行高者，名自高。人所重，非貌高"，行为高尚的人，他的名声自然会高，何劳自己去费力邀名？人们所敬重的，不是人的相貌如何堂皇，而是他的德行。同样的道理，才能出众的人，他的声望自然就高。人们所折服的，不是这人会说多漂亮的大话，而是他有多大的真才实学。《弟子规》所叙述的，是名与实的问题。世界上的事物，总是有两个要素：名与实。实，是事物的实体，是它的真实存在。名，是人们称呼该事物的符号。名与实相互依存。比如，有一件木制的器皿，是用来喝水的，这是"实"，是一件实在的器物；有了这样一件东西，于是就要给它一个"名"，于是就有了"杯子"这个名称。可见，是先有实，然后才有名。你熟读"四书"、"五经"，能得其真谛，并且用来修身、齐家，行为高洁，由于你学行出众，于是，人们就会给你一个"鸿儒"的名，这就叫"名副其实"。相反，你的学行都不出色，有人谄媚你，称你是"国学大师"，这就叫"名不副实"，你心里很明白，这顶帽子根本戴不到你的头上。"文革"结束之初，

《书法》杂志创刊，上面经常刊载一些书法与思想俱佳的对联，其中有这样一副对联："四海虚名只汗颜，百年人物存公论。"真是深刻之极！名不副实，哪怕你的虚名已经传遍四海，夜半时分，你自己会汗颜的；相反，由于时势的原因，小人算计你，众口铄金，你受到大家的误解，你觉得自己是"虎落平阳遭犬欺"，但你不要牢骚太盛，要相信"百年人物存公论"，历史一定会给你公正的评价的。所以，大家要求实，求发展，发展是硬道理。古人说："实至则名归。"大家要相信这个道理，千万不要去沽名钓誉。

> 己有能，勿自私。人所能，勿轻訾。
>
> 勿谄富，勿骄贫。勿厌故，勿喜新。

"己有能，勿自私。人所能，勿轻訾"，是说要正确对待一技之长。自己有能耐，要用来为公众服务，不要只是私用；人家有能耐，就不要嫉妒，不要轻易地批评。

"勿谄富，勿骄贫。勿厌故，勿喜新"，是说要正确对待贫富、新旧朋友。人在交往过程中，往往会自觉或者不自觉地嫌贫爱富，看到大款、富豪，总想跟他多说几句话，常作谄媚之态；见了贫贱之人、弱势群体，则不愿用正眼看他们，每有骄横之言。结交朋友，时间长了，没有了新鲜感，渐渐就疏远了，对于新朋友就恰恰相反，可谓是喜新厌旧。这一类心态很普遍，如果要批评得直截了当一点，就是"势利"。孔子称赞齐国的大夫晏婴说："晏平仲善与人交，久而敬之。"普通人相交久了，就没有了敬意。晏平仲不然，久而能敬，所以孔子称赞他"善与人交"。可见，与人长期交好，不是一件容易的事。

> 人不闲，勿事搅。人不安，勿话扰。
>
> 人有短，切莫揭。人有私，切莫说。

"人不闲，勿事搅。人不安，勿话扰"，是说要时刻关注他人的状态，不要随便打扰别人的生活。比如人家正在忙着，而不是悠闲无事，你就不要用自己的事情去打搅他，那样会影响人家的正事。人家如果身心不安，你就不要用无关的闲话去扰乱他，那样他的心情会更糟。

"人有短，切莫揭。人有私，切莫说"，是说如何对待他人的错误。人都有短处，但也都有脸面。人犯了错误，总觉得丢人，不希望被大家知道。他人的错误不是不可以批评，而是要看你的动机。对犯错误的人抱什么样的态度，是区别此人是好心还是坏心的标志。好心的人，与人为善，有意见总是在私底下指出来，为的是照顾到对方的自尊心。坏心的人，落井下石，趁火打劫，唯恐天下人不知道某人犯了错误，千方百计当众揭短，给人难堪。同样，某人有私心，做了某些不应该做的事，此时，作为知情人应该个别谈心，指出问题，希望他尽快改正，而不是把别人的错误当作自己的快乐，到处散播。

> 道人善，即是善。人知之，愈思勉。
> 扬人恶，即是恶。疾之甚，祸且作。

这八句也是说如何对待他人的善恶。"道人善，即是善。人知之，愈思勉"，称道他人之善，本身就是你的善行。为什么这样说呢？君子与人相处，总是首先看到人家的长处，并且能"见贤思齐"，要把别人的长处学到手，使自己更完美。因此，能称赞他人之善的人，心地是坦荡的、善良的。被你称道的人，一旦听说有人在夸奖自己，必然受到鼓舞，进而更加努力地行善，这多好啊！相反，有些人总是喜欢宣扬别人的过错，这样的人心态有问题，他的做法本身就是一种错误。如果成天说人坏话，对方得知后必然恼怒，一旦情绪失去控制，说不定祸事就从天而降了。

> 善相劝，德皆建。过不规，道两亏。
> 凡取与，贵分晓。与宜多，取宜少。

当然，与人为善，并不是不讲是非。"善相劝，德皆建"，劝，是鼓励的意思，彼此鼓励向善，大家的德性就都建立起来了。如果明知对方有错误，却视而不见，充耳不闻，不作任何规劝，则双方的道德都会受到亏损。

"凡取与，贵分晓。与宜多，取宜少"，无论是从别人处得到教导或者帮助，还是给予他人指点或者钱物，都一定要事理明白。其中必须遵循的原则是，给予他人的要尽可能多，求取他人的要尽可能少。

> 将加人，先问己。己不欲，即速已。
> 恩欲报，怨欲忘。报怨短，报恩长。

"将加人，先问己。己不欲，即速已"，这几句话是从《论语》"己所不欲，勿施于人"改编而来的。自己所不希望的东西，就不要强加在别人身上。比如，你不喜欢饥饿，你就不要让别人受饥挨饿。凡事都要将心比心，因此，你要将某事加于他人之前，先问问自己是否喜欢这事。如果这是自己所不喜欢的，那就赶快停止。可是，现实生活里常常有与此背道而驰的做法，你们发现没有？比如说，这些年，有不少贪官污吏用公款到澳门豪赌。我们周边有些国家发现，开赌场是一条生财之道，于是出资建造大型赌场。但是，它们很清楚，如果本国的老百姓都去赌博，就会酿成社会问题。于是，它们规定：本地、本国的民众不得入内，只许外国客人入内！真是岂有此理！这是公然与"己所不欲，勿施于人"的古训背道而驰的做法。

"恩欲报，怨欲忘。报怨短，报恩长"，是说如何正确对待恩怨。人生际遇，恩怨皆有，你可能遇上过大恩人，也可能碰到过大坏人，两种人都对你的生活产生过重要影响。有恩要报，这是中国人最普遍的心理，受人一时之恩，应该终生相报，古人说"受人滴水之恩，当涌泉相报"，说的就是"恩欲报"、"报恩长"。有仇要报，也是许多人的心理，以牙还牙，以血还血。你打我一拳，我就还你一脚；你咬我一口，我要给你身上添两排牙印！这以怨报怨的做法，虽然是人之常情，可儒家是反对的。儒家主张"恕道"，就是宽恕别人的错误，让他自己去反思、改过。曾子说："夫子之道，忠恕而已矣。"如果你不能宽恕别人，用同样的手段去报复，其结果只能是冤冤相报，没完没了，大家都被深深地卷到这个没有意思的旋涡里面去，不能自拔。最好的办法，莫过于"怨欲忘"，把怨恨忘记，就像没有发生过一样，这样你就解脱了。如果你已经开始抱怨，那么也应尽快结束，这叫"报怨短"。俗话说："严于律己，宽以待人。"宽厚是一种修养，一种美德，话是这么说，不过它绝不是谁都能做到的，需要长期的修为。

　　待婢仆，身贵端。虽贵端，慈而宽。
　　势服人，心不然。理服人，方无言。

　　这几句话是讲怎样与家里的奴婢、仆人相处，对于我们来说，似乎没有什么意义，但我们还是了解一下为好。家里的奴婢、仆人，是自己花钱雇来做工的，似乎可以随便对待他们，这种想法是不对的。"待婢仆，身贵端。虽贵端，慈而宽"，在婢仆面前，你的行为要端正，不要有以贵临下的做派。仅仅这样还不够，还要做到仁慈和宽厚。人家迫于生计，到你家做佣仆，是一时有难处。你的家境好，吃穿不愁，应该体谅别人的处境，能帮人处不妨帮人一把，这是忠厚持家之道，是积德行善。作为主人，要婢仆悦服，不能凭借权势。权势可以使人口服，但不能使人心服。如果你能以理服人，则人家口服心服，没有任何怨言。

新中国成立以后的几十年中，佣人制度被认为是剥削、压迫，是不平等现象，所以，相当长的一段时间内，内地看不到佣人。改革开放以后，随着私有经济的复苏，雇工、保姆现象普遍出现，在这种情况下，如何正确处理主佣关系，是涉及社会安定的重要问题。《弟子规》的话不多，但却可以供今人思考与借鉴。

> 同是人，类不齐。流俗众，仁者稀。
> 果仁者，人多畏。言不讳，色不媚。

以下是谈"亲仁"。亲仁，就是亲近仁者。"同是人，类不齐。流俗众，仁者稀"，同样是人，同样是父母所生，但是各人的禀赋不同，品性并不齐整。大多数人是跟着流俗走的，仁者总是稀而又少。怎么办？一是要靠自己读书明理，我们清华有一块王静安先生纪念碑，大家是否经常去看一看？我有一位台湾朋友，每天早晨起来都要背诵一遍这篇碑文，我们守着这块碑，反而熟视无睹，很不应该啊！陈寅恪先生的碑文非常有名，里面有不少话可以作为我们的座右铭，例如，他谈到读书的目的时说："士之读书治学，盖将以脱心志于俗谛之桎梏，真理因得以发扬。"这话说得非常深刻，如今不少人一辈子没有脱俗，俗不可耐，忒俗！大家要记住，你没读书的时候，是个俗人，如果读了这么多年的书，还是个俗人，那你这书就是白念了！要超凡脱俗，除了读书明理之外，另一条途径就是接近德行高尚的仁者。俗话说："近朱者赤，近墨者黑。"多与仁者对话，潜移默化之中，你就脱俗了。

"果仁者，人多畏。言不讳，色不媚"，如果某人果真是一位仁者，那么，周围的人一定都会敬畏他。仁者说话，直言不讳，也不会现谄媚之色，总能显示出他的真诚本性。

> 能亲仁，无限好。德日进，过日少。
> 不亲仁，无限害。小人进，百事坏。

这八句话，是比较亲仁与否的后果。"能亲仁，无限好。德日进，过日少"，能亲近仁者，其好处是说不完的。最重要的一点，是你的德性能与日俱进，而你的过错却与日俱消。看到"德日进"这三个字，我就想起20世纪初来中国的一位外国考古学家，他的中国名字就叫"德日进"。现在的年轻人，听到"德日进"这三个字，大概很难与中国文化相联系。其实，那个时代来华的许多传教士的中国名字也多取自儒家典籍，如南怀仁、明义士、汤若望等等。如汤若望，《孟子》说，武王克商的时候，商地的人民盼望武王快来，那心情"若大旱之望云霓"，这就是"若望"的来历。相反，"不亲仁，无限害。小人进，百事坏"，不接近仁者，害处也是无限的，无耻小人就会与你做伴，你所有的事情都不会成功。

5. 行有余力则以学文

> 不力行，但学文，长浮华，成何人。
> 但力行，不学文，任己见，昧理真。

这八句是说知与行的关系。中国人很重视力行，无论多好的理论，不用力去实行，那就是空话。我们清华的大草坪前有一座汉白玉的日晷，上面刻着"行胜于言"四个字，表达的就是这个道理。古代中国的贤者认为，只有知与行的合一，才是名副其实的真知。如果只是学文，而不去努力践行书本上指示的真理，则只能助长你的浮华之气，久而久之，你能成什么样的人？相反，你只是力行，但不去学习，那么，你的所有作为都不过是跟着感觉走，对于天理道德，你并不真正了解，你没有理论高度。

> 读书法，有三到，心眼口，信皆要。
> 方读此，勿慕彼。此未终，彼勿起。

读圣贤书的方法，要心到、眼到、口到，称为"三到"，缺一不可。眼到、口到不难做到，难的是心到。俗话说："小和尚念经，有口无心。"正是讥讽某些读书心不在焉的人。读书不往心里去，等于不念。

"方读此，勿慕彼。此未终，彼勿起"，是说读书要循序渐进，不能好高骛远。正在读这本书，就不要羡慕别人手上的另一本书。这篇文章还没有读完，就不要拿起另一篇文章来读。这种现象，我们常常可以在青年人中见到，属于心浮气躁、好高骛远的不良习气，实在要不得。一定要先把手头的书籍读完了，再去读别的书。

> 宽为限，紧用功。工夫到，滞塞通。
> 心有疑，随札记。就人问，求确义。

这八句也是讲读书方法。人生苦短，要读的书又太多，需要制订计划，逐步完成。但是，年轻人通常的毛病是，把时间表订得非常之紧，恨不得一年半载的，就把《四库全书》读完。由于计划不切实际，其结果是，一目十行，草草了事，收不到任何成效。正确的方法是"宽为限，紧用功"，日程不妨订得略微宽松，但读书的功夫却不因此而放松，依然抓得很紧，这样效果就会很好。遇到难懂的地方，不要畏难，不要叹息，须知"工夫到，滞塞通"，世界上没有学不会的东西，问题是你的功夫下到没有。《中庸》说："人一能之己百之，人十能之己千之。果能此道矣，虽愚必明，虽柔必强。"人读一遍就懂了，我却不懂，那就读一百遍；人家读十遍就精通了，我做不到，那就读一千遍。如果你真的能这样做，再愚笨、柔弱的人都能成功。

"心有疑，随札记。就人问，求确义"，读书贵有疑，敢于发问存疑，自古善于读书的人都是如此，因而他们的进步总是大于常人。有了疑问，不要轻易放过，要勤于笔札，随时记录，遇到师友，虚心讨教，以求得确切的解释。这是为学的必备功夫，要从点滴做起。

> 房室清，墙壁净。几案洁，笔砚正。
> 墨磨偏，心不端。字不敬，心先病。

居室是读书的地方，理应收拾得整齐、洁净。但是，这项工作不能靠父母或者佣人来做，而应该自己动手，因为它可以培养自己良好的生活习惯。"房室清，墙壁净。几案洁，笔砚正"，句子中的清、净、洁，意思一样，只是变化一下说法而已，都是整洁的意思。此外，强调笔砚要放"正"，不要歪放斜搁。那么，其他物件是否就可以随便放置呢？当然不可以。文中举笔砚，是用它来概括所有应该摆放端正的物件；举几案，也是用以指代所有应该保持整洁的器物。这种表述方法，古人称为"互文见意"，大家阅读的时候要会通了文意来理解，不能太拘泥于字面的意思。

"墨磨偏，心不端。字不敬，心先病"，是说磨墨、写字的注意事项。如今大家很少写毛笔字了，偶尔写一次，也是用墨汁，几乎很少有人磨墨了。我上小学时都是自己磨墨。有过这种经历的人都知道，墨要磨得很正并不容易，稍不留神就磨偏了，要平心静气，非常认真才行。同样，写字的时候，毛笔要竖直，运腕要衡平，这样才有可能把字写正了，否则，字形就会歪斜不敬。将把墨磨偏了、字写歪了说成是"心不端"、"心先病"，似乎有点"无限上纲"的味道，其实是含有"以小见大"的意思。要做好任何一件事情，都必须从心开始，对于一位读书郎来说，应该每天从磨墨、写字这样的小事上警醒和要求自己。

> 列典籍，有定处。读看毕，还原处。
> 虽有急，卷束齐。有缺坏，就补之。

这几句的意思，与上面所说的一样，也是要求孩子养成良好的生活习惯。典籍要经常使用，因此必须有固定的放置之处，以便随手就可以找到。为此，每次阅读完毕，一定要放回原处。即便是临时有急事要离开，也应该将书恢复原样放好。一旦发现书有缺坏，应该随手修补。

> 非圣书，屏勿视。蔽聪明，坏心志。
> 勿自暴，勿自弃。圣与贤，可驯致。

读书要有选择，圣贤之书让人上进，时时要读。那些诲淫诲盗的书，使聪明人变得糊涂，使好人的心志变得险恶，所以要能鉴别，坚决摒弃之，连眼珠都不要转过去。人生的目标，是要成圣成贤，这是一个远大的目标，只要脚踏实地，人人可以达到，千万不要自暴自弃。

第十四讲　中华礼仪　万众守望

——善待中华传统礼仪

　　前面我们主要就中华礼学文化的学理以及日常生活中某些常见的仪式，作了初步介绍。今天这一讲，我们从大文化的角度，从中西方文化交流的角度，从近代以来中国文化的遭遇这一角度，来谈一谈为什么要守望我们的文化传统，希望大家能由此树立文化自觉。

一、民族文化是民族存亡之根

　　到现在为止，世界上所有的文化都是民族文化，文化是此民族区别于彼民族的核心。文化体现在服饰、节庆、饮食方式、居住形态、语言等各个方面。文化是多元的，因为每个民族的生活环境和历史传统各不相同。所以民族多样性决定了文化的多样性，到现在为止没有一种文化是完美无缺的，在某些方面相对好一些，在某些方面就相对弱一些，不过文化的多样性正好可以彼此互补，各民族之间互相学习，互相补充，在发展过程中逐步完善。在现在的政治形势下，强调文化的多元性有其特殊的意义。众所周知，现在美国用其价值观来衡量所有的国家，与其不和的就是错的。然而现在各个国家都希望当今世界的政治格局不是一元的而是多元的，多元的政治格局有利于世界的稳定，所以包括西欧在内，希望展开对话。与之相适应，世界的文化也应该是多元的。世界上许多国家，比如法国，都在倡导文化的多样性，倡导各个国家不管大小，在文化上都是平等的，不同的文化也应该享有平等的话语权。这些国家很清醒地看到，不能跟着美国的文化形态走。我想任何有一点自尊的国家都会有这样的一种理念。

什么是民族？这一概念在学术界实际上是有争论的，我们在这里所使用的表达方式是长期以来被国内大多数学者所接受的一个概念。所谓民族是人们在历史上形成的一个有共同语言、共同地域、共同经济生活以及表现于共同文化上的共同心理素质的稳定的共同体。这一概念强调了几个共同，包括语言、地域、经济生活，并且这些共同之处表现在文化上，尤其是心理素质，也就是现在经常讲到的文化心理，是相对稳定的人群这样的共同体。

文化是指人类创造的一切的总和，凡是人创造的都叫文化。文化是人类特有的现象，动物是没有文化的，比如，我们吃什么这不叫文化，因为动物每天也都面临着吃什么的问题，可是一个东西怎么吃就是文化了，是炒着吃还是炸着吃，是蒸着吃还是煮着吃，给它起一个什么样的名字，怎么把它做得色香味俱全，这其中就能体现出文化来。我们这里说的文化，只是很笼统的概念，据说现在世界上的学者，试图用一句话来概括文化这一概念是非常困难的，因为它是无处不在的。如果要粗略地给文化分类，包括三大类：第一类是物质文化，人类首先要依赖一些物质条件才能生存。第二类是思想文化，人与动物不同，人除了吃饱喝足，有了大量的生存物质之外，还有精神家园，人即使没有吃饱，脑子都会思考问题，人在物质文化的基础上有精神活动，还有理想、有追求，这就产生了思想文化。第三类是介于两者之间，既非物质的又非思想的，既是物质的又是思想的制度文化。一个企业、一个学校、一个国家，仅有思想是无法管理的，只有物质也是不够的，还需要有一系列的制度。我在清华大学开选修课之前，把很多课表都看了一下，就发现现在大学里开的文化类的选修课，百分之九十八以上或者更高比例的课程都是关于思想文化的，比如有关《老子》、《庄子》、《诗经》、《楚辞》、《周易》等。人类的文化不是只有思想文化，物质文化是一种物化了的文化，就是在一个物质上为什么要做成这种形状，怎么样能做出质量来。其中我们的审美情趣以及我们的技术水平所达到的高度等都融合在里面，所以看到某个东西就能知道这个时代的文化是何种样态。在大学中，物质文化很少有，制度文化除非在历史系有一些关于经济制度、军事制度的研究，在大学的通选课上几乎空缺，所以我在清华大学开选修课的时候，就有意地避开了开设比较多的那些课，我开了一门"文物精品与文化中国"，文物是古代留下来的遗物，开这门课我试图介绍中国古代在天文、音乐、医学、建筑等物质文明领域里的成就，实际上是一门文化史，只是讲法不同。另外我开的"中国古代礼仪文明"，试图要介绍一种制度文化，通过一种理念、理想转化成制度使其推动社会进步。

文化对于一个民族来讲，是其内部彼此认同的核心，是回答"你是谁"这个问题的。现在中国的国力强大了，参与世界上重大事务的决策，但我们首先要解决一个身份问题，就是我们以什么样的身份参与世界上的重大事务？这个身份就是文化身份，西欧是地中海的文化，美国有美国的一套文化，日本也有其自己的一套文化，中国十三亿人不能以美国文化的身份去参与。文化对于我们来讲，实际上每一个人都是离不开的。

二、中华文明绵延至今的原因

中华文明是一个伟大的文明，是世界上古巴比伦、古埃及、古印度和中国四大原生文明之一，也是迄今为止世界上唯一的绵延至今的古文明，其余三大古文明在外来文明的侵略之下，政权被颠覆，文化被覆盖，以致后来，由于被覆盖之后的时间过久而再没有恢复起来，这些古文明就此消亡、失落了，比如今天的埃及与法老时代的古埃及文明是没有关系的，尽管它还是在这块土地上，今天的埃及文化是在被波斯帝国侵占之后，在一个新的、外来文明的基础上重新建立的，与古埃及文明是没有连接的。另外，今天的伊拉克与古巴比伦文明也是这样，毫无关系，雅利安人到了印度之后把古印度文明斩断了。原生文明是在发生、发展的过程中独立生长出来的，很少或者几乎没有受到外来文明的影响，所以是最有个性的。四大原生文明中唯独中华文明，如果追得远一点，从距今约 70 万年前的北京人，再追得远一点，从距今约 170 万年前的云南元谋人，一直到今天，都是没有中断的，这是世界文化史上的奇迹。当今世界的文明绝大部分叫作次生文明，所谓次生文明就是在它发生、发展的过程中受到周边文明的强大影响，比如说朝鲜文明、日本文明就不是独立形成的，其中充满着中华文明的因素。可能会有观点认为中华文明之所以没有中断，可能是因为它很幸运，没有被外来文明占领、颠覆的遭遇。这个观点是错的，事实上中华文明在漫长的发展当中遭受到的文化危机是非常之多的。如果我们翻开中国历史，分久必合，合久必分，中华文明的融合有一个漫长的过程，在一开始那些外来民族和文化还是意图颠覆、消灭中华文化，但是没有一个民族能够做到，最后反而都被融合到中华文明里面了，这是因为中华民族到现在为止，历朝历代都有一些志士仁人，他们有很强的文化自觉，每当中华民族到了危急存亡之秋都会站起来，指引所有的民众为捍卫中华的本位文化而斗争，他们一次又一次地力挽狂澜，保留住了中华文明的传统。

可能会有人认为文化被消灭掉有什么关系，而且我们十三亿人口还在，文化能亡得掉吗？亡得掉。民族文化是民族内部彼此认同的核心，核心一旦丢了这个民族就是一盘散沙，就开始走上了消亡的道路。这里我不说是消灭，消灭是很快的，在一瞬间或者很短的时间就死亡了，消亡是一个漫长的过程，比如契丹民族消亡的历史教训。隋唐以后有宋辽金元的时代，当时的契丹族曾经非常强大，他们建立了自己的政权，他们有自己的文字——契丹文，这说明契丹的文明是很高的，中国有那么多民族，大多数民族是只有语言没有文字的。而且这个民族当时的势力非常强大，在宋辽金元的时候，汉人是打不过契丹族的，他们在经济、军事、政治、文化上都很厉害。俄语指称"中国"的词的读音与"契丹"的古音十分相近，这是因为，契丹一部分在辽末年西迁中亚，建立西辽，"契丹"一名因而从中亚传到俄罗斯及东欧一带，于是"契丹"一名扩大而指整个中国。可是现在契丹人到哪里去了呢？实际上契丹人是自己把自己消灭了，就是因为他们不尊重自己的文化传统，总觉得自己的文化不好，在与蒙古人或者汉人交往的过程中总是去学其他民族的文化，比如他们看其他民族的衣服好，就扔掉自己民族的衣服，改穿其他民族的了；另外像语言文字、饮食习惯等也慢慢扔掉了。当然这个过程不是一蹴而就的，最后这个民族所有的子民都去认同其他民族的文化了。其实契丹族的子孙后代还在中华大地上，还在现在的十三亿人口当中，而且数量大概也不会小，但是，人还在，作为一个民族，契丹族却永远地消失了。历史上像契丹族这样，人还在，把文化丢掉了，这个民族已经灭亡了的，是非常多的，所以今天的中国人千万要记住这个教训，每个人都要想想，自己身上究竟还有多少中国文化。

近代以来，我们一直在文化自戕，觉得中国的文化这里不好，那里也不好。有人批评这是我们民族在精神上出问题了。我现在很担心，这样下去我们会不会重走契丹的路。其实汉族人在历史上是很厉害的，匈奴打我们，五胡十六国、金、辽、元，一直到清。当时清军南下，有一个最难办的问题就是文化认同，一个那么小的民族如何让一个幅员远比它辽阔、人口比它众多而且文化积淀如此深厚的汉族臣服，清军一开始就采取了一个很残酷的政策叫作"剃发令"，军队打到哪里，剃头挑子就跟到哪里，遇到汉人抓来就问认不认同，如果不认同就把头砍了，如果认同就在头上留下一个标志：把头发刮光，只在后面留一点，让它长成大辫子。以前曾经有一位老师跟我讲，他研究抗日战争展览的时候，发现苏南这个地方的汉奸是最少的。我告诉他，清军南下，打到苏南的时候，所遇到的抵抗也是最剧烈的，因为这个地方的文化最发达，文化自尊最强。清军打到南京以后，明末清初三大思想家之一的顾炎武，是江苏昆山人，他的母亲听说清军打到南京了，很快就要往东打，开始绝食，她就有一种文化自尊，当时苏南很多农村的大树上没有一个树枝上没吊死人，宁死不丢自己的文化，后来清军打到他家乡的时候，他母亲气绝身亡，临死的时候吩咐顾炎武，你不能做他们的臣子，当时有很多这样的人，像山西的傅山等。顾炎武把母亲埋葬以后，先是在苏州，然后到了南京，最后在山东从事反清复明的斗争，在山东被出卖了，被抓了起来，后来被释放后又到河北、山西、陕西继续，最后客死他乡。清军过了南京以后，进行了江苏人最熟悉的"扬州十日"、"嘉定三屠"，当时江苏人民为了捍卫汉文化付出了沉重的血的代价，正是这种斗争迫使清统治者意识到，暴力实行文化认同是行不通的，所以需要改变政策，他们自己也开始带头读汉人的典籍，了解汉文化，尊重汉人，通过科举吸收汉人参与政治，这样矛盾才缓和了下来。当时顾炎武在他的一个代表作《日知录》里面提到中国两千多年历史里面，改朝换代不计其数，按照一个标准来分有两种情况：一种情况是皇帝换了，朝廷原来姓张，现在姓李，但整个的文化还是一样，比如宋齐梁陈，城头变幻大王旗，这叫亡国，姓张的国亡了，变成姓李的了，过了多少年姓李的又亡了，变成姓刘的了，可是文化没有动；还有一种情况是国家亡了，文化也被颠覆了，国家和文化彻底没有了，这叫亡国灭种，顾炎武把这个叫作"亡天下"。后人把顾炎武的这篇文章压缩成八个字，叫"天下兴亡，匹夫有责"。抗日战争的时候，聂耳有首歌叫《毕业歌》，歌词中就号召："同学们，大家起来，担负起天下的兴亡！"

今天我们依然面临文化会不会被颠覆的问题，只是斗争的方式不一样，变成高科技了。我们这个民族还想不想存在，我们是要在文化上成为别国的第五十一个州，还是要五千年的中华民族不能毁在自己手上，这是关系到中华民族生死存亡的一件大事，所以我常说我们现在做的工作是为中华文化存亡继绝。一百多年来，中华民族的文化流失不停，甚至这种流失是加速度的，经过"文化大革命"、破"四旧"，现在要全盘西化，结果是我们的文化所剩无几。我们可以试一试，到南京一个最高的地方，举目四望，看看还有哪些建筑是属于中国文化的。每个国家都有自己的一种建筑形态，这与自己的民族文化是一体的。我们西北的窑洞，江南的小桥流水人家，安徽的青砖小瓦马头墙，湘西的吊脚楼，现在被颠覆得差不多了，到了现在，我们这个五千年民族不会造自己风格的房子了。可以改革，可以解决土地困难、建筑材料困难的问题，可是应该是民族的。再看看我们现在穿的衣服，有几件是中国人的衣服，北京奥运会的福娃呈现中国元素时很重要的一点就是中国的衣服，自古以来都是直领或者交领，没有翻领的，所以福娃也没有一个是穿翻领衣服的。当年孙中山先生提出"驱逐鞑虏，恢复中华"的口号，1911 年推翻清政府，在南京成立民国政府。中山先生想，四万万五千万同胞需要共同的文化表征，一看就知道是哪个族的，彼此一看，都是中国人，于是中山先生发明了"中山装"，四个口袋代表礼义廉耻，中国人的道德标准；五粒胸扣，代表五族共和；口袋的盖子做成笔架形，代表尊重知识；左右各三粒袖扣，代表三民主义。深受海内外华人的欢迎。现在我们不穿中山装了，不仅大陆人，而且台湾人也扔掉了，甚至连说相声的演员也都穿西装。我们的民族服装归于沉寂。我们现在的生活习俗也都在西化。另外，语言也是这样，现在的大学生英文说得比中文好，英文有四级、六级考试，中文是没有考查的。汶川地震的时候，很多方面我们表现得很好，不过里面有个瑕疵，就是自觉不自觉地用西方的标准来改造我们，用蜡烛悼念死者，西方人是那样做的，所以我们也向西方文化看齐，举国上下都是这样。实际上，西方人是因为信仰天主教才用蜡烛的。中国人自古就有自己的丧礼，为何放弃？

三、近代中国的文化之争

下面，我们回顾一下近代以来中国的文化之争。

2005 年，中国人民大学成立国学院，当时社会上就像炸开了锅，有很多人认为都什么年代了还讲什么国学，这不是开历史倒车吗？甚至有一些高级知识分子在报纸上骂得很难听。还有人说为什么中国有国学，美国怎么没有国学？其实，在鸦片战争之前没有"国学"这个词，也没叫"中医"的，没叫"国画"的，后来为什么有这些东西呢？鸦片战争以后西学东渐，这个西学东渐不是一种正常的文化交流，而是借助鸦片和炮舰强势进来的，之后风靡全国。人们把西洋文化叫"西学"，就把中国固有的叫作"国学"；西方的医学进来了，中国的医学就叫"中医"；西洋画进来了，中国的画就叫"国画"，西洋的体操进来了，就把中国的武术叫"国术"。这都是为了与西洋文化相区别。"国学"就是在这样的形势下产生的。美国为什么没有"国学"？那是因为没有受外敌侵略，所以没有这个概念。国学实际上是中国在特殊历史背景之下产生的，是那个很不幸的时代产生的。

西学进来之后产生一个问题，就是国学还要不要？有两种选择：一种选择是不要国学，全盘西化；还有一种是取西学所长，但是要保住中国文化的根，然后再慢慢发展，图谋将来的自强和自立。在主张要全盘西化的人里面有一个最有名的人叫胡适，他在西方留过学，回国以后对西方文化顶礼膜拜，甚至说"月亮都是美国的圆"。他曾经非常露骨地表达他民族自卑和虚无主义的立场，他说："我们的固有文化实在是很贫乏的，谈不到'太丰富'的梦话。""我们所有的，欧洲也都有；我们所没有的，人家所独有，人家都比我们强。"他认定中国文化是劣等文化，用极其刻薄的语言加以谩骂，称他的老乡方苞、姚鼐为"桐城谬种"，诬指《昭明文选》为"选学妖孽"。甚至当时另外一些人认为，连汉字、汉语都是亡国的祸根："汉字不灭，中国必亡。"其实汉字是世界上最优秀的文字，它的优越性今天正日益显示出来，日本人，尤其是韩国人，曾想把汉字取消了。但是，他们的文明是在汉文化的影响下成长起来的，取消不掉，他们的语言实际上都是从汉字翻过去的。我有一位韩国朋友说，中国人太智慧了，尤其是语言，汉字能把外来语消化掉变成汉文化，比方说化学元素周期表，造出那么多字，气字头的气体，金字旁的金属，石字旁的矿石，水字旁的液体，全用汉字解决了，而且一看就懂，还知道读什么音；发明电以后，中国人用汉字把所有的电子产品都化解了：电灯、电视、电脑、电话、电饭煲、电熨斗等等；美国的可口可乐，德国的宝马、奔驰，汉字把这些外来词的意思、读音译得都很好。怎么说汉字是亡国的祸根？当时刘半农、钱玄同给教育部上书，说所有的学校要取消汉字，所有的人不许写汉字，不许读汉字的书，要用英文或法文来替代。这已经不是文化自残，简直到了文化自杀的程度。胡适说不要怕丧失自己的民族文化，不要怕我们事事不如人，要痛下决心按照西方的榜样彻底改造自己的文化，他热捧陈序经"全盘西化"的主张。我打了一个比方，当时八个强盗打到中国来，中国是一个秀才，他们把这位秀才打得遍体鳞伤倒在地上，把他的眼睛打瞎了，这个秀才站起来之后，不知道往哪里走。强盗递给秀才一根绳子，说你接这根绳子跟我们走，你就能看到光明，绳子上面写着"西方文化"。胡适就属于要接这根绳子、铁定了心要跟他们走的人。

好在除了胡适这样主张全盘西化的人之外，还有许多很清醒的人，我这里举两个例子，这两个例子都与我有些关系，一个是我现在所在的清华，一个是我家乡的无锡国学专修学校（无锡国专）。

我们先来看清华。清华最初是用庚子赔款创办起来的留美预备学校，也是当时唯一一所属于外交部而不属于教育部的学校。学校一开始几乎是全盘西化，校章里面清清楚楚地写着："沿用美国高等初等各科教习，所有办法均照美国学堂。"所以，学校里的行政管理、学制、课程、教材、兵操乃至学生演话剧都要效法美国。英文是学校的主要语言，校长训话、贴布告、教师讲课全用英文。校内主要的建筑也是仿照西方设计的。现在全国有四所大学的老建筑，被列为国家级重点文物保护单位，清华是其中之一。很多欧洲人到了清华就大吃一惊，感叹这所学校就是一所欧洲学校。清华校园是一个美国人按照欧洲的样式设计的，校门是西式的，拱形的，有柱子，进去是大草坪、大礼堂，后面是运动场、图书馆，主要的材料也都是从海外进口的。1920年，著名哲学家罗素到清华访问时，说："清华学校恰像一个由美国移植到中国来了的大学校。"清华作为留美预备学校，当时招生对象是十二三岁的小孩，年龄非常小就送到外国去读书。那个年龄段的孩子，世界观尚未形成，他们人生最重要的阶段都要在外国度过。美国人用庚子赔款指定要办学校，他们国会的文件说，就是要培养亲美派，让中国把知识精英送到美国，等他们在美国待久了对美国有了感情，将来在所有问题上就能够亲美。当时学校里的舆论就非常忧虑，全盘西化，按照胡适那一套搞下去，后果会很严重。校内当时有报纸就说清华学生"感受美化最深"，"未出而先洋"，培养的"是非中非西的人"，既不是中国人又不是纯粹的洋人。

清华是当时号称万园之园的圆明园的一部分，火烧圆明园就烧到清华学校里面，朱自清《荷塘月色》的荷塘中有个岛，岛上原来有很多建筑，火烧圆明园的时候全被烧掉了，后来老人们把那个岛叫作荒岛，清华就是在火烧圆明园劫后的一个废墟上建立起来的。学校的建筑是美国式的，学校的老师也都是西式的，国家被人凌辱，所以清华的师生就想怎样让国家自强，意识到一个民族要有民族精神。中华民族精神能从美利坚引进吗？不可能的。科学技术可以从西方引进，但是民族精神是不能从外国进口的，走全盘西化的道路，其结果只能是成为西方列强的附庸，而不可能有我们本民族的自立与自强，如果看清华老的校报，关于这方面的议论很多。1925年秋，是清华历史上极其重要的一年，学校决定废除欧美旧的教育体系，成立自主的本科教育体系，从这一年开始清华设立大学部，同时创建国学研究院，当时的校长曹云祥很有远见，他在开学典礼上说，"现在中国所谓新教育，大都抄袭欧美各国之教育"，而"欲谋自动，必须本中国文化精神"。中国要自强，就必须谋"新教育"之"自动"；而要谋"新教育"之"自动"，就必须"本中国文化精神"。当时学校就聘请王国维、梁启超、陈寅恪、赵元任四大导师。清华作为一个留美预备学校要办国学院，这不是附庸风雅，这是当时要为中国找回自己的国魂，找回中华民族的精神，只有走出这一步，中华民族才有可能自强，如果把我们的魂丢了，我们亡国灭种不远了。就这样，清华从全盘西化的留美预备学校回归了本位文化。另外，当时清华之所以要办本科，是因为最初派出去的孩子才十二三岁，高中的课程、本科的课程，我们有能力开，为什么要浪费宝贵的外汇到美国求学？清华有一点很重要，就是上上下下都把个人与学校的发展、民族的兴旺连在一起。

另外一个例子是无锡国专。当时全国的国学有两面旗帜，北方是清华的国学研究院，南方是无锡国专。无锡国专是1920年年底创立的，校长唐文治曾任清末上海高等实业学堂（上海交通大学前身）监督（校长）。唐文治是合旧学、新学于一身的人物。其父唐若钦为清代贡生，故有家学渊源。唐文治14岁读完"五经"；16岁入州学，研读性理之学及古文辞；18岁中举；21岁进江阴南菁书院，从经学大师黄以周和王先谦研习经学与训诂之学；28岁进士及第。后入仕途，历任户部江西司主事，商部右丞、左丞、左侍郎；商部改为农工商部后，以农工商部左侍郎署理尚书；又任外务部榷算司主事。唐文治为人正直清廉，甲午战争以后，他反对投降，支持康有为公车上书，主张拒绝葡萄牙意欲掠夺澳门附近的岛屿的企图，后来他的这一主张被外交部采纳，使葡萄牙阴谋未能得逞。他制订商办铁路政策，最早利用侨商财力修筑铁路。辛亥革命时，他在上海协助筹集军饷，并通电清室，要求宣统逊位。五四运动时，他三次致电徐世昌总统和国务院，要求释放被捕学生。由此可见他不是一个反动的、没落腐朽的贵族。唐文治对西方社会制度、科学技术颇有认知，曾出使日本，考察明治维新之后的日本政治，对明治维新以后的日本政治有深刻的体认；又曾往伦敦参加英王加冕典礼，并到法国、比利时、美国等国考察，对牛津大学等欧式大学了解颇深。后来他担任上海高等实业学堂监督，在他担任监督期间，设立铁路、电机、航海等专科，他在努力引进西学的同时，并不数典忘祖，恰恰相反，他认为国学是每位中国学生的必修课，为此而在学校中增设"国文科"，成立国文研究会，培养学生中国文化的根基。当时有一个他很喜欢的学生到马路上游行，高喊"打倒孔家店"，使他大为震惊，国家变成这样跟孔子有什么关系？他大怒，想要把这个学生开除，后来他意识到国家到了这个时候，没有本位文化认同的意识比什么都可悲。1920年年底，他开始专心办无锡国专。清华的国学院从1925年到1929年只存在了四年，由于种种原因停办，当然在四年时间里也培养了大批一流的人才，1949年以后很多学校的一级教授都出自这里。而无锡国专存在的时间更久，一直到1952年院系调整时才被取消，无锡国专先后培养了上千名国学人才。虽然招生限定在上海到南京一线，有时仅招收几十个人，但报名的有上千人。无锡国专培养了许多有名的学者，如王蘧常、钱仲联、唐兰、吴其昌、蒋天枢、周振甫、冯其庸等，成为传承中国传统文化的重镇。1931年冬，国际联盟负责教育的官员唐克尔·培根到中国考察，在参观了无锡国专后非常感慨地说："我们来中国看过很多学校，读的是洋装书，用的是洋笔，充满洋气。这里才看到纯粹中国化的学校，才看到线装书和毛笔杆，希望这所继承中国文化的学校能够发扬光大。"中国文化在西方列强的压迫下，仍有一些知识分子勇于出来担当，对照一下，当下我们有没有这样的担当？

下面，我们接着谈国学和"国性"的问题。"国性"是民族的文化个性，是一个国家、一个民族赖以凝聚的内核。清华校长曹云祥在一篇文章《清华学校之过去、现在及将来》里面讲，"夫国家精神，寄于一国之宗教、哲学、文词、艺术"，文化精神渗透在里面，是通过这些东西来体现的，"此而消亡，国何以立？"如果把国家的文学、哲学、艺术等全部消灭掉，用西方的来替代，国家的精神、国性没有了，这个国家就消亡了。

1914年，梁启超在与清华学生座谈时说："清华学生除研究西学外，当研究国学，盖国学为立国之本，建功立业，尤非国学不为功。"在清华第三教学楼里面有一位早期共产党员的雕像，雕像下面有对他的大幅介绍，他叫施滉，牺牲得很早。1924年，施滉在《对于清华各方面之建议》中说："清华本是预备留美学校，所以一向的方针，似乎仅是培养预备留美的人材——能够入美国大学，能够应付美国环境的人材。这是把手段看作目的的错误。""务必要使清华人亦能够应付中国环境"，他建议学校"拟订出洋前必需的国学程度"。早期的清华，派出国的多是年纪尚小的中学生，校长曹云祥认为，学生年幼即出国，最大的问题是，"不谙国情，且易丧失国性"。那些小孩子出国以后久而久之就丧失了中国人的国性。

章太炎说"国之有史久远，则灭亡之难"，他说孔子编《春秋》的历史功绩在于，"令人人不忘前王"，"令国性不坠"，对唤醒民众争取民族独立有积极意义。国难当头，尤其需要砥砺国人的民族气节，为此章太炎在苏州、杭州等地到处作国学演讲，办国学讲习班，他提倡学习和践行《礼记》中的《儒行》篇："今欲卓然自立，余以为非提倡《儒行》不可。"因为《儒行》是"专讲气节之书"，"《儒行》所述十五儒，皆以气节为尚"，"今日而讲国学，不但坐而言，要在起而行矣"。鲁迅先生曾批评中国是一个喜欢当看客的社会，坐在看台上看你们打，一看这边赢了，纷纷聚拢；一看要输了，纷纷逃散。赢了有我一份，输了与我无关。我上课的时候都要求学生把《礼记》四十九篇中的《儒行》一篇印下来熟读，有十七条，每一段都非常精彩，看了以后会觉得荡气回肠，激励人要做一个大丈夫，做一个对国家、对民族有责任的人。

严复在《读经当积极提倡》一文中说："夫读经固非为人之事，其于孔子，更无加损，乃因吾人教育国民不如是，将无人格，转而他求，则无国性。无人格谓之非人，无国性谓之非中国人，故曰经书不可不读也。"经典不是为别人读的。你是否读经，无损于孔子，孔子早已功成名就，能毁得掉他吗？"文化大革命"时举国上下口诛笔伐，甚至挖孔子的祖坟，搅得一塌糊涂，又有损于他吗？到了今天，还不是要回过来学习儒家文化吗？我们没有宗教，就靠这些经书确立人格，怎么能把它废掉呢？如果我们去求西方文化，"则无国性"。严复讲这番话，每一句都铿锵有力，这些话在当时讲出来，我想他一定是非常悲愤的。

梁启超也提倡国人熟读《论语》、《孟子》，以为人格修养之资，他说："《论语》为二千年来国人思想之总源泉，《孟子》自宋以后势力亦与相埒，此二书可谓国人内的外的生活之支配者，故吾希望学者熟读成诵，即不能，亦须翻阅多次，务略举其辞，或摘记其身心践履之言以资修养。"现在应该多读经典，可以从中找到人生的方向。

徐复观将某些试图消灭中华文化者称为"民族精神的自虐狂"，他在《当前读经问题之争论》一文中说："我们假使不是有民族精神的自虐狂，则作为一个中国人，总应该承认自己有文化，总应该珍重自己的文化。世界上找不出任何例子，像我们许多浅薄之徒，一无所知的自己抹煞自己的文化。"我们不要做这种浅薄之徒。

四、请善待我们的母文化

最后我要讲的是，请大家善待我们的母文化。我跟大家分享一下著名史学家钱穆先生《国史大纲》的弁言，我在清华上课的时候，每门课的第一堂课我都讲解几段名言。抗日战争的时候，钱穆先生以一个人的力量写了一部《国史大纲》。钱先生在回忆这部书的写作过程时讲，当时昆明西南联大经常会听到空袭警报，警报响起来的时候，大家都拼命跑，跑到野外，跑到防空洞去。钱先生的《国史大纲》，就是在那样一个不时要跑警报的特殊的环境下写成的。这本书商务印书馆一再翻印。我特别推重钱先生，因为他不是一个书虫，也不是为了个人的功名利禄而奋斗一辈子的所谓学者，他把自己的学术与民族存亡紧密联系在一起。当年他在北大的时候，胡适那些人都西装革履，一副外国教授的做派，钱先生穿中装。陈寅恪、王静安先生在清华也都是穿中装。胡适看到钱先生穿中国的衣服，挖苦说：你能代表中国文化？钱先生理直气壮地说："是的，我就代表中国文化。"在那个年代说这种话是需要勇气的，比我今天还要难。

在钱先生《国史大纲》扉页上有几段话，是我的座右铭。一共四段话：

> 凡读本书请先具下列诸信念：
>
> 一、当信任何一国之国民，尤其是自称知识在水平线以上之国民，对其本国已往历史，应该略有所知。否则最多只算

一有知识的人，不能算一有知识的国民。

　　二、所谓对其本国已往历史略有所知者，尤必附随一种对其本国已往历史之温情与敬意。否则只算知道了一些外国史，不得云对本国史有知识。

　　三、所谓对其本国已往历史有一种温情与敬意者，至少不会对其本国已往历史抱一种偏激的虚无主义，即视本国已往历史为无一点有价值，亦无一处足以使彼满意。亦至少不会感到现在我们是站在已往历史最高之顶点，此乃一种浅薄狂妄的进化观。而将我们当身种种罪恶与弱点，一切诿卸于古人。此乃一种似是而非之文化自谴。

　　四、当信每一国家必待其国民备具上列诸条件者比数渐多，其国家乃再有向前发展之希望。否则其所改进，等于一个被征服国或次殖民地之改进，对其国家自身不发生关系。换言之，此种改进，无异是一种变相的文化征服，乃其文化自身之萎缩与消灭，并非其文化自身之转变与发皇。

这四段话，有严谨的逻辑。作为国民，如果不了解本国的历史，即使有知识，也不配叫有知识的国民，因为没有尽到一个国民的义务。中国的母文化，与中国历代先祖的生活经历等密切相关，是我们的先祖一代又一代辛勤创造的，所以我们理应对中国的母文化有温情和敬意。如果有不好的地方，我们可以做得更好。我们读外国史，往往不容易有温情和敬意，因为它们与我们的生活相隔太远。如果对本国历史没有敬意，那所读就相当于外国史。什么叫"偏激的虚无主义"呢？即认为中国历史一团漆黑，没有一个地方可以让其满意，认为自己站在历史的最高点，历史上没一个人比上自己。表面上看起来是一种进化论，实际上是一种浅薄的、狂妄的进化论。他们自认为站在历史最高之顶点，中国被八国联军侵略，他们怪孔子，其实那是资本主义的侵略本性使然，与孔子无关。其他国家的情况亦是如此。比如德国的古典哲学非常发达，康德、黑格尔、费尔巴哈都是哲学大师，后来德国走上了法西斯道路，但是没有一个德国人说，德国之所以会走上法西斯道路是因为康德和黑格尔这些人。德国人照样以它历史上的古典哲学而自豪。我们中国人，把一切问题都诿卸于孔子，看起来这是懂得反省、自觉，其实是在推卸自己的责任。中国人应该把当下的事情做好，不要总是逃避。中华民族要振兴，首先是文化的振兴；文化要振兴，要有大批有民族自尊、有文化自觉的知识青年。

为什么我们现在要起来呼吁，是因为我们的文化在近百年来，尤其是"文革"以来，已经流失而所剩无几了。我们并不是排斥外来物品，而是强调一个国家首先要有本位文化，而且要很稳固，然后再去吸收外来文化之长。可我们现在的情况并不是这样的。自1840年以来，中国文化的流失已经到了非常危急的关头，如果我们还不去努力地打造本位文化，做大做强，而且还嫌西化得不够，悲剧就要发生了。我曾听到有人大发感慨："我就不明白为什么现在我们有的人戴着眼镜、穿着西装，享受着西方文化的种种好处，却在那里反对西方文化。"我想说：我也不明白，有的人长的是黑头发、黄皮肤，喝的是我们中华民族的水，吃的是中华民族的粮，可是他却在那里反对中华民族，这种人没有国性，不配称中国人。

我们现在讲礼仪，讲文化，讲中国人的基本道德，归根到底，是要把我们民族文化里面最优秀的东西找出来，把民族精神找出来，然后引领我们民族向上，今天的发展也不能割断历史。我这么说能有多少作用？刚才钱先生的几段话，我在清华开课的时候第一堂课就讲，感叹自己这样一句一句地讲，也不知道有几个人能听进去，觉得很伤感，可是我能做的也就是这么多了。作为一名大学教师，我站在讲台上，只能讲我的立场，尽人事，听天命吧。没想到过了一个学期，清华新闻传播学院有一位名叫李强的学生，他回家乡山西写了一篇调查文章叫《乡村八记》，新闻传播学院院长、《人民日报》前总编辑范敬宜一看写得好就转给温家宝总理，温总理看后就作了批示，这样他就成了新闻界的一颗新星。有一天我无意中在网上看到一篇文章，讲有人去采访李强，问他怎么想到写《乡村八记》？他说："是因为钱穆先生的一段话，这段话是在彭老师的第一堂课上，满怀深情地逐字逐句作了讲解，我被震撼了！这段话成了我写《乡村八记》的座右铭。"我当时看了，感慨总算没有白讲，听课的五百位学生只要有一个人听进去了，影响了他的人生之路，足矣。希望今后能够有更多的人肩负起这种责任。

后　记

本书是我与东南大学（东大）真挚友谊的见证。

2003年，东南大学土木工程学院建院80周年，作为院庆活动的一部分，院学生会决定邀请若干校外学者到校做学术讲座，恰好清华大学（清华）土木工程系有一位学生选修过我的课，便向东大同学做了推荐，我与东大的缘分由此开始。之后，东南大学国家大学生文化素质教育基地主任陈怡教授数次邀请我去做讲座，我与东大的交往日渐热络。

继陈怡先生之后，接任文化素质教育基地主任的陆挺教授年富力强，对大学的人文建设有很深情怀，呕心沥血打造"东大人文讲坛"。举办讲坛教室对面的大墙上，满是讲坛开办以来演讲者的头像照片，政治、经济、外交、军事、文史等领域的专家、学者，乃至诺奖得主杨振宁、丁肇中等科学大师，几乎被"一网打尽"，演讲者的阵容如此强大，真不知耗了几多脑力。学生极其踊跃，讲坛场场爆满，一时风生水起，成为东大的著名文化品牌。民国时期的东大，曾经是文理法工并重的学术重镇，人文学科亦是名家荟萃，极东南之盛。如今的东大虽然以理工科为主，然由"东大人文讲坛"的盛况看，人文传统的薪火，显然已经接续与弘扬。

2008年秋冬之际，陆主任获悉我在清华开设"中国古代礼仪文明"的课程，表示极有兴趣，建议我到东大为学生讲授，全程录像，日后作为东大的网络选修课程。虽然那年我在清华的课程很重，但之所以允诺下来，一是东大已聘我为兼职教授，难分彼此，无法推辞；二是为陆主任的敬业所感动，我此前每次到宁，他都躬往接机，精心安排。我住在四牌楼的老校区，讲座则在郊外的九龙湖校区，距离不近，陆主任总是亲自接送，步步相伴。如此高谊，使我无法拒绝。需要说明的是，这是我唯一在校外完整讲授的清华课程。

课程的讲授，都安排在周六、周日，而且上午、下午、晚上连轴转，非常辛苦，但学生的热情与投入，给了我最好的补偿。每次讲座开始前一个多小时，门口便有不少冒着寒风等待开门的学生。三百多座位的教室，每每挤进五百多学生，过道里、窗台上，乃至离讲台一两米处，全都挤满听众。还有不少同学站在门外，完全看不到我，但两三小时一直听着。这是我在其他学校很少看到的情景。每次讲课之前，全体起立，齐唱校歌。这是陆挺主任首倡，并且坚持至今的传统，气氛热烈，我亦深受感染。课上气氛活跃，互动融洽。提问环节，每每是擦出火花最多的时刻。可以说，东大是我在清华之外，讲课节奏最为流畅、心情最为愉悦的学校，给我留下的美好记忆难以忘怀。还有一位必须感谢的先生，是负责点评的董群教授。董教授的专攻是宗教与哲学，覃研佛教，故点评之言，多为禅语，睿智隽永，信手拈来，画龙点睛，讲演为之生光。往事历历，恍如昨日。回想至此，心情依然难以平静。

课程结束后，陆主任建议整理出版。赵丹、尤萌、张大军、陈彩虹、李书娜、王梦、张娜娜、杨艳萍等听课的学生闻讯，主动承担了录音稿的整理任务，最后由哲学系许启彬博士统稿。说来惭愧的是，讲稿形成后，我当通读与润饰全稿，可惜牵于琐务，时作时辍，荏苒数年，延宕至今，有负陆主任的雅望与参与整理的同学的辛劳。

2015 年冬，中国人民大学出版社编辑王琬莹女士得知本书状况，施以援手，审读书稿，提出修改意见，并于今年年初，正式列入出版计划。

值此付梓之际，对辛苦付出的各位谨致三申敬谢之意。

彭林
于清华园荷清苑寓内
2016 年春分日前

图书在版编目（CIP）数据

礼乐文明与中国文化精神：彭林教授东南大学讲演录/彭林著. —北京：中国人民大学出版社，2016.5
（人文大讲堂）
ISBN 978-7-300-22847-1

Ⅰ.①礼… Ⅱ.①彭… Ⅲ.①礼乐-文化-中国-文集②文化精神-中国-文集 Ⅳ.①K892.9-53②K203-53

中国版本图书馆 CIP 数据核字（2016）第 087065 号

人文大讲堂
礼乐文明与中国文化精神
——彭林教授东南大学讲演录
彭 林 著
Liyue Wenming yu Zhongguo Wenhua Jingshen

出版发行	中国人民大学出版社	
社　　址	北京中关村大街 31 号	**邮政编码**　100080
电　　话	010 - 62511242（总编室）	010 - 62511770（质管部）
	010 - 82501766（邮购部）	010 - 62514148（门市部）
	010 - 62515195（发行公司）	010 - 62515275（盗版举报）
网　　址	http://www.crup.com.cn	
经　　销	新华书店	
印　　刷	天津中印联印务有限公司	
规　　格	148 mm×210 mm　32 开本	**版　次**　2016 年 5 月第 1 版
印　　张	10.5 插页 2	**印　次**　2022 年 7 月第 7 次印刷
字　　数	251 000	**定　价**　49.00 元